Psychology

心理学概論
●学びと知のイノベーション

小野寺孝義
磯崎三喜年 編
小川俊樹

ナカニシヤ出版

初回授業

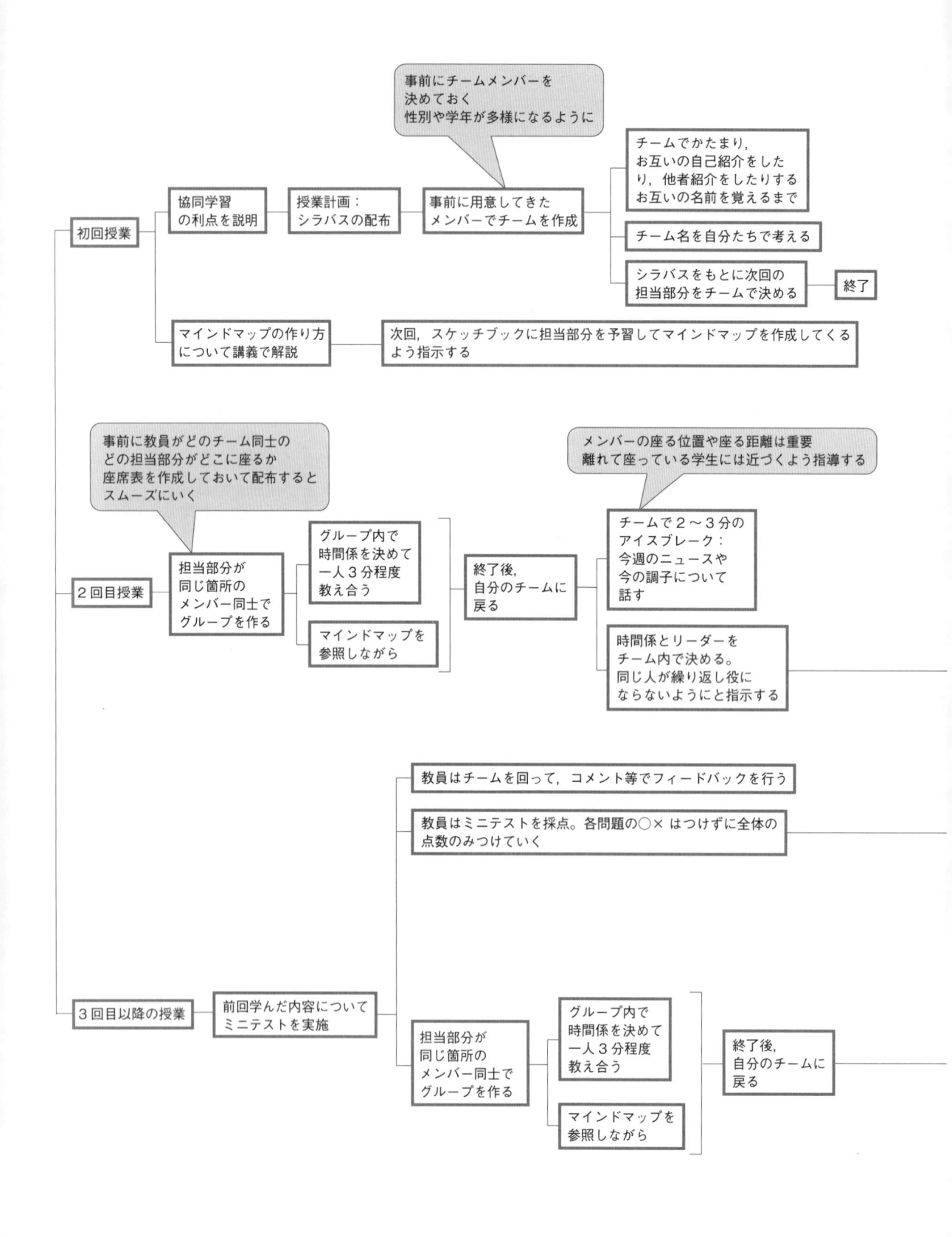

- 協同学習の利点を説明
  - 授業計画：シラバスの配布
    - 事前に用意してきたメンバーでチームを作成 〔事前にチームメンバーを決めておく 性別や学年が多様になるように〕
      - チームでかたまり，お互いの自己紹介をしたり，他者紹介をしたりする お互いの名前を覚えるまで
      - チーム名を自分たちで考える
      - シラバスをもとに次回の担当部分をチームで決める → 終了
- マインドマップの作り方について講義で解説
  - 次回，スケッチブックに担当部分を予習してマインドマップを作成してくるよう指示する

2回目授業

- 担当部分が同じ箇所のメンバー同士でグループを作る 〔事前に教員がどのチーム同士のどの担当部分がどこに座るか座席表を作成しておいて配布するとスムーズにいく〕
  - グループ内で時間係を決めて一人3分程度教え合う
  - マインドマップを参照しながら
- 終了後，自分のチームに戻る
  - チームで2～3分のアイスブレーク：今週のニュースや今の調子について話す 〔メンバーの座る位置や座る距離は重要 離れて座っている学生には近づくよう指導する〕
  - 時間係とリーダーをチーム内で決める。同じ人が繰り返し役にならないようにと指示する

3回目以降の授業

- 前回学んだ内容についてミニテストを実施
  - 教員はチームを回って，コメント等でフィードバックを行う
  - 教員はミニテストを採点。各問題の○×はつけずに全体の点数のみつけていく
- 担当部分が同じ箇所のメンバー同士でグループを作る
  - グループ内で時間係を決めて一人3分程度教え合う
  - マインドマップを参照しながら
- 終了後，自分のチームに戻る

本書を使った協同学習の一例
(詳しくは pp. ii - v 「本書の使い方」参照)

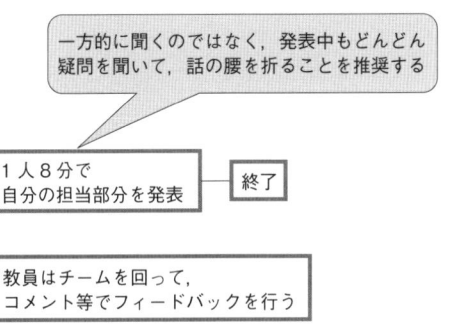

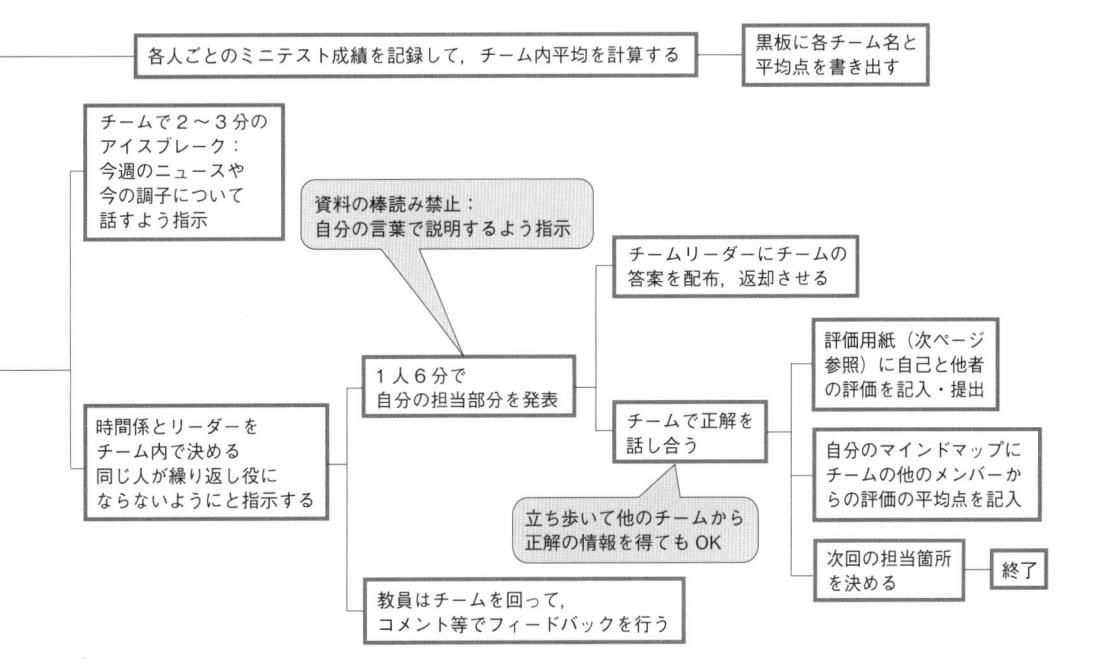

- 一方的に聞くのではなく，発表中もどんどん疑問を聞いて，話の腰を折ることを推奨する

- 1人8分で自分の担当部分を発表 → 終了
- 教員はチームを回って，コメント等でフィードバックを行う

- 各人ごとのミニテスト成績を記録して，チーム内平均を計算する → 黒板に各チーム名と平均点を書き出す

- チームで2〜3分のアイスブレーク：今週のニュースや今の調子について話すよう指示
- 資料の棒読み禁止：自分の言葉で説明するよう指示
- 時間係とリーダーをチーム内で決める 同じ人が繰り返し役にならないようにと指示する
- 1人6分で自分の担当部分を発表
  - チームリーダーにチームの答案を配布，返却させる
  - チームで正解を話し合う
    - 評価用紙（次ページ参照）に自己と他者の評価を記入・提出
    - 自分のマインドマップにチームの他のメンバーからの評価の平均点を記入
    - 次回の担当箇所を決める → 終了
  - 立ち歩いて他のチームから正解の情報を得てもOK
- 教員はチームを回って，コメント等でフィードバックを行う

評価用紙の例

授業名（　　　　　　）チーム名（　　　　　　　　）（201 ／　　／　　）
氏名（　　　　　　　　　　）

まず自分について評価してください（自己評価）。
今日の協同授業について自分を評価してください。
評価は0点（大変小さい）～100点（大変大きい）の100点満点でつけてください。

1. わたしはチームに貢献するために予習（準備）ができていた。　　（　　）
2. わたしは今回の課題に興味・関心がもてた。　　（　　）
3. わたしは今回の課題に積極的に取り組めた。　　（　　）
4. わたしは今回の課題内容を理解できた。　　（　　）
5. わたしは仲間の発言をよく聞いたと思う。　　（　　）
6. わたしは今回の話し合いで仲間に発言を促せたと思う。　　（　　）
7. わたしは今回の話し合いで仲間が参加するよう励ませたと思う。　　（　　）
8. わたしは今回の話し合いに積極的に参加できた。　　（　　）
9. わたしは今回の話し合いに貢献できた。　　（　　）
10. わたしは全体的に考えてチームの話し合いがうまくできたと思う。　　（　　）

氏名と自己評価を書き込んだら，時計回りに隣の人に回してください。

上の氏名欄に名前のある参加者の貢献度を下の表の評価点に書いてください。評価は0点（大変小さい）～100点（大変大きい）の100点満点の整数値でつけてください。
どこの位置に書いてもかまいません。また一言コメントにコメントを記してください。

評価点	一言コメント

評価が自分にもどってきたら…
全メンバーの評価を合計して平均点を求めて，以下に記入してください（自分は入れない）。
自分に対する他のメンバーの評価＝平均点（　　　　　　　　）

次に自分に対する他のメンバーの評価点の平均点を今日のマインドマップのページに記入してください。

次回，改善しようと思っている具体的な点は＿＿＿＿＿＿＿＿＿＿＿＿＿＿＿＿
＿＿＿＿＿＿＿＿＿＿＿＿＿＿＿＿＿＿＿＿＿＿＿＿＿＿＿＿＿＿＿＿＿＿

今日の協同授業について意見，感想などを自由に書いてください（裏もOK）。
＿＿＿＿＿＿＿＿＿＿＿＿＿＿＿＿＿＿＿＿＿＿＿＿＿＿＿＿＿＿＿＿＿＿
＿＿＿＿＿＿＿＿＿＿＿＿＿＿＿＿＿＿＿＿＿＿＿＿＿＿＿＿＿＿＿＿＿＿
＿＿＿＿＿＿＿＿＿＿＿＿＿＿＿＿＿＿＿＿＿＿＿＿＿＿＿＿＿＿＿＿＿＿
＿＿＿＿＿＿＿＿＿＿＿＿＿＿＿＿＿＿＿＿＿＿＿＿＿＿＿＿＿＿＿＿＿＿

まえがき

　心理学は，現代社会に生きる人の心を描き出すリトマス試験紙である。繁栄と貧困，豊かさと孤独，喜びと葛藤，そのいずれもが人間の織りなすひとこま，ひとこまである。心理学は，そのひとこまをあるときは近くから，またあるときは遠くから，その内奥に分け入り，自らと自らを取り巻く社会を映し出す。

　読者は，人間という存在の精巧なしくみに驚くと同時に，その不確かさに愕然とするかもしれない。心理学という学問の多様性は，こうした人間存在の本質に根ざしている。この本をとおして，学問としての心理学と，人間存在の特質を感じ取ってほしい。

　こうした思いのもとに本書を構想した。その特色は以下のとおりである。①インターネット時代に即してキーワード中心の構成にして，コンパクトにしてある。②心理学史をはじめとして，心理学のあらゆる分野をほぼ網羅している。③他のテキストでは扱われていない超心理学も含めている。④統計学や情報検索の方法，レポートの書き方にもふれている。

　また，編者の思いに応え，新進気鋭の若手研究者も執筆者として参加し，最新の研究や知見も随所に盛り込まれている。

　そして，本書の最大の特色は，「協同学習」という新しい授業法にも対応できることである。自ら学び，他者との協力が不可欠な「協同学習」においては，事前の予習と共同作業が不可欠である。そもそも心理学は，その学問的特質として，学習者の主体的参与なくしては成立しない。その意味で，本書は自習用のテキストとしても最適なものといえよう。この協同学習の詳細については，「本書の使い方」を見ていただきたい。

　本書が幅広い内容と斬新な授業法・学習法を提供しているからには，まえがきも新しくあるべきかもしれない。ここでは，下記にそれらの特徴についてマインドマップを示してある。

　本書の企画に賛同してくださったナカニシヤ出版の宍倉由高編集長，編者の要求に応え原稿を何度も手直しされた執筆者の方々，そして，それらの作業をとおし，大変なご迷惑をおかけし，出版にこぎつけるまで面倒を見ていただいたナカニシヤ出版の山本あかねさんに心から感謝したい。

編者一同

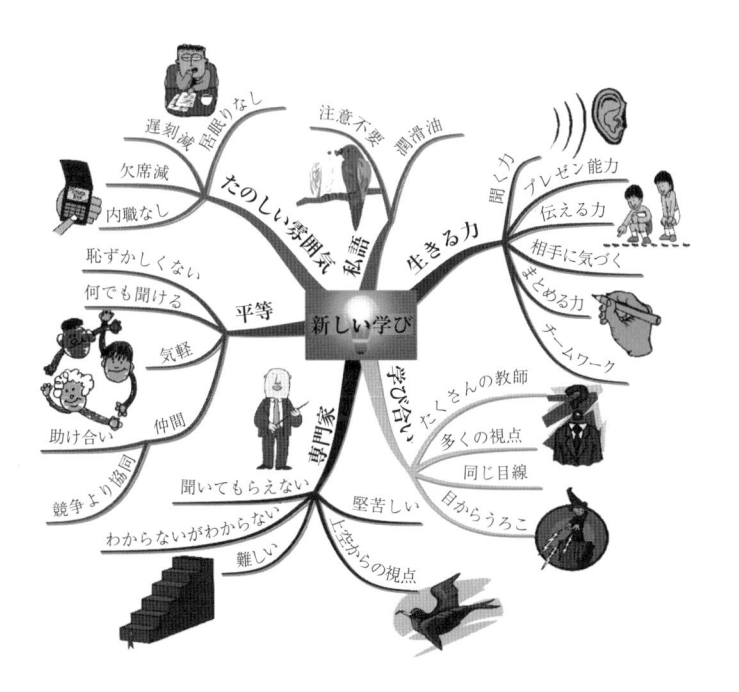

本書の使い方

[学生の方へ]

　現代は歴史上，最も知識が身近な時代である。過去には手に入らなかった，あるいは手に入っても時間や労力を要した知識を，インターネットを通して瞬時に得ることができる。そのような時代背景を踏まえ，本書ではインターネットで検索する際に手がかりとなるキーワードを余白に配して予習がしやすいようにした。書籍にはページ数の制限があるため，書きたいことすべてを網羅するということはできない。執筆者がふれたくてもふれられなかった内容も出てくる。しかし，キーワードで検索をしていけば，それらの内容にもふれていけるよう配慮した。キーワードの中には本書ではふれていないものもあるかもしれないが，是非それらを手がかりにして自らの知の領域を広げていってほしい。インターネットでの検索に際しては Google 検索の解説が 16 章にあるのでそれを参考にしてほしい。

[教員の方へ]

　本書は，そのまま講義用として利用できる。しかし，同時に協同学習のテキストとしても利用しやすいようになっている。具体的には各章が 5 つに分けられており，分担しやすい構成になっている。また，協同学習では予習が不可欠であるのでインターネット時代に即して検索の手助けとなるキーワードを配置するようにした。

　協同学習には LTD 話し合い学習やジグソー学習など各種のものがあるが，実際には各教員がさまざまな工夫を加え，拡張できる。ここでは講義ではなく，協同学習を行う意義と編者が行っているジグソー学習の変形版のやり方を簡単に紹介しておく。ジグソー学習は社会心理学者のエリオット・アロンソン（Elliot Aronson）が開発したもので，各人が予習してきた内容をジグソーパズルのピースのようにみたて，最終的にそれらがあわさって全体像がグループとして得られる，言い換えればジグソーパズルが完成する学習法である。

意　　義

　大学では FD 活動をはじめとして授業改革についてさまざまな活動が行われている。しかし，それは教員の側の立場からだけであることが多い。教員を料理人，学生を客にたとえるなら，現在は料理人がいかにおいしい料理が作れるようにするかという一方的な視点である。もし，客が料理を食べなかったり，まずいと言えば料理人が悪いということになる。しかし，どんなにおいしい料理だからといってすべての客を満足させることができるだろうか。最初から食べる気のない客や満腹になっている客に無理矢理食べさせるような料理は鉄人シェフでも作れないだろう。逆にそれが名料理ではなくても，空腹な客にはたまらなくおいしく感じられることだろう。つまり，客をいかに食べる気にさせるか，空腹にさせるのかという視点が現在は欠けているのである。レストランであれば客は皆料理を食べようと来ているのであるから料理の向上に専念するのもよいかもしれない。しかし，全入時代の大学教育では必ずしもそうではない。基礎学力が十分でなく，大学レベルの講義についていけない学生やそもそも学業への関心・意欲が低い学生も少なくない。また，教えてもらい慣れした学生も増えてきており，自ら調べる努力をせず，何でも教員に聞けばよいという安易な姿勢になってしまっている傾向もある。そのような状況の中で学習意欲旺盛で能力のある学生が大勢を占めていた過去の大学時代のままのやり方，すなわち講義形式で一方的に知識を上から下へ伝達する授業をしてもうまくいかない場面が出てきている。協同学習はそれらを改革する力を秘めている授業方法である。

効果性

　協同学習はチーム（グループ）単位で学生がお互いに教え合う形式の授業である。他の学生に教えるためには予習が不可欠になる。また，他者にわかりやすく教えるためには教材を十分に理解しておくだけではなく，コミュニケーション技術が必要となる。相手がわかるように臨機応変に話を変えていく，相手がちゃんと理解しているかを判断する，相手の話を聞く態度を示すなど，対人技能が要求されるのである。

　活発に話し合うことが必要となるので，内職をしたり，居眠りをしたり，教室の後ろで携帯をいじっている暇はない。自分が授業を欠席するとチームの他のメンバーに迷惑をかけるので欠席も減る。予習が不十分であれば他のメンバーに迷惑をかけるため責任感を養う機会にもなる。また，従来であれば基礎学力不足で落ちこぼれて単位が取得できなかった学生も，チームメンバーに助けられて理解が増す。講義と違い，学生どうしなので気楽にわからないところを聞けるのも大きなメリットである。講義の堅苦しい雰囲気と違い，より楽しい雰囲気ができあがる。

　いくら楽しくても学生の成績が上がらなければ協同学習を行う意味は薄くなってしまう。しかし，編者の研究では協同学習は講義と比べて成績で劣ることはない。それどころかしばらく時間をおいて調べてみると講義で学んだ内容と比べて，協同学習で学んだ内容は統計的に有意に保持されていたのである。受動的に講義で学んだ内容より，自分で調べて他人に教えた内容や相互作用の中で学んだ内容は忘れにくいということである。

手続き

　まず，授業の最初に協同学習について学生に十分説明しておく必要がある。授業とは教員が何を教えるかが問題なのではなく，学生が何を学ぶのかこそが問題なのだということを丁寧に説明する。ほとんどの学生にとって授業＝講義という思い込みがあり，協同学習ははじめてのことが多い。協同学習が学習者にとってどのような利点があるかを説明しておかないと「授業で教員が何も教えてくれなかった」という不満や「この授業なら自分でも教員がつとまる」という勘違いを生みやすい。協同学習では教員は授業の設計者，環境整備者，そして評価者という立場であり，講義者という立場ではない。

　最初にチーム（5人1組）を設定する。1人欠席者が出た場合でも4人という十分な数で学習が行える5人が経験的には適切である。そして，これこそが本書の各章が5つのパートに分かれている理由でもある。チームのメンバーは性別や学年を考慮して多様にした方がよい。初回にチームができたらチーム内で自己紹介をさせ，チーム名を自分たちで決めさせる（凝集性が高まる）。

　チームメンバーが相互依存する関係を作りだす。方法としてはミニテストを各回で行い，そのチーム平均点を各人の成績とするやり方がある。自分一人だけがよい点数をとっても，他のメンバーができていなければ自分がよい点を得ることはできない。チームみんなが理解度を上げないと自分も成績が上がらないのである。このあたりはバランスの問題もある。1回10点のミニテストを12回行い，最後に30点の個人試験を行うようなことも考えられる。この場合，150点満点になるが，ミニテストで与えられるチーム平均点は必ずしも高くならないので合計で100点満点にすると厳しくなりすぎる傾向がある。しかし，これはテストの難易度にも依存する。個人的な経験ではかなり簡単なテスト問題にしてもチーム全体として高得点をとるのはなかなか難しいようである。

　教師は事前（前の授業の回で）に章ごとの5つの部分についてチームで分担を決めるよう指示しておく。

　学生はマインドマップを利用して，自分の予習内容をスケッチブックの1ページ，もしくは見開き2枚にまとめて予習してくる。マインドマップを利用するのは，説明をする場合に黒板の代わりにスケッチブックが利用できることと，文字だけではなく絵があることで理解を促進できるからである。そして，もう1つ重要な利点がある。マインドマップには文章は書いてはいけないのでキーワードの

みが書かれている。そうなるとキーワードを頼りに自分自身の言葉でみんなに説明しなくてはならないことになる。マインドマップを利用しないと往々にしてインターネットから得た印刷コピーや教科書を自らが理解していないまま棒読みするような学生が出てきてしまう。テキストの棒読みや資料の棒読みは認めないようにする。マインドマップは1枚の絵のようなものなので一目見て熱心に作ったものか手抜きして作ったものかがわかり，教員が評価しやすいという利点もある。多色を使うことや絵を入れることなどを繰り返し指導する。マインドマップがどのようなものかに関してはたくさんの書籍が出ているので，それらを参考にしていただきたい。なお，マインドマップは編者が工夫して採用しているものに過ぎず，協同学習に必要不可欠とか協同学習に関係しているというものではないことをお断りしておく。

　3回目以降の授業では前回に学んだ箇所が範囲となるミニテストを最初に行う。ミニテスト終了後に専門グループに分ける。これは今回担当した予習箇所が同じ者どうしのグループである。同じ箇所を担当した者どうしで教え合うことで，自分が予習したところで欠けていたところを補ったり，不明だった部分を確認したり，あるいはより優れた説明の仕方に気がつくことができる。

　その後，自分のチームに戻る。最初に「今日の調子」について話し合う2分程度の時間をとる。これはアイスブレイクのためで，メンバーの雰囲気を解きほぐし，何でも話せる雰囲気作りのための時間である。

　それからリーダーと時間係を決める。リーダーは授業を統率し，話がそれた場合に話の方向を戻し，全体の調整を行う係である。時間係は各人の担当時間を計り，残り時間をメンバーに伝え，時間がきたら説明の打ち切りを行う。時間は厳格に守るようにする。たとえば，1人6分なら6分をすべて使い切らなくてはならない。これは特に重要である。早めに説明が終わったからといって次の人に進めるようないい加減なことを行うと，予習を十分にしなくても大丈夫だという誤った認識を生んでしまう。時間が1人6分なら6分話せるだけの内容を事前に準備し，時間を使うということが責任であることを伝えることが重要である。これにより最初は時間をもてあましたり，沈黙が続いてしまった学生も十分な予習が必要であることに気がつくようになる。

　チームでの話し合いをしている時間に教員は教室内をまわり，予習が適切かどうかについてフィードバック（評価）をコメントとして与えていく。このコメントは重要なので話し合いの途中でも中断して注意深く聞くようにと授業の最初にあらかじめ伝えておく。よくできているものは褒めることによって，どのような予習がよいのかを他のメンバーにも伝えることができる。また，不適切だったり，不十分な予習についてはどこが足りないかを伝え，きちんと行うよう叱ることもある。このようなコメントの合間を使って教員は授業の最初に行ったミニテストの採点を行う。

　チームでの話し合いが終わったら，教員はミニテストを返却する。ミニテストには10点満点の点数のみを書き，個々の問題については○×をつけないようにする。各チームはどれが正解でどれが不正解かをお互いの答案を見比べながら話し合う。テストがその授業内に返却され，正答もクイズのようにお互いで話し合いながら探すことになる。ここで重要なことは教員が正解を言わないことである。中には正解を求めてくる学生もいるが，あくまでも学生にまかせる。安易に正解を告げるようにするとチームでの話し合いがいい加減なものになりやすい。なぜなら，どうせ最後には正解を言ってもらえるのだろうという甘えや教えてもらい慣れを助長してしまうからである。そのためにミニテストはテキストを読めば，あるいはネットや書籍を調べれば間違いなく正解にたどり着けるようなものにしておく。各チームが話し合いを終えた頃を見計らって教員は各チームの平均点を黒板に書き出し，それが今回各チームメンバーが得た得点であると告げる。

　授業の最後にはアンケートを行う。アンケートに氏名だけを書いたら，メンバーは時計回りに次のメンバーに用紙を回す。回ってきたアンケートを受け取ったメンバーは書いてある名前のメンバーについて一言コメントと0点〜100点までの評価を行う。これを繰り返して，自分自身の用紙が戻ってきたら，他のメンバーの得点を加算して平均点を求める。その平均点を自分が作成したマインドマッ

プに書き込むよう指示し，それが今回の授業における自分の評価であると告げる。その後，自分自身についてその日の課題への興味，積極性，チームへの貢献などの項目について評価を行う。最後に次回の授業でどこを改善しようと思っているかとその日の授業についての自由な意見，感想を書く。

次回の分担をチームで決めたら授業は終了である。

15回すべての授業が終了し，最終試験を終えたとき，スケッチブックが学生の手元に一種の作品集のように残ることになる。それを見直すよう指示すると，多くの学生は自分が頑張った証，自分の予習内容が最初に比べてどう進歩してきたかを知ることができる。

クラス人数が少ないときでも協同学習は成り立つし，ある程度大きなクラス規模でも可能である。編者は80名近いクラスで行った経験もある。ここまで書いてきたやり方なら適正人数は50名程度と考えるが，工夫次第で大人数クラスにも適用できるかもしれない。

授業の流れと時間配分の一例

出席確認	8分
ミニテスト	15分
専門グループ	3分×5人＝15分
アイスブレーキング	2分
個別チーム	6分×5人＝30分
テスト返却と正解についての討議	10分
アンケート	10分
	計90分

協同学習については以下の文献が参考となる。あわせて上記の授業を設計する際に参考にした書籍も挙げてある。残念ながら絶版のものもあるが，図書館等にあることもあるので探してみていただきたい。マインドマップに関しては非常に多くの書籍が出ているので，ここでは挙げていない。

参考文献

Aronson, E. et al. (1978). *The jigsaw classroom*. Sage.（アロンソン，E. 他（著）松山安雄（訳）(1986). ジグソー学級―生徒と教師の心を開く協同学習法の教え方と学び方　原書房）

Barkley, E. F., Cross, K. P., & Major, C. H. (2003). *Collaborative learning techniques: A handbook for college faculty*. Jossey-Bass.（バークレイ，E., クロス，K. P., & メジャー，C. H.（著）安永　悟（訳）(2009). 協同学習の技法―大学教育の手引き　ナカニシヤ出版）

Johnson, D. W., Johnson, R. T., & Holubec, E. J. (1993). *Circles of learning: Cooperation in the classroom*. 5th ed. Interaction Book.（ジョンソン，D. W., ジョンソン，R. T., & ホルベック，E. J.（著）杉江修治・伊藤康児・石田裕久・伊藤　篤（訳）(1998). 学習の輪―アメリカの協同学習入門―　二瓶社）

Johnson, D. W., Johnson, R. T., & Smith, K. A. (1991). *Active learning: Cooperation in the college classroom*. Interaction Book.（ジョンソン，D. W., スミス，K. A., & ジョンソン，R. T.（著）関田一彦（訳）(2001). 学生参加型の大学授業―協同学習への実践ガイド　玉川大学出版部）

西川　純（2002）．学び合いの仕組みと不思議―ちょっとのことでクラスは変わる　東洋館出版社

西川　純（2003）．「静かに!」を言わない授業―教員経験5年未満の方は読んではいけません!?　東洋館出版社

西川　純（2006）．「勉強しなさい!」を言わない授業―年間を通して，クラス全員の成績を上げ続けるなんて簡単だ!　東洋館出版社

Rabow, J., Charness, M., Kipperman, J., & Vasile, S. (1994). *Learning through discussion*. Sage.（レイボウ，J., チャーネス，M. A., キッパーマン，J., & ベイシル，S. R.（著）丸野俊一・安永　悟（訳）(1996). 討論で学習を深めるには―LTD話し合い学習法　ナカニシヤ出版）

安永　悟（2006）．実践・LTD話し合い学習法　ナカニシヤ出版

吉田新一郎・岩瀬直樹（2007）．効果10倍の〈学び〉の技法―シンプルな方法で学校が変わる!―　PHP研究所

吉田新一郎（2006）．効果10倍の"教える"技術―授業から企業研修まで―　PHP研究所

目次

まえがき　i
本書の使い方　ii

1 心理学とは（心理学史と方法論）･････････････････････････････1
1　心理学とは何か―その観点と接近法―　2
2　心理学の研究法　4
3　心理学の歴史Ⅰ―その長い過去―　6
4　心理学の歴史Ⅱ―その短い歴史―　8
5　日本の心理学と心理学の今後の方向性　10

2 視知覚（知覚心理学）･･････････････････････････････････････13
1　視覚のしくみとその目的　14
2　形と面の知覚　16
3　まとまりの知覚と恒常性　18
4　奥行と運動の知覚　20
5　多感覚の統合　22

3 認知（認知心理学）･･25
1　情報処理パラダイム　26
2　注意　28
3　言語　30
4　心的イメージ　32
5　思考　34

4 記憶（学習心理学）･･37
1　心理学における記憶研究　38
2　三つの記憶貯蔵庫　40
3　長期記憶の性質　42
4　記憶検索の複雑さ　44
5　目撃証言研究　46

5 知能（教育心理学）･･49
1　知能（知的能力）とは何か　50
2　知能を測定するには　52
3　知能の発達的変化と世代間変化　54
4　教育における知能の活用　56
5　人工物の知能・動物の知能・21世紀の知能　58

6 発達（発達心理学）　61
1 発達とは　62
2 発達の要因　64
3 人間の発達の特質　66
4 発達段階　68
5 発達課題　70

7 自己とパーソナリティ（人格心理学）　73
1 自己とは　74
2 自己の評価と機能　76
3 パーソナリティとは　78
4 パーソナリティの理論　80
5 自己・パーソナリティの測定　82

8 感情と動機づけ（感情・動機づけの心理学）　85
1 動機づけ研究の基礎　86
2 動機づけ研究の新しい流れ　88
3 感情研究の基礎　90
4 感情研究の新しい流れ　92
5 感情と動機づけ研究の応用　94

9 ストレスと適応（健康心理学）　97
1 日常生活におけるストレスとその歴史的経緯　98
2 GAS の発見とそれ以後の展開　100
3 心理学にかかわるモデル　102
4 ストレス研究の進展と周辺領域への影響　104
5 ストレスとストレスを感じる人間の全体像を動的なシステムとして捉える　106

10 犯罪・非行の動向と犯罪原因論（犯罪心理学）　109
1 犯罪・非行とその原因　110
2 犯罪原因の個人的要因と社会的要因　112
3 犯罪行動の主要な理論　114
4 犯罪心理学の新しい視点　116
5 犯罪心理学の今後　118

11 心の病態（異常心理学）　121
1 異常とは何か　122
2 知覚の異常　124
3 思考・知能の異常　126
4 記憶の異常　128
5 異常心理の理解　130

12 心の治療（臨床心理学）・・・133
1. 臨床心理学とは　134
2. 心理療法のプロセス（1）　136
3. 心理療法のプロセス（2）　138
4. フロイトとユング　140
5. さまざまな理論と技法　142

13 不思議現象の探究（超心理学）・・・145
1. 不思議現象―信じる前に研究しよう―　146
2. 超心理学史―批判に対抗する歴史―　148
3. ガンツフェルト実験―超心理現象の存在を示す―　150
4. ヒツジ・ヤギ効果―超心理は無意識にはたらく―　152
5. 今後の発展―予知研究への注目―　154

14 対人関係（対人心理学）・・・157
1. 対人関係ができるまで　158
2. 対人関係を進展させる　160
3. 対人関係を維持し深める　162
4. 対人関係のストレスに対処する　164
5. 対人関係で支えあう　166

15 社会的状況の心理（社会心理学）・・・169
1. 社会的状況の力　170
2. 他者存在の心理　172
3. 社会的影響とその理論的説明　174
4. 状況が異なると？　176
5. 情動と社会行動　178

16 心理統計とレポート・・・181
1. 心理統計の考え方　182
2. 各種の分析手法　184
3. レポート・論文の書き方1―情報の収集と引用―　186
4. レポート・論文の書き方2―論文の構成と図表，参考文献―　188
5. 統計結果の書き方，レポートによくある間違い　192

索　引　195

Microsoft Word は米国 Microsoft Corporation の米国およびその他の国における登録商標です。「一太郎」は，株式会社ジャストシステムの登録商標です。インターネット検索エンジン Google は，Google Inc. の登録商標です。なお，本文中では，基本的に TM マークおよび R マークは省略しました。

心理学とは（心理学史と方法論）

1 心理学とは何か —その観点と接近法—

心理学とは何か。「心理学は，生体が示す特定の行動が，どういう条件で発現し，また抑制されるかを，さまざまな実証的データから明らかにして，その分析から，そうした行動を支えている内的過程（こころ）のメカニズムを推論しようとするのである」という定義（鹿取, 2008）が，今のところ最も適切なものであろう。

1) 心理学の研究対象である心と行動の特殊性

主観性　心はその主体である人の内的・主観的過程であり，行動は，直接的にせよ間接的にせよ，意識的活動の産物であり，また逆に行動は意識活動に影響を与える。しかも意識と行動は，1対1の対応をしているとは限らない。

過程性　内的過程である心は文字通り過程であり，絶えず動いている。ジェームズ（James, W.）はこれについて「意識の流れ」という言葉を用いている。絶えず動き変化しているので，ある時点の意識や行動だけを前後の関係を知らずに捉えても十分な理解を得ることはできない。

複合性または多次元性　1つの意識と行動にはその個人の知覚，記憶，思考，感情，欲求，体調などの内的要因だけでなく，自然，社会，文化等の外的要因が複合的にかかわっている。したがって，特定の要因だけを取りあげても十分な理解が得られないことが多い。

可動性　人の意識や行動は，環境や経験，学習のあり方や発達段階など，さまざまな状況や要因によって多彩かつ顕著に影響され，変化する。したがって可動性が大きく，固定的なものと考えるのは正しくない。

全体性・統一性　人間の行動とその心的過程は，生活する者の反応として統一性をもち，一種の全体をなしていると見られる。しかし，実際に観察したり分析したりできるのは，全体の一局面，一側面である。したがって，分析結果の解釈については，常にその人の全体との関係を考慮して考察する必要がある。

2) 研究の観点

現在の心理学の観点として，アトキンソンら（Atkinson et al., 1996）は以下のような観点を挙げている。

生物学的観点　この観点は行動や心的過程の基底にある遺伝や脳の働き，あるいは神経生物学的過程を明らかにしようとし，心的過程を神経生物学的過程から説明しようとする。こうした姿勢は還元主義と呼ばれる。

行動学的観点　行動学的観点は，行動を観察することによって心理を研究する。この立場は行動主義と呼ばれるが，ワトソン（Watson, J. B.）がはじめに主張した厳格な行動的アプローチでは，刺激と反応の間に介在する有機体（一般的には人）の心的過程を問題にしない。しかし，新行動主義と呼ばれる心理学者は，刺激と反応の間に介在する有機体の心的過程も問題にする。現代心理学の成果の多くは，行動学的観点からの研究によってなされたものである。

認知的観点　認知的観点は，人間の内部で起こっている心的過程を研究することによってのみ，人間の心理を十分に理解することができると考える。人間の行動とその心的過程を理解するには，ものの見え方，考え方，つまり認知の仕方を理解することが重要であるとする。この観点からの研究は，大きくは認知心理学といわれるが，その研究は，感覚・知覚，記憶，推論，意思決定，さらに問題

解決などをテーマとし，認知に影響する要因や認知のあり方と行動の関係を問題にする。認知の理解は，人間の心理学的理解において根本的位置を占める。

精神分析的観点　この観点では，無意識に追いやられている心的概念を精神分析によって解明しようとする。フロイト（Freud, S.）は，私たちの行動の多くは無意識の過程に由来すると考えていた。幼児期に親や社会によって禁じられ，罰せられ，無意識の中に追いやられる多くの欲動は生得的な本能から出てきているので，無意識に追いやられても影響をもっている。人間は動物と生得的行動（基本的には性と攻撃に関する生得的行動）を共有しており，これらから生じるさまざまな欲動を抑えることを要求する社会と絶えず戦っていると考える。

汎性欲説
エディプス・コンプレックス
自我・超自我・エス
リビドー

現象学的観点　これまでの観点と異なって，現象学的観点は，ほとんど完全に主観的体験に焦点を当てる。動物との違いを示す人の性質を強調するので，ヒューマニスティック（humanistic）心理学とも呼ばれる。人間は他の動物と違って「今ある状態を超えて自分の能力を完全に発揮しようとする」基本的欲求をもっている。つまり成長や自己実現の欲求をもっていると考える。現象学的観点は，理論を構築したり行動を予測することよりは，むしろ個人の内面生活や体験を記述することに関心があるので，科学というよりは文学や人道主義（ヒューマニズム）とつながる。そして，「心理学は科学的分析に載せられる断片的な行動を研究するよりは人間の幸福にかかわる問題の解決に注意を払うべきである」とする。この観点からの指摘は貴重で，第3の心理学と呼ばれる。

3）対象への接近の仕方

心理学は，研究対象へさまざまな形で接近する。北村（1960）が示したアプローチは，50年前に書かれたものであるが，わかりやすく，示唆に富むので，要約して紹介する。

出発点としての現象学的接近　他の学問と同じように，心理学も直接に体験され，観察できる心的事象（心と行動）の観察から始まる。個々の事象を正確に記述，規定し，他の事象との関係を明らかにし，共通性を取り出して概念としてまとめ，定義することが出発点となる。

内的・個人的接近と外的・客観的接近　対象の主観性という特殊性に対応し，本人の内観を求める内的・個人的接近と，その人の行動や意識の変化の指標となるような生理的変化などを他者が観察記録する外的・客観的接近の，両方向から接近する必要がある。

歴史的接近と力学的接近　歴史的接近とは，特定の時点における心的事象を，過去の経験や出来事から説明する方法である。一方，力学的接近では，特定の時点における心的事象をその時点における全体の場の関数であると捉えて説明する。

微視的分析的接近法と巨視的全体的接近法　対象を，一度それを構成している小さな要素に分解し，再構成することによって理解しようとする要素構成心理学は微視的分析的接近法である。一方，「全体は部分の総和以上のものである」として全体を強調するゲシュタルト心理学や，人間の行動を因果関係よりも全体的価値との関係で理解しようとする了解心理学の接近は巨視的全体的接近法である。ただし，ゲシュタルト心理学や了解心理学が強調しているのは，分析単位が，それ自体まとまりがあるというだけでなく，常にいっそう大きな全体性や他の部分事象との共鳴関係または相補的な関係において捉えられなければならないということである。

Gestalt psychology

2 心理学の研究法

観察法 自然的観察と実験的観察があるが，一般的には，実験的観察は実験と呼び，単に観察という場合は観察対象に条件を課さない自然的観察を指す。

観察は研究の出発点である。現象をありのままに観察し記録するわけであるが，観察事象が長時間のものであれば，時間見本法のように一定の間隔をおいて1分ずつ観察するとか，特定の動作が生じたときにチェックする行動見本法を用いて観察する。現在では，視聴覚機器の著しい進歩，特に，ビデオカメラの高精度化によって，録画したものを時間的に区切って見ることも，特定の場面を停止させて見ることもできるので，観察・記録は容易になっている。ただし，観察者の要因が影響したり，ビデオで撮影されているということ自体が影響する場合があるため，それらの影響を排除することが必要である。隠しカメラやマジックミラーが用いられることもある。

エスノグラフィー

また参与観察（participant observation）と呼ばれる，観察者が観察する対象者の中にまじって行動しながら観察することもある。

フィールドワーク

擬似相関

出発点としての観察は，特定の事象がどのような要因と関連して生じるのかを検討するもので，観察記録から特定の事象とある事象との相関関係が明らかになることがあるが，相関イコール因果関係ではない。そこで，特定の関係を想定する仮説を立て，それを検証するのが研究の次のステップである。

実験法 実験にはwhatタイプとhowタイプがある。whatタイプはある事象にどんな要因が関係しているかを検討するもので，関係する要因がわかったら，それらがどのように関係してるのかを明らかにするのがhowタイプの実験である。

実験では独立変数，従属変数，剰余変数という言葉が用いられる。たとえば，「五当六落」（5時間しか寝ないで勉強した人は合格し，6時間以上寝ていたら落第する）という風説から，「学業成績は学習時間の長さに比例する」という仮説を立てたとする。この場合，学習時間が独立変数，学業成績が従属変数で，その他の学業成績にかかわるかもしれない要因はすべて剰余変数になる。実際の学業成績には剰余変数とされた学習者の知能，学習方法などが影響するので，学習時間だけの影響を見ようとする場合はこれらの変数を等しくすること，つまり剰余変数を統制し，その上で学習時間の長さを変化させるという方法が用いられる。

このように剰余変数を一定にしておいて，1つの独立変数だけを変化させて従属変数との関係を見るという実験は1つの典型であるが，心理学が問題にする事象には多くの要因が複合的にかかわっているものが多いため，複数の要因の影響を見ようとする多変量実験が一般的になっている。先の例でいえば，学習時間の長さだけでなく，学習方法も独立変数として変化させて学業成績との関係を見るようなものである。

なお，心理学の実験では統制群法がよく用いられる。これは薬物の効果を調べるために，薬物の成分が入った薬を服用する群（実験群）と薬物の成分が入っていない偽薬を服用する群（統制群または対照群）を比較するというタイプの実験である。

コントロール群

検査法　知能，性格，適性，興味，学力などの個人差を測定するために用いられる方法である。たとえば，性格検査には，質問紙検査法，作業検査法，投映法検査がある。質問紙検査法は，多くの質問項目を用意して，その項目が自分に当てはまるかどうかを答えるといった形式がとられる。つまり，回答者の内省を求めるものである。内省できる能力があるかと正直に答えるかどうかがポイントになる。作業検査法は実際に作業をさせてその作業ぶりから個人差を見るものである。投映法検査は，質問紙と異なり，自由に答えることができる課題を出して，その回答の形式や内容から性格などを判断するものである。

なお，検査が一般的に用いられるようになるためには，標準化される必要がある。標準化とは，十分な数の対象者に検査を実施して，信頼性と妥当性を確認することである。信頼性とは，測定の値が信頼できるということで，検査の値が検査を受けるたびに大きく変わっては信頼できないということになる。そのためには，テストを複数回受けさせ，相関を調べるという方法がとられることもある。相関が高ければ，信頼性が高いということになる。質問紙検査法では1回のテストでも信頼性が推定できるクロンバックのα（Cronbach's coefficient alpha）と呼ばれる信頼性係数がよく用いられる。

妥当性は，検査が測定しようとしているものを正しく測定しているかどうかである。これには，結果が専門家が見た日頃の行動についての個人差と対応しているかどうかを見る併存的妥当性とか，知能テストの結果が知能の定義と対応しているかどうかを見る構成概念的妥当性などがある。質問紙検査の多くはこうした標準化がなされており，多くの人が使用できるが，投映法検査は分析に熟練を要するため，これを用いるためには，専門的な訓練が必要である。

面接法　対話を通して相手を理解する方法である。相談者の相談に応じたり，個人的にテストしたりするのもみな面接法である。特定の個人を理解する臨床的・個人的理解の場合は，面接法を用いることが不可欠になる。質問事項が目的に合わせてきちんと構造化されている構造化面接もあれば，構造化されていない自由面接，またその中間の半構造化面接がある。

調査法　調査法は，これまで述べてきた検査法，面接法などを用いて行われるが，世論調査などと呼ばれるように，一般的には多くの対象者の傾向を知る統計的・一般的理解のために行われる調査のことを指す。質問紙を配布して回答を求める場合が多いが，一定の質問項目に沿って電話や面接で行われる聞き取り調査もある。

事例史研究法　これは個人の問題をその個人の生活史から理解しようとするもので，特定の時点の要因を把握すると同時に生育歴から縦断的に理解しようとする。これにもまたこれまで述べたさまざまな方法が用いられる。

コンピュータ・シミュレーション　パニック状況や混雑状況，集団行動，噂や情報の伝播などを研究しようとするときに，実際に多くの調査対象者を集めて状況を再現することは困難である。そのような場合に，コンピュータでモデルを設定して，シミュレーションを行う研究手法である。

収集したデータの整理　結果の整理にあたって数量化して統計的検定をする必要がある場合が多い。したがって，心理学を学ぶ者は統計的な手法やコンピュータに習熟している必要がある。たとえ，自分が統計分析を行わないとしても，それらの知識なしでは心理学論文を読んで内容を理解することができないことになるからである。

ビッグファイブ（Big Five）

内田クレペリン精神検査

ロールシャッハ・テスト

社会調査

集合調査・郵送調査・電話調査

複雑系

3 心理学の歴史 I ―その長い過去―

「心理学は長い過去と短い歴史をもっている」というエビングハウス（Ebbinghaus, H.）の言葉は有名であるが，ヴント（Wundt, W. M.）が1879年にライプチッヒ大学に心理学実験室を創った年を現代心理学の始まりとしても，すでに130年が経っている。ここでは，現代心理学が成立する以前に心がどう捉えられていたのかを概観することにする。

1) 心と身体との関係の問題

プラトン（Platōn 427-347 B.C.）の考え　プラトンの考えは次のようなものである。心（霊魂）は，身体に憑いたり離れたりするものであり，身体の死後も存続し不滅である。人間は，心と身体の結合した有機体で，合理的霊魂は脳髄に，その他は脊髄に作用する。

ソクラテス
イデア論
洞窟の比喩

アリストテレス（Aristotelēs 384-322 B.C.）の考え　アリストテレスの考えは次のようなものである。心は生命と不可分であり，心のはたらきは身体を通してはじめて具体化される。さらに心は人間のみならず植物や動物にも備わっており，植物の心は栄養と生殖，動物の心は感覚と運動，人間の心は感覚と運動の他に理性的思惟（思考）のはたらきをもっている。精神は生活体の機能であって実体ではない。心は心臓にある。

論理学

ヒポクラテス（Hippokratēs ca. 460-377 B.C.）の考え　医学の祖といわれるヒポクラテスは自然を構成する4つの根（火，水，土，空気）というエンペドクレス（Empedokles ca. 493-433 B.C.）の考えを受けて，身体を構成する4つの体液（血液，粘液，黒胆汁，黄胆汁）を仮定し，その影響を受けたガレノス（Galenos ca.130-200）はこれに対応する4つの気質（多血質，粘液質，憂うつ質，胆汁質）を仮定した。この考えは後の心理学の「性格類型」の考えに大きな影響を及ぼしている。

ヒポクラテス
四体液説
クレッチマー（Kretschmer, E.）の分類

デカルト（Descartes, R. 1596-1650）の考え　デカルトは，アリストテレスと異なり，心は人間にのみ経験される意識的事実であり，その属性は「思うこと」であるとした。一方身体は，その属性が延長である「もの」の世界の法則によって支配される自動機械のようなものだという，心身二元論を唱えた。身体に属するすべての機能を除けば，心に属する機能は，「我思う，故に我在り」（cogito ergo sum）の「思う」という機能だけになるという。

心身二元論

ただし，デカルトのいう「思う」は，「疑い，理解し，肯定し，否定し，欲し，欲せぬ，なおまた想像し，感覚する」直接的事実で，この直接的経験の尊重からその後，19世紀を支配した内省的心理学の道が開かれたといえる。

メスメル（Mesmer, F. A. 1734-1815）の考え　メスメリズムと呼ばれる動物磁気説を唱えたのはウィーンの医者であったメスメルである。彼は宇宙には目に見えない一種の流体が偏在しており，それを操作することで病気が治せると主張した。そして磁石を用いて実際に多くの患者の治療に成功した。メスメル自身は動物磁気の存在を堅く信じていたが，医学界を納得させることはできなかった。現在では彼が行っていたのは催眠だったのではないかと考えられている。

ガル（Gall, F. J. 1758-1828）の考え　ドイツの医師ガルは骨相学を創始した。彼は脳の形状，つまり頭の形状とその人の性格や行動に関連があると主張し

た。頭蓋骨を計ることで，その人物がわかるという考え方は当時人気を博した。もちろん，現在では骨相学の考え方は支持されていない。しかし，ガルの考えは，現在の脳機能局在論につながる考え方でもあった。大脳は一見して分化していないように見えるが，それぞれの部分がある機能をになっているというのが機能局在論である。唯物的な考え方，すなわち精神と物としての脳が対応しているという考えの中に魂のような考え方が介在する余地はない。

優生学

ロンブローゾ（Cesare Lombroso）

現在の心理学の考え　現在の心理学は，アリストテレスの考えに近いといえよう。心は身体と一体であり，身体を離れた心だけを問題にするということは一般的ではない。またダーウィン（Darwin, C. R.）の進化論も現在の心理学に大きな影響を与えており，動物の研究も比較心理学という名称の下で行われている。

2) 遺伝か環境かの問題

この問題について，デカルトやライプニッツ（Leibniz, G. W.）などフランスやドイツの学者は理性主義または合理論と呼ばれる立場をとり，人間には生得的にある種の観念があると考えた。たとえば，3個のリンゴから3という抽象的な数の観念を得られるのは，人間に生まれつきそういう観念があるからだと考え，経験によって得られるもの（特に感覚）の役割を軽視した。

一方，ロック（Locke, J.）などイギリスの学者は，観念は経験によってつくられるという経験主義または経験論と呼ばれる立場をとり，感覚や情動による経験を重視した。人間の心は生まれたときは何も書かれていない白紙のような状態であり，経験によって書き込まれていくとして，タブラ・ラサ（tabula rasa：「何も刻まれていない板」を意味するラテン語）としての心という考えを示した。またロックは心に書き込まれた観念が互いに結びつく現象を指摘し，観念の連合と呼んだ。連合は学習の原理の原点でもあり，誤った考えどうしが連合してしまうこともある。経験主義においては最初から正しい観念が決まっているわけではないので，個人差解明の道を開くことになった。

この2つの対立する考えは，現在の心理学においては，知能や性格などの個人差についてその形成要因を検討するとき（5章を参照）や，人間以外も含めた動物の示す行動が生得的なものか習得的なものかを判断するときに検討されている。しかし，いずれが正しくいずれが間違っているという問題ではない。遺伝か環境かという二分法ではなく，心的機能に生得的要因と習得的要因がかかわる割合はどうかという問題として扱われている。また，この問題については，個人差の形成には環境的要因と素質的要因が交わって作用するという「輻輳説」も提出されている。どんなに素質があってもそれを育む環境がまったくなければ，その素質は育たないし，どんなに環境に恵まれていても，素質がまったくなければ能力は形成されないと考えられる。

輻輳説

4 心理学の歴史 II ―その短い歴史―

1) ヴントの意識心理学

ヴントは，デカルトの考えやイギリスの連合主義の考え，ウェーバーの法則で知られる生理学者のウェーバー（Weber, E. H.），精神物理学を提唱したフェヒナー（Fechner, G. T.），色の3原色説や聴覚の共鳴説で知られるヘルムホルツ（Helmholtz, H. L.）などの影響を受けて，心理学の体系化を試みた。彼は，心理学の対象を，私たちが直接に経験できる意識内容であるとして，その研究には，内観法を用いるべきだと主張した。従来の哲学的心理学では心理学者自身が意識的な体験を記述していたが，その報告が本当かどうか，また異なる心理学者の報告が一致するかどうかの保証はない。そこでヴントは，科学としての客観性をもった心理学を構築するため，実証的なデータを基にすることが必要だと考えて，刺激を十分コントロールできる実験室を設置し（1879年），そこで実験参加者（実験をされる人）に刺激を呈示し，参加者に意識的な体験についての報告（内観報告）を求めた。ヴントは，実験を行う新しい科学的な心理学を創ろうとしたのである。

こうした内観法を基にした心理学は，少なくともそれまでのような研究者個人の心理学ではない。しかし，反面，十分信用できる内観報告をするためには訓練を受ける必要があり，その結果選ばれた内観に熟達した人々という，限られた対象についての心理学となり，乳幼児や動物は対象にならなかった。

2) ティチナーの構成心理学

ヴントの弟子で，米国のコーネル大学に移ったティチナー（Titchener, E. B. 1867-1927）は，ヴントの考えの一部である要素論的考えを徹底して，構成心理学を唱えた。心理学を表象，思考，感情を主に研究する学問であるとし，これらの3要素が意識の構造を形成しており，研究は没価値的な内省主義で行われなければならないとした。

3) ワトソンの行動心理学

ワトソン（Watson, J. B. 1878-1958）は，条件反射で知られるパブロフ（Pavlov, I. P.）や，効果の法則で知られるソーンダイク（Thorndike, E. L.）の影響を受けているが，ヴントの内観主義の心理学に反対して，行動主義を展開した。ワトソンは心理学の対象は，ヴントが考えたような私的で主観的な内観報告を基にした意識内容であってはならないとした。心理学が科学であるためには，客観的，すなわち誰もが目で見，手で触れて確かめることができる行動を，その対象としなければならない，と主張したのである。したがって，客観的に確かめることのできる刺激（stimulus）と，それに対する反応（response）との結合関係，つまり，S-R 結合の関係を明らかにすることが，心理学の仕事となる。

ところがワトソンは，内観心理学の打破をめざすことに急なあまり，研究対象を限定し過ぎてしまった。反応を末梢的な筋の収縮や腺の分泌として捉え，中枢における内的な心理過程，つまり人は何を考え，どう感じているかという内容を考慮しなかった。そのため「心なき心理学」とか「意識なき心理学」などと呼ばれて，多くの反発を招くことになった。

しかしながら，ワトソンが強調した「心理学は公共的客観性をもたなければならない」という主張は，その後の心理学に大きな影響を与え，その要請に応えよ

フェヒナーの法則

psychophysics

スティーヴンスのべき法則

パブロフの犬

うとして多くの努力がなされた。

4) 新行動主義の心理学

ワトソンの極端な行動主義に対して，人間や動物の行動を全面的に見直し，現実の姿で捉えようとする新行動主義と呼ばれる動きが1930年以後に見られ，トールマン（Tolman, E. C.）は「認知地図」という有機体の認知的側面を考えた。またハル（Hull, C. L.）は習慣という概念を導入し，目的的行動主義とか演繹的行動主義と呼ばれている。またワトソンの動物実験では動物の受動的な行動が主に観察されたが，スキナー（Skinner, B. F.）は，動物の自発的（operant）側面を中心に観察した。彼は，ワトソンの刺激と反応の条件づけを古典的条件づけと呼び，それに対してオペラント条件づけを強調した。これらの学派に影響を与えたのは，パブロフの犬を使った条件づけの研究やソーンダイクの猫を使った問題箱の実験である。

5) ヴントの意識主義，内観主義を批判した学派

これには先に挙げた行動主義心理学の他に次のものが挙げられる。

ゲシュタルト心理学　構成主義の要素論的考えに反発した学派は，ブレンターノ（Brentano, F. C.）の弟子のエーレンフェルス（Ehrenfels, C.）で，形態質という考えを提唱し「形態は要素の『和』以上のものである」という考えを示している。これをさらに発展させたヴェルトハイマー（Wertheimer, M.）はゲシュタルト心理学（形態心理学）を唱え，形態は要素の結合の上に立つものではなく，形態は根本的に直接に与えられた体験であるとしている。ゲシュタルト心理学者と呼ばれる人には，ケーラー（Köhler, W.）やコフカ（Koffka, K.），レヴィン（Lewin, K.）がいる。

＞見通し学習・洞察学習

＞グループ・ダイナミックス

機能主義心理学　アメリカ心理学の祖と見られるジェームズ（James, W.）は，構成心理学に反対して，環境に適応するために重要な役割を果たす心のはたらき，すなわち機能を問題にすべきであるとする機能主義心理学を提唱した。この考えは，心の内容ではなく作用を問題にすべきであるとしたドイツのブレンターノの考えとも共通するが，機能主義心理学では，心のはたらきを生活の目的に照らして理解しようとする。この学派には，デューイ（Dewey, J. 1859-1952）などが含まれる。

精神分析学　フロイト（Freud, S. 1856-1936）は，もっぱら臨床的実践を通して精神分析学を樹立した。精神分析学は，精神分析的観点のところで記述したように，意識的なものだけでなく，無意識の影響を問題にし，アメリカ心理学に大きな影響を与えた。

個人差の問題　ヴィンデルバント（Windelband, W.）は，学問を，自然科学のように法則定立をめざす法則定立的学問と，歴史学のように個性の記述をめざす個性記述的学問に分類し，心理学を法則定立的な自然科学であるとしたが，心理学には人間心理の一般的共通的側面の理解をめざす方向の研究と個人間の違い（個人差）の理解をめざす方向の研究がある。

個人差の理解には，人柄の違いを理解しようとする性格の研究，能力の違いを理解しようとする知能や適性の研究がある。歴史的には，性格については，先述したヒポクラテスやガレノスの考え，能力の違いに関してはイギリスのゴールトン（Galton, F.）の研究，知能についてはフランスのビネー（Binet, A.）らの研究，適性についてはヴントの弟子でアメリカに移ったミュンスターベルグ（Munsterberg, H.）の研究などがあり，この領域の研究の発展は目覚しい。

5 日本の心理学と心理学の今後の方向性

1) 日本の心理学

ドイツのヴントのもとで始まった心理学は，その後世界に広まった。当初はドイツが心理学の中心であったが，現在その中心はアメリカである。日本においても明治時代の早い時期に心理学を取り入れている。ここでは日本の心理学に大きな影響を与えた研究者や日本独自の理論や研究を打ち立てた研究者を紹介する。

元良勇次郎 元良勇次郎（1858-1912）が 1888 年（明治 21 年）帝国大学文科大学（現東京大学）の講師として「精神物理学講義」を始めたのが，日本の実証的な心理学の始まりとされる。元良はジョンズ・ホプキンス大学でホール（Hall, G. S. 1844-1924）の下で学び，彼と共著で日本人として初の心理学論文を書いた心理学者でもある。ホールはアメリカ初の実験心理学研究室を開設した人物で，彼自身ハーバード大学でアメリカ初の心理学の学位（Ph.D.）を取得した。

> American Journal of Psychology

オランダ留学の経験があり，「Psychologie」に「性理学」という訳語を当て，「心理学」という言葉を使った翻訳書を出版した西周（1829-1897），東京大学で心理学を教えた外山正一（1848-1900）など元良以前にも心理学にかかわった人はいた。しかし，思索・哲学的な内容から決別して，自ら実証的な心理学研究を行うことのできた最初の日本の心理学者は元良なのである。また元良は 1890 年（明治 23 年）に翻訳書ではないオリジナルの『心理学』という本を出版している。これらのことを総合して考えると現在の日本の心理学の祖は元良といえよう。

1904 年（明治 37 年）には東京帝国大学に心理学専修ができ，心理学を専攻とする学生が誕生した。

元良の下で学び，自身もアメリカとドイツに留学した経験のある松本亦太郎（1865-1943）が 1906 年（明治 39 年）に京都帝国大学（現京都大学）の心理学講座の教授に就任する。この後，明治後半にかけて各大学に心理学が広まっていく。

1912 年には『心理研究』という雑誌が発刊され，やがて 1927 年（昭和 2 年）4 月に設立された日本心理学会の現機関誌『心理学研究』に統合されていく。

福来友吉 元良の下で学んだ福来友吉（1869-1952）は日本の心理学を背負って立つことを期待された学者であり，東京大学で教鞭をとった。当初，催眠現象に興味をもった福来であったが，千里眼の能力があるとされる御船千鶴子を調べていくうちに透視という超能力の存在を確信する。御船の協力による公開実験は成功せず，トリックであるという非難の中で失意の御船は自殺してしまう。

> リモート・ビューイング（remote viewing）

> スターゲイト・プロジェクト

福来はのちに長尾郁子というもう一人の超能力者の協力を得て，研究を進め，のちの東大総長になる物理学者山川健次郎も参加した公開実験も行われたが，実験の妨害工作により，決定的な結果が得られないまま長尾は病死してしまう。当時の世論は透視能力の有無を巡って賛成派・反対派に二分され，研究へのさまざまな脅迫や妨害行為があったことが知られている。福来はやがて東京大学を追われるかたちとなるが，世界で最初に念写という現象を発表した心理学者となった。

矢田部達郎 矢田部達郎（1893-1958）はギルフォードの性格テストをもとに，日本版の「矢田部・ギルフォード人格目録」（Y-G テスト）を開発した。

宮城音弥 宮城音弥（1908-2005）は，多数の著書を残し，心理学を広く世に広めた。また，日本の各都道府県の県民性，県民気質を調査分析した著作や超

心理学についての著作もある。超心理学についてはアメリカの心理学を打ち立てたジェームズも深く研究していたことが知られている（Deborah, 2006）。

三隅二不二　三隅二不二（1924-2002）は日本グループ・ダイナミックス学会の設立者であり、独自のリーダーシップ理論であるPM理論を提唱した。Pはリーダーから部下への圧力と計画性、Mは対人関係維持機能を表す。三隅は多様な業種、職種で部下がリーダーのリーダー行動を判定する質問紙を用いて調査を繰り返した。そしてPとMが普遍的で安定したリーダーシップ行動であることを示したのである。リーダーシップ行動が2次元からなり、いずれの次元も高いリーダーが優れているという理論はHi-Hiパラダイムと呼ばれるが、独自にそれを理論立て、三隅ほど多くのデータでそれを実証した例は他にない。[Leader Behavior Description Questionnaire（LBDQ）]

林知己夫　林知己夫（1918-2002）は、日本の統計学者で統計数理研究所所長を務めた。社会調査・世論調査の実践・応用に影響を与え、林の数量化と呼ばれる手法群を開発し、特にカテゴリカルなデータ分析への道を開いた。[質的データ]

赤池弘次　林と同様、心理学畑の出身ではないが、日本の数理統計学者で統計数理研究所所長を務めた赤池弘次（1927-2009）は1970年代に確立したAIC（赤池情報量規準）で知られる。その後、AICはさまざまな統計手法の中に組み込まれて利用され、世界中で彼の論文が引用されている。[カルバック・ライブラー情報量]

2）心理学の今後の方向性

心理学における資格化の動き　日本心理学会は最も多様な研究分野を包含する大きな学会である。一方で専門分化した数多くの心理学関係の学会ができている。日本心理学会はそれらの諸学会を包括する学会という立場をめざしている。

昨今の心理学における大きな流れとして資格化の問題がある。日本心理学会は心理学の専門家としての最小限の標準的基礎学力と技能を修得していることを認定する資格として「認定心理士」という制度を設けている。しかし、現在、国家資格としての心理学の資格は存在しておらず、資格としては各種学術団体が認定している民間資格が多い。

今後の心理学の動向　今後、心理学がどのような方向に向かっていくのかは簡単に断ずることはできない。しかし、ここでは2つほど新しい方向性について紹介しておきたい。1つはfMRIや光トポグラフィーなどの生体測定機器を利用した脳画像による研究の可能性が開かれたことがある。直接に脳のどの部位が活性化しているかを知る手段が得られたのである。実際にはまだまだ高価で気軽に利用するというわけにはいかないが、今後は行動と脳の関係がより密接に探求できるようになるだろう。[機能的磁気共鳴画像測定][近赤外光脳機能計測装置]

もう1つは当時アメリカ心理学会の会長だったセリグマン（Seligman, M.）が1998年に提唱したポジティブ心理学である。セリグマンは学習性無力感の研究で有名な心理学者であるが、従来の心理学がどちらかといえば人間の負の部分に強調をおきすぎていたのではないかと考えた。そして、より正の側面、すなわち「幸せ・喜び・充実感」に注目し、それらを達成するための生き方の研究を提唱し、ポジティブ心理学と称したのである。[学習性絶望感]

心理学が科学的であろうとした結果、多くの面で無機的、機械的、因果的、没価値的な側面がより強調される傾向があった。これからの心理学は科学的であると同時に人生観や世界観も含め、より善く生きること、世界をより良くしていくことに答える内容を用意できるようになるかもしれない。

主要引用・参考文献

Atkinson, R. L. et al. (1996). *Hilgard's introduction to psychology*. 12th ed. Harcourt Brace. pp.11-15.

Deborah, B. (2006). *Ghost hunters: William James and the search for scientific proof of life after death*. Penguin Press.（デボラ, B.（著）鈴木 恵（訳）(2010). 幽霊を捕まえようとした科学者たち 文藝春秋）

今田 恵（1962）. 心理学史 岩波書店

鹿取廣人・杉本敏夫・鳥居修晃（編）(2008). 心理学［第3版］ 東京大学出版会 p.17.

北村晴朗・安倍淳吉・黒田正典（編）(1960). 心理学研究法 誠信書房 pp.9-14.

Leahey, T. H. (1980). *A history of psychology: Main currents in psychological thought*. Prentice-Hall.（リーヒー, T. H.（著）宇津木 保（訳）(1986). 心理学史—心理学的思想の主要な潮流 誠信書房）

中西信男・道又 爾・三川俊樹（編）(1998). 現代心理学 その歴史と展望 ナカニシヤ出版

日本心理学諸学会連合心理学検定局（編） 心理学検定 基本キーワード 第1章 pp.1-32.

西川泰夫・高砂美樹（2005）. 心理学史 財団法人放送大学教育振興会

佐藤達哉・溝口 元（編著）(1997). 通史 日本の心理学 北大路書房

サトウタツヤ・高砂美樹（2003）. 流れを読む心理学史—世界と日本の心理学 有斐閣

梅本尭夫・大山 正（編）(1994). 心理学史への招待 サイエンス社

Windelband, W. (1894). *Geschichte und Naturwissenshaft*.（ウィンデルバント, W.（著）篠田英雄（訳）(1933). 歴史と自然科学・道徳の原理・聖 岩波書店 pp.15-25.）

視知覚（知覚心理学）

2

1 視覚のしくみとその目的

錯視に含まれる視知覚の諸問題　心のはたらきは，外界の情報を取り入れることから始まる。外界と自己の身体状態を知る感覚には，視覚，聴覚，触覚，嗅覚，味覚，前庭覚があり，それらの種別をモダリティと呼ぶ。これら多くのモダリティの情報を処理するために，脳の半分以上の領域が用いられているが，実はその大半が視覚に関係している。意外なことに，これほど多くの脳領域を用いて情報を処理しても，生み出されるのは外界の忠実なコピーではない。

図2-1 は，代表的な幾何学的錯視図形のミューラー・リヤー図形である。中央部の矢羽根は垂直線の中心より下側についているように見えるが，実際には中心についていて，そこからの上下の長さは等しい。もし視覚の情報処理システムが外界の忠実なコピーを作り出しているなら，この錯視は起こりえない。この他にも，線分の長さや傾きという物理的属性がそのままには知覚されない幾何学的錯視図形が多く知られている。そのいくつかを説明できるのが，視覚系は2次元平面の幾何学的図形を外界の3次元構造として処理するために生起する錯誤であるという遠近法説である（Gregory, 1998）。この視覚情報処理における2次元と3次元の関係を理解するには，眼球から大脳皮質に至るまでの視覚系の構造に関する基礎知識が不可欠である。

視覚経路　視覚を成立させる物理的刺激は光である。外界の対象から発生した，あるいは対象表面で反射した光の一部が，私たちの眼球表面の角膜と水晶体で屈折され，硝子体を通過して眼球後部内壁の網膜に到達する。網膜には明るい所でよく反応する錐体と暗い所でよく反応する桿体の2種類の光受容細胞がある。さらに錐体は最もよく反応する光の波長の違いによって，L, M, S の 3 種に分類でき，これが色覚の基盤となっている。複数の光受容細胞の出力が網膜表面に近

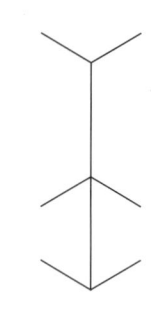

図2-1　ミューラー・リヤー図形

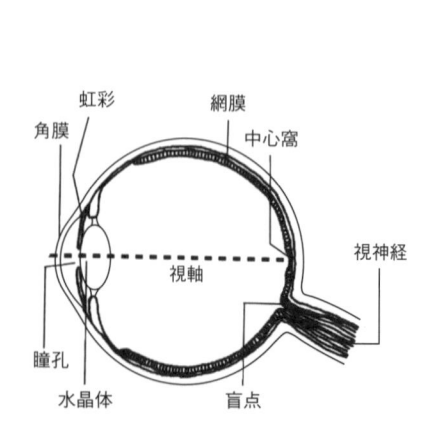

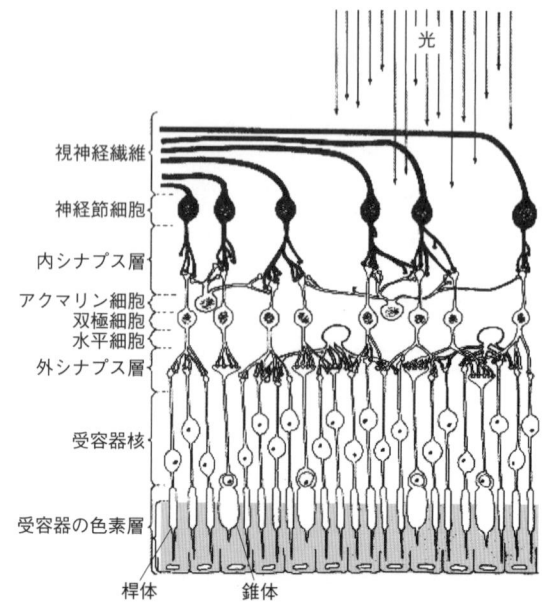

図2-2　眼球と網膜の構造

い神経節細胞に集約され，個々の神経節細胞から1本ずつ視神経が伸びて，その束が盲点となる視神経乳頭から眼球外部へと出ていく（図2-2）。

鼻側と耳側の半側視野の神経束は，内部の視交差の段階で分離された後，外側膝状核でまとめられ，外界の左半分の情報は右半球の，また右半分の情報は左半球のそれぞれ後頭部にある第1次視覚野へ，網膜上の位置関係が維持されたまま神経投射されている。この第1次視覚野の情報は周辺領野へと伝達されるが，その経路は大きく側頭葉への腹側経路と頭頂葉への背側経路に分けられ，前者は物体認識や顔の同定などを処理するはたらきをもち，後者は空間認識や対象への運動関与について処理するはたらきをしていることがわかっている（図2-3）。

視覚の目的　このように，網膜像は外界の3次元構造を2次元平面に射影したものであり，大きさは違っても，観察者からの距離が異なる2つの対象が，網膜上では同じ大きさの像を結ぶことが起こりうる（図2-4）。網膜像では3次元の情報が2次元に圧縮され，奥行に関する情報が失われるのである。人間の視覚系は，いったん2次元平面に圧縮された網膜像の情報を第1次視覚野で受け取った後，腹側経路や背側経路でその情報に何らかの処理をすることで，網膜像を作り出した対象の3次元構造を復元している。このような，2次元情報である網膜像から3次元の外界情報である空間構造や対象の凹凸と形状を復元することこそ，視覚の重要な目的であると定義して，視覚研究を大きく進展させたのが，マー（Marr, 1982）である。この2次元情報から3次元情報を復元することを数学の問題として考えると，唯一の解を求めることは不可能である。それにもかかわらず，私たちには外界に関する唯一の，しかも正しい知覚が生じる事実は，驚くべきことである。視知覚が外界の忠実なコピーではなく，実際の対象とは少々異なって知覚されることがあるのは，この3次元形状の復元という機能を反映していると考えられている。

神経節細胞
盲点

視交差
外側膝状核

第1次視覚野

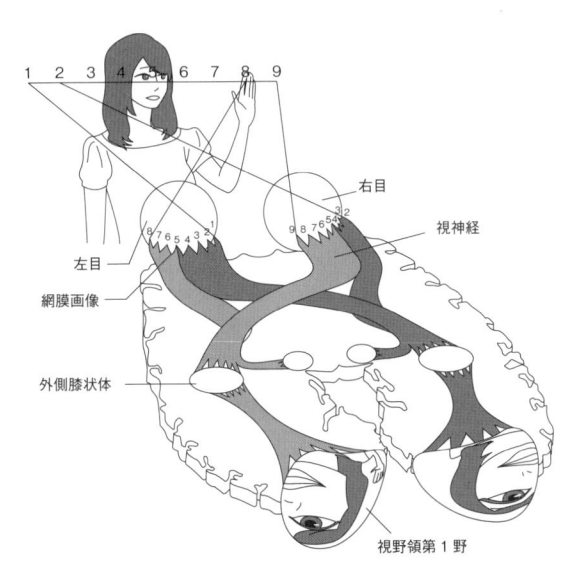

腹側経路
背側経路

図2-3　眼球から第1次視覚野への視覚経路（Frisby, 1979）

図2-4　対象の大きさと距離と網膜像の関係

2 形と面の知覚

眼が見え続ける理由 図2-5を単眼で15cmほどの距離から見てみよう。中心の黒い点（凝視点）を数秒間見つめ続けると，最初は見えていた，ぼんやりとした灰色円が見えなくなる。トロクスラー効果と呼ばれるこの現象は，今見えているものが比較的容易に見えなくなる場合があることを体験させてくれる。

私たちは目を開けている限り，外の世界が見え続けるのは当然だと考えがちだが，「見続ける」ために視覚系は何をしているのかが，静止網膜像の研究から明らかになった（Pritchard, 1961）。コンタクトレンズに超小型のプロジェクターを取り付け，眼球が動いても常に網膜上の同じ位置に同じ画像を投映し続ける実験を行ったところ，画像を呈示してから数秒間で画像は見えなくなった

図 2-5　トロクスラー効果の刺激図

トロクスラー効果

静止網膜像

と報告されている。実は，人間の眼球は常時，肉眼ではわからないほど細かく動いている。トレモアと呼ばれる種類の微小眼球運動により，網膜上に投映される外界の像の位置を少しずつ変化させている。そのため，網膜の光受容細胞が順応せずに対象の輪郭を脳に伝え続け，外界が見え続けるのである。静止網膜像の実験では，網膜上に投映された像の位置が変わらないため，短い時間で順応（本章5節「閾と順応」参照）が起こり，像が消失したのである。

視覚系が捉えている主要な情報は明暗の変化であり，そこには2種類の情報が含まれる。1つは明暗の境界，すなわち対象の輪郭であり，もう1つは明暗変化の粗さ（細かさ）である。

輪郭の検出 輪郭は対象と背景とを切り分ける重要な情報である。図2-6はルビンの盃という図形で，図の白い部分に注目するとシャンパングラスのような杯の絵に見えるが，黒い部分に注目すると，明るい窓を背景にして2人の人間が顔を見向き合わせているシルエットのように見える。すなわち，白い領域と黒い領域がそれぞれ図（対象）と地（背景）のどちらにもなりうる多義的な図地反転図形なのである。これらの図と地の境界は明暗の急峻な変化による輪郭であり，図地反転とは，その輪郭が白黒どちらの領域に属するかが入れ替わることでもある。

図地反転
ランドルト環

視力と縞パタンの関係 明暗変化の情報のもう1つの側面である明暗変化の粗さと細かさは，私たちの視力と関係する。視力検査では，ランドルト環という切れ目のあるさまざまな大きさの円を一定距離から観察し，その切れ目の方向が識別できるかどうかで，視力を測定する。この視力は，縞模様が存在するかどうかについて，縞の明暗の差（コントラスト）を変化させ，どの程度の薄い縞模様まで識別できるかという限界，すなわち閾値を調べることでも測定可能である。この識別限界を超えると，縞模様があるとはわからず，一様な灰色の面と区別がつかない。これまでの研究から，縞模様が細かくとも粗く

図 2-6　ルビンの盃

ともこの識別限界は低く，その中間で最も高くなることが明らかになっている。このことは，横軸に沿って縞の粗さと細かさを，縦軸に沿ってコントラストを変化させた図2-7を見ると明らかである。この図では，縞が薄くなっても，すなわちコントラストが低下しても中間の粗さでは縞が見え続けている。

　図2-8は一見すると物理学者アインシュタインの写真であるが，遠くに離して見ると女優マリリン・モンローの写真に見える。この写真は，マリリン・モンローの写真からは粗い明暗変化だけを取り出し，アインシュタインの写真からは細かな明暗変化だけを取り出して，合成したものである。本を読む距離でアインシュタインに見えるのは，この写真の明暗変化のうち，アインシュタインの細かな明暗変化が，最もよく見える範囲に入っているのに対し，モンローの明暗変化は粗すぎて，よく見える範囲から外れているためである。ところが本を遠くに離すと，アインシュタインの明暗変化は，細かくなりすぎて最もよく見える範囲から外れてしまうのに対し，モンローの粗い明暗変化はちょうどよい細かさとなり，よく見える範囲に入るため，モンローの顔が見えるようになるのである。実際に意識にのぼるのは，どちらか一方の顔であるが，粗い明暗の情報と細かい明暗の情報は同時並列的に処理されていることがわかる。

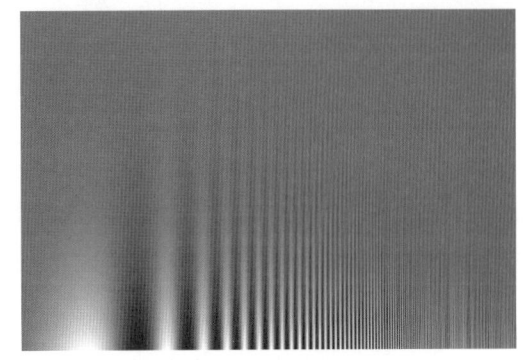

図2-7　コントラスト感度曲線チャート
（Campbell & Robson, 1968）

コントラスト
コントラスト感度曲線

ハイブリッド・イメージ

　面の視覚現象　　対象の輪郭は，明暗変化がなくとも感じられる場合がある。図2-9はカニッツァの三角形という主観的輪郭図形の代表例である（Kanizsa, 1976）。切り欠きのある3つの黒い円と3つのV字が描かれているだけだが，この配置だと，三角形の線図形と3つの黒円の上に，白い三角形が置かれているように見える。1つ1つの要素は単純な図形でありながら，それらが適切に配置されることで，明暗変化のない所にも輪郭があるように感じられ，一定の形状をもつ面が知覚される。

主観的輪郭

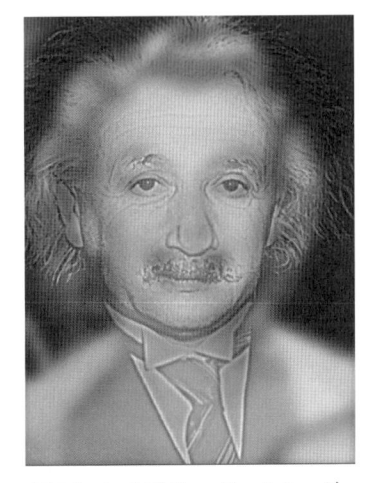

図2-8　ハイブリッド　イメージ（Marylin Einstein）（http://cvcl.mit.edu/hybridimage.htm）

図2-9　主観的輪郭図形（カニッツァの三角形）

3 まとまりの知覚と恒常性

顔の知覚　落書きの「へのへのもへじ」は平仮名の組合せでありながら，人間の顔に見える。顔の知覚は，個々の要素の組合せが新たな全体的要素を生み出す，典型的なまとまりの知覚なのである。ところが，見慣れた対象でも，倒立させるとまとまりの知覚を支える全体的処理が困難になり，それが何かわからなくなることが知られている。顔の知覚では，この倒立効果が強く現れる。図2-10はトンプソン錯視あるいはサッチャー錯視と呼ばれる顔の錯視で，眼と口を上下反転させた合成写真（右）は正立顔より倒立顔で違和感が小さいという現象である（Thompson, 1980）。この本を上下逆さにして，合成写真の顔を合成していない顔と見比べてみよう。顔の異様さや怖さは，個々の要素の組合せだけではなく，全体的処理に依存するようである。

サッチャー錯視

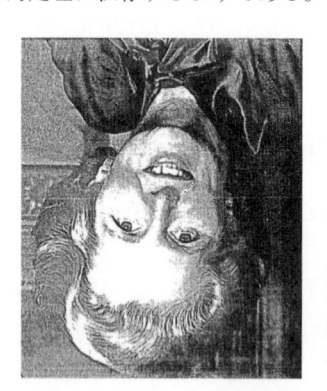

図2-10　トンプソン錯視

2種類の処理　上記の例から，人間の知覚系は2種類の情報処理を相補的に用いていることが推測される。1つは個々のデータを組み合わせて全体を形作るボトムアップ（データ駆動型）処理であり，もう1つは既存の知識に基づいて，不完全なデータから全体を推測し補完するトップダウン（概念駆動型）処理である。トップダウン処理が優勢な正立顔の知覚では，「へのへのもへじ」のように平仮名の組合せでも容易に顔として知覚されるのに対し，倒立顔ではボトムアップ処理が優勢となり，眼や鼻や口といった顔の部分の処理が優先されるため，トンプソン錯視では眼や鼻や口のバランスから生じる異様な印象が薄れてしまうと考えられている。

トップダウン処理

ボトムアップ処理

補完現象

補完現象　図2-11の(a)と(b)を比べると，同じ断片的な顔の画像であるにもかかわらず，(a)では顔の全体が知覚されないが，(b)では完全な顔がスリットの背後に知覚される（Nakayama et al., 1989）。このように遮蔽された状況を呈示した場合，視覚系は，遮蔽されて失われた情報を補完する。もちろん，この補完現象は顔に特有ではなく，どのような対象でも一般的，日常的に生起している。

ゲシュタルトの法則

ゲシュタルトの法則　このような視知覚のきわめて重要な特徴の1つ，すなわち感覚情報に含まれる複数の要素を，ある1つのまとまりとして捉える働きは，すでに20世紀初頭のゲシュタルト心理学で注目されていた。そこでは視知

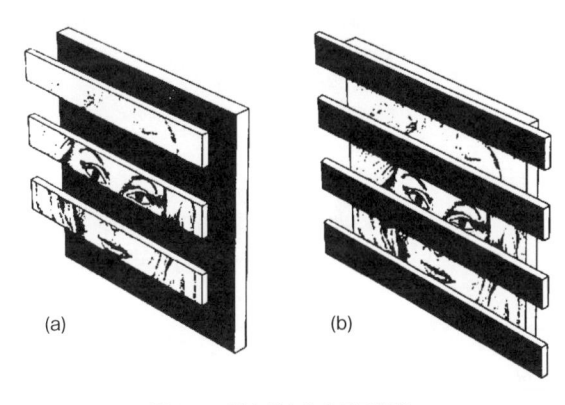

図 2-11 顔を例とした補完現象

覚が複数の対象や形態のまとまりを捉える手がかりとして，近接，類同，共通運命，よい連続，閉合などの要因があるとされた。また，形態がまとまりをもつのは，全体が最も簡潔なよい形になる場合だとする，プレグナンツの法則が主張された。

知覚の恒常性　恒常性とは，物理量が異なっても知覚される量を維持しようとする人間の特性を示す。図 2-12 は大きさの恒常性の例である。遠くと近くにいる 2 人の人物を見ている場合，観察者の網膜上に投影されるそれぞれの像の大きさは異なるが，人間の大きさはほとんど変わらないと知覚される（図 2-12 左）。ところがネクタイをした遠くの人の画像を切り出して近くの人の足もとに並べると（図 2-12 右），その網膜像の大きさの違いが明瞭になる。このとき，左右の図を見比べると，どちらの図もネクタイをした人の像は同じ大きさのはずだが，どうしても左図の人の像の方が大きく見える。奥行のある 3 次元空間では，遠くの人は小さな網膜像を結ぶため，知覚系は遠近の情報を加味し，遠くの人の大きさを補正して知覚していると考えられる。この恒常性は，人間が世界を安定して知覚するしくみなのである。

知覚の恒常性

プレグナンツの法則

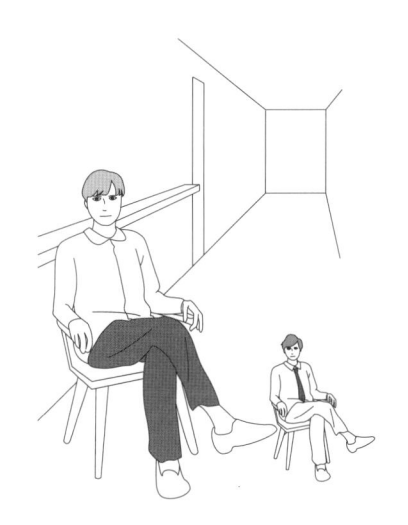

図 2-12 大きさの恒常性

4 奥行と運動の知覚

凹面顔錯視　図2-13はチャップリンのお面を回転させた連続写真であるが，凹んで見えるはずの裏側も凸面に見えてしまう。そしてその顔は実際のお面の回転方向とは反対に動いて見えるのである。凹面顔錯視と呼ばれるこの現象は，実物を両眼で観察しても生起するほど強力である（Gregory, 1998）。この現象には，視知覚の重要な2つの問題が含まれている。それらは，空間やそこに存在する対象の奥行と運動である。さらに，それらの間には興味深い相互作用があり，それがこの現象を引き起こしていると考えられている。これらの点を理解するために，奥行知覚と運動知覚について解説する。

凹面顔錯視

奥行知覚　奥行手がかりの分類は，奥行知覚を理解する上で一般的な前提である。人間の視覚系は外界とそこにある対象の奥行を，さまざまな手がかりから復元しているが，それらをまとめたものが図2-14である（Sekuler & Blake, 1990）。このうち，動眼的手がかりは，眼球の内外の筋運動感覚に依存する。また，視覚的手がかりは，網膜像に含まれる情報に依存するもので，単眼静止像から取り出せる静的手がかりは，絵画的手がかりとも呼ばれ，伝統的絵画技法のほとんどがここに含まれる。両眼的手がかりである両眼視差は，左右眼が水平方向の異なる位置から同一の対象を見る際に生じるそれぞれの視線方向のわずかな違

奥行知覚

図2-13　凹面顔錯視（Gregory, 1998）

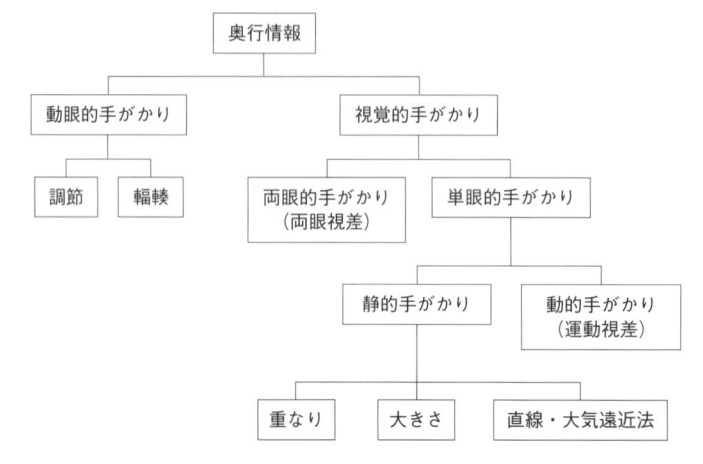

図2-14　奥行手がかりの分類（Sekuler & Blake, 1990）

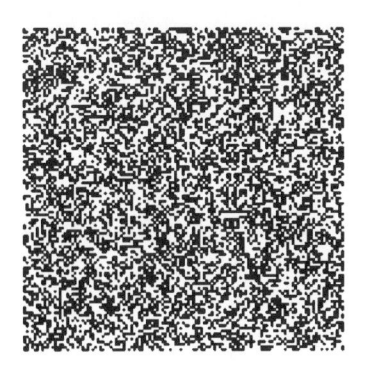

図 2-15　ランダムドットステレオグラム
両眼を少し寄り目にして見ると中央部に正方形が浮き上がる。

いであり，これが左右眼の網膜像のズレを生み出す。視覚系は形の情報がなくともこのズレを意識せずに計算して奥行を知覚することが，図2-15に示す，不規則な点の集まりで作られたランダムドットステレオグラムを用いた研究から明らかにされた（Julesz, 1971）。両眼を少し寄り目にして図2-15を見ると，中央部に正方形が浮き上がって見える。単眼動的手がかりである運動視差は，対象や観察者が動くことで生じる網膜像のズレであり，両眼視差と同等の強い奥行感を生起させる。

ランダムドットステレオグラム

　運動知覚　人間が運動を知覚する運動視の古典的な分類は，外界の対象が物理的に動いている状態を知覚する実運動と，実際には動く対象が存在しないか，対象が動いていないのに動きを知覚する仮現運動の2種類であった。この仮現運動の中には，暗闇の中の小さな静止光点を見つめるうちにそれが動き出すように見える自動運動や，夜空の月の前方を風に流された雲が横切る様子が，まるで静止した雲の間を月が動いているように感じられる誘導運動，また，映画やテレビの原理でもあるベータ運動が含まれる。

運動視差

仮現運動

1次運動

2次運動

　これに対し，現在では，1次運動と2次運動という区別が用いられている。視覚系は対象の形状を明暗変化の輪郭から取り出すが，この明暗変化に基づいて検出される運動を1次運動といい，それ以外のコントラスト変化や模様の違いに基づいて検出される運動を2次運動という。

　奥行と運動の相互作用　バイオロジカルモーションとは，人体の関節部分の動きを点の動きに置き換えた動画像から，人体全体の動きが知覚される現象を指す。この動画像を静止させると黒い画面に複数の白い点が表示された2次元画像にしか見えない。しかし，点が動き出すと，そこには動く人間の様子がはっきりと現れ，条件によっては性別や感情状態までわかることがある。このように，静止状態では2次元の画像が，動き出すことで3次元の対象として知覚される例は他にもあり，運動奥行効果（KDE）やステレオ運動効果（SKE）などが知られている。

バイオロジカルモーション

　これらの例から，奥行知覚と運動知覚とは表裏一体の関係にあり，視覚系は網膜像の位置変化を運動や奥行として知覚することがわかる。凹面顔錯視において，普通の顔に見えたお面の裏側（凹面顔）が実際の顔向きの変化とは反対方向に動いて見えるのは，凹面顔を凸面顔として知覚することから生じる顔向きの変化の矛盾を，実際の動きとは反対方向の運動として処理することで解消するためと考えられる。

運動奥行効果

ステレオ運動効果

5 多感覚の統合

腹話術効果 腹話術師は人形の口を動かしながら人形の台詞を口は動かさずに話す。その声は実際には腹話術師の口から出ているが，観客には人形の口から出ているように感じられる。この腹話術効果のように音源定位に関して視覚が聴覚より優勢になることを視覚的捕捉と呼ぶ。人間は外界の様子を捉える際，視覚情報に多くを依存してはいるものの，視覚以外の他の感覚からの情報も同時に組み合わせて利用している。このような多感覚統合の代表的な例が腹話術効果なのである。次に，視覚以外の感覚も含め，感覚の特性やそれらの相互作用について説明する。

諸感覚とその受容器 人間の知覚は，視覚の他に，聴覚，触覚，嗅覚，味覚，前庭覚といった感覚情報を処理することで成り立っている。視覚，聴覚，触覚，前庭覚は，物理的刺激をそれぞれの感覚受容器で受け取ることで生じている。聴覚は内耳にある蝸牛管内部の基底膜の表面に並ぶ音受容器細胞で，鼓膜を通じて空気振動を検出している。触覚は，皮膚の深部にある機械受容細胞が皮膚への圧力を検出して生じる。前庭覚は，三半規管と前庭内部のリンパ液の相対的流れを検出して身体の回転と移動の加速度を検出する。これに対し，嗅覚と味覚は嗅球や味蕾という受容器で，化学的刺激を受け取る。

体性感覚とホムンクルス 体性感覚は触覚の皮膚感覚と深部感覚をあわせた感覚の別名で，自己身体のイメージと直接に関係する。感覚野と呼ばれる脳の領野のどの部分に体の各部位からの入力が投射されているかを調べて地図を描いたのが，図2-16a である。各部位からの入力が投射されている領野の面積は，その部位によって大きく異なり，それらの比率は身体の実際の比率とは大きく異なり，この地図で表された人体は奇妙な小人のように見えるため，ホムンクルスまたは発見者の名前をつけてペンフィールドの小人と呼ばれる（図2-16b）（Ramachandran & Blakeslee, 1998）。

閾と順応 これらの感覚には，もちろん感覚を生じさせる最小の刺激の強

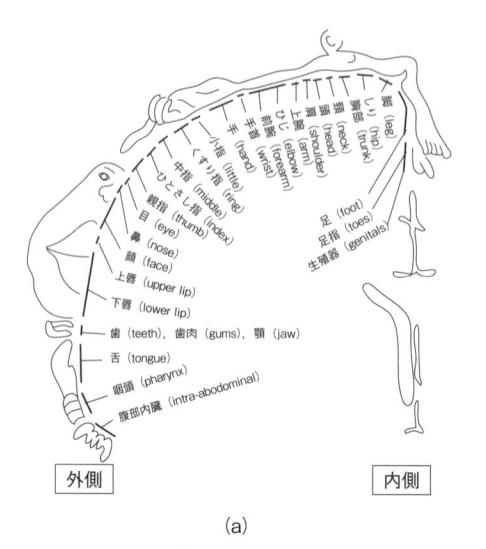

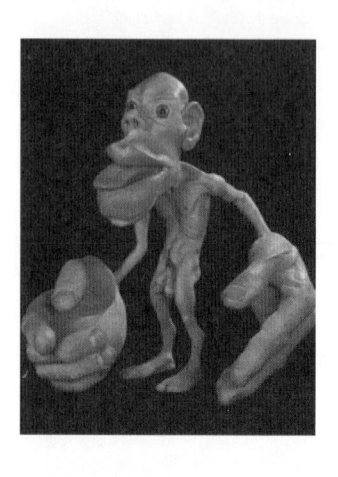

図2-16 ペンフィールドの地図（a）とホムンクルス（b）

さが存在する。これらの閾は刺激閾と呼ばれ、感覚が生じる上限の刺激の強さである刺激頂との間が、私たちの感覚が生じる範囲となる。また、刺激の違いを検知できる最小の刺激変化量を弁別閾あるいは丁度可知差異という。これらの閾値は、状況によって変動する。たとえば、急に部屋を暗くするとその瞬間は何も見えなくとも、時間が経つと周囲の様子が見えるようになる。部屋が明るい状態では光受容器細胞の光に対する閾値が上昇していて感度が低くなっているが、暗くなると光受容器細胞の閾値は下降して感度が高くなり、少ない光で部屋の中の様子が見えるようになるのである。前者は明順応、後者は暗順応といい、一般に同じ刺激を受け続けることで生じる感覚の感度変化を順応と呼ぶ。

感覚の特性 心理物理学（あるいは精神物理学）は、これらの閾値を測定する古典的手法を19世紀末に完成させており、弁別閾の精緻な測定によって、音の大きさや光の強さに対する人間の感覚は、直線的には変化しないことを見出していた。その後、マグニチュード推定法が考案され、物理量に対する感覚量（心理量）を広い範囲で直接評定した結果、さまざまな感覚量の変化曲線は感覚の種類により異なることが明らかにされた（図2-17）。たとえば、光や音に対する感覚は、刺激が弱いときには感度が高く、強いときには低く（鈍く）なっており、これは外界の情報をできる限り広い範囲でモニターし続けられるという、個体の生存を有利にする感覚の特性を反映していると考えられる。

感覚間相互作用 前述の腹話術効果の他にも、視覚と聴覚からの矛盾する情報が脳内で統合される例があり、マガーク効果として知られている。たとえば、「ガ」と発音している顔の動画に「バ」という音声を同期させて呈示すると、「ダ」と聞こえる現象である。口を閉じていない映像と口を閉じての発音は矛盾するため、知覚系はそれら以外の音声と誤って認識してしまう。このことから、知覚系は意識せずに「読唇術」を習得していて、不完全な聴覚情報を補完していると考えられる。

もう1つ、視覚と触覚の感覚間相互作用の例がラバーハンド錯覚である。

図2-18のように、机の面を2段にし、上段には中身を詰めたゴム手袋を置き、下段には自分の手を置く。ゴム手袋と自分の身体の間は毛布等で覆い、自分自身の手が見えないようにする。もう1人が対面に座り、ゴム手袋と自分の手のまったく同じ部分に同じタイミングで、触れて（撫でる、軽くたたくなど）もらう。これをしばらく繰り返すと、まるでゴム手袋が自分の手であるかのように感じられるのである。このとき、触覚による自分の手の空間位置情報が、同じタイミングで触れられている視覚情報によって誤修正され、身体イメージが変容すると考えられる。

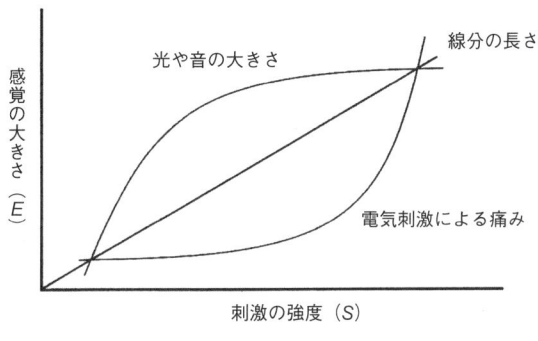

図2-17　マグニチュード推定法を用いた物理量に対応する心理量の変化曲線

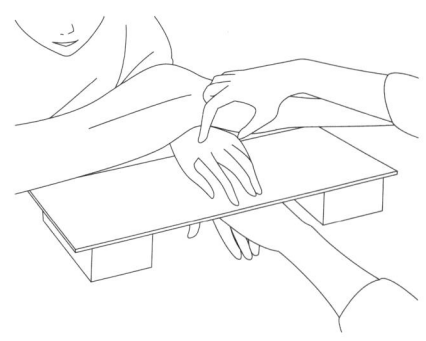

図2-18　ラバーハンド錯覚の実験風景

主要引用・参考文献

Campbell, F. W., & Robson, J. G. (1968). Application of the Fourier analysis to the visibility of gratings. *Journal of Physiology*, **88**, 551-556.

Frisby, J. P. (1979). *Seeing*. Oxford University Press.（フリスビー，J. P.（著）村山久美子（訳）　シーイング　錯視―脳と心のメカニズム　誠信書房）

Gregory, R. L. (1998). *Eye and brain: The psychology of seeing*. 5th ed. Oxford University Press.（グレゴリー，R. L.（著）近藤倫明・中溝幸夫・三浦佳世（訳）(2001). 脳と視覚　グレゴリーの視覚心理学　ブレーン出版）

Julesz, B. (1971). *Foundations of cyclopean perception*. The University of Chicago Press.

Kanizsa, G. (1979). *Organization in vision: Essays on gestalt perception*. Praeger Publishers.（カニッツァ，G.（著）野口　薫（監訳）(1985). カニッツァ視覚の文法― ゲシュタルト知覚論　サイエンス社）

Marr, D. (1982). *Vision: A computational investigation into the human representation and processing of visual information*. Freeman.

Nakayama, K., Shimojo, S., & Silverman, G. H. (1989). Stereoscopic depth: Its relation to image segmentation, grouping, and the recognition of occluded objects. *Perception*, **18**, 55-68.

Pritchard, R. M. (1961). Stabilized images on the retina. *Scientific American*, **204**(6), 72-78.

Ramachandran, V., & Blakeslee, S. (1998). *Phantoms in the brain: Probing the mysteries of the human mind*. Harper Perennial.（ラマチャンドラン，V. S. & ブライクスリー，S.（著）山下篤子（訳）(1999). 脳のなかの幽霊　角川書店）

Sekuler, R., & Blake, R. (1990). *Perception*. 2nd ed. McGraw-Hill.

Thompson, P. (1980). Margaret Thatcher: A new illusion. *Perception*, **9**, 483-484.

認知（認知心理学） 3

1 情報処理パラダイム

認知　　人は生きていくために，また知的好奇心を満たすために，何かを知るという活動を常に行っている。この知ることこそが本章で扱う"認知"であり，この知的活動の実体を情報処理の観点から解明しようとするのが認知心理学である。認知心理学が扱う下位分野は，知覚（2章を参照），注意，記憶や学習（4章を参照），言語，イメージ，思考など多岐にわたる。本章では，認知心理学の研究パラダイムの特徴について1節で概説した後，他の章で扱わない注意，言語，イメージ，思考に関する研究を2節以降で紹介する。

情報処理　　人の知的側面を扱う他の学問分野と比較してみたとき，認知心理学の大きな特徴は，人が知的活動を行う過程（認知過程）を一種の情報処理過程と見なして考える点である。このような見方に多大な影響を及ぼしているのが，現代の私たちにとっては身近なコンピュータの存在である。コンピュータは，マウスやキーボードなどの入力装置を備えており，これらを介して入力された情報は，コンピュータの内部で記憶装置への記録や演算などの処理がなされた後，結果がディスプレイなどの出力装置に出力される。このように，コンピュータには入力，処理，出力からなる情報処理過程が明確に存在する（図3-1上）。私たちの日常的なふるまいもまた，同様の過程になぞらえて考えることができる。すなわち，目や耳から刺激を入力し，内部で記憶や推論，意思決定のための処理を行い，この結果を新たな行動として出力していると見なせる（図3-1下）。認知心理学では，このような情報処理の観点を導入した上で，人の認知過程を，具体的な情報処理モデルに整理して表そうとする。本章で紹介する選択的注意のモデル（Broadbent, 1958）や，心的イメージのモデル（Kosslyn, 1980）などは，この典型例といえるだろう。

こうしたモデルの多くは，何かしらのデータに基づいて構築や検証がされている。1つの標準的なやり方は，厳密に条件統制された実験室内で人に認知課題を行わせ，この結果が仮説やモデルの予測と一致するかどうかを検証するというものである。また，近年では，fMRIやPETなどの装置を用いて脳活動を画像化する脳イメージングの技術も発展しており，この技術を用いて人の脳と認知機能

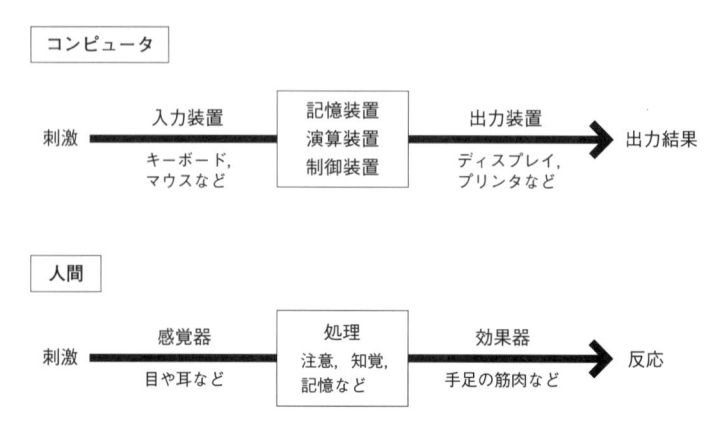

図3-1　コンピュータと人間の情報処理過程

を対応づけた脳機能モデルを構築する試みも精力的に行われている。

表象　たとえば，以前に見た友人が飼っているネコの様子を思い返して他者に語るといった場合，友人のネコに関して知っていることがらは，その人の内部のどこかに蓄えられているはずである。このように記憶内に保持された情報を表象と呼ぶ。認知心理学では，人が処理する情報が，その人の内部でどのように表されているのかという点にも関心をもち，表象の理論化を行ってきた。たとえば，ペイビオ（Paivio, 1971, 1986）は，自身が提唱する二重符号化理論の中で，表象をイメージコードと言語コードの2つの形式に分類している。この理論に従うと，ネコの表象をつくりあげる場合に，姿形の映像や背を撫でたときの触感などの非言語情報はイメージコードで，「ネコ」という名称やその発音などの言語情報は言語コードでそれぞれ表され，別個に処理されるという。

　別の形式として，命題形式による表象も考案されている。命題は，動詞や形容詞を指す1つの述部と，名詞を指す1つないし複数の項で構成される。「マコトが花瓶を割った」という文であれば，「割る」が述部，「マコト」と「花瓶」が項となる。この命題は，アンダーソン（Anderson, 1980）のネットワーク表現に従うと，図3-2aのように図示できる。命題は，文の意味が変わった場合には変化するが，「花瓶を割ったのはマコトだ」というように表現の仕方だけを変えた場合には変化しない。つまり，命題は意味を表し，言い回しなどの細部は表さないという特徴をもつ。また，命題ネットワークは共通する情報をつなげて拡張していくことができる。たとえば，マコトが割った花瓶に対して新しいという情報が加わった場合は，先ほどの命題に「花瓶は新しい」という命題を追加して，図3-2bのように表される。

　表象の種類やその実体の捉え方については，研究者の立場によってもさまざまな意見があり，現在でも統一的な見解は得られていない（たとえば，4節のイメージ論争を参照）。しかしながら，情報処理パラダイムの下では，記憶や操作の対象として，何かしらの表象を想定することが多い。

表象

二重符号化理論

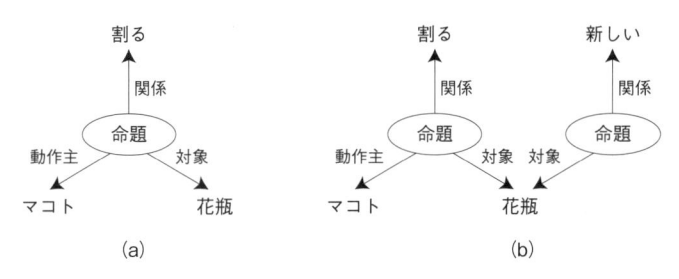

命題

図 3-2　命題のネットワーク表現（Anderson, 1980 を参照）

2 注　意

選択的注意　日常的に私たちは，多くの中から必要なことがらだけに意識を集中させることで，他のことがらに惑わされることなく効率的に情報を得ている。たとえば，パーティー会場のようにさまざまな会話があちこちで飛び交う場所にいても，私たちは特定の会話にだけ耳を傾け，他の会話を無視するということを当たり前のように行える。これはカクテルパーティー現象と呼ばれており，このように，多くのことがらの中から特定のことがらにだけ意識を向けて情報を得ることを選択的注意という。ここでは，選択的注意の過程や自動化について取りあげる。

カクテルパーティー現象
選択的注意

選択的注意のモデル　チェリー（Cherry, 1953）は，両耳分離聴取による復唱課題を用いて，選択的注意の過程を調べている。この実験では，ヘッドフォンを装着した実験参加者が，左右の耳に流される異なる文章を同時に聞きながら，どちらか一方の文章の音だけを声に出して復唱するという作業を行った（図3-3参照）。また，このとき，復唱を求められない側，すなわち注意が向けられない側の耳に流れる文章の音や内容の特徴が途中で変化した。チェリーの実験結果では，人は，文章を読み上げる声の主やその性別といった音の物理的な特徴の変化には気がつきやすいものの，読み上げられる文章の言語が英語からドイツ語に変わる，あるいは途中から元の文章を逆再生した音が流れるといった内容や意味の変化には気がつきにくいことが示された。こうした選択的注意の過程を表すモデルとして，ブロードベント（Broadbent, 1958）はフィルターモデルを提唱している。このモデルでは，一度に1つの情報だけを通過させるフィルターを想定している。そして，物理的な特徴に基づいて選択された情報だけがこのフィルターを通過して意味処理を含む詳細な分析にかけられ，それ以外の情報は捨てられるという。

フィルターモデル

フィルターモデルは，選択的注意の過程を情報処理過程と見なした先駆的なモデルとして評価されている一方で，問題点も存在する。たとえば，モーレイ

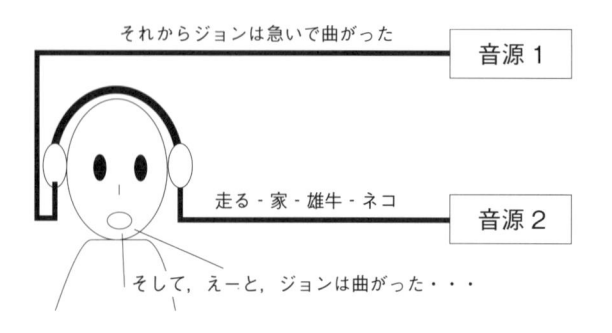

図 3-3　両耳分離聴取の実験状況（Lindsay & Norman, 1977 を改変）

(Moray, 1959)は，注意を向けていない側の耳に自分の名前が音声呈示されると，そちらに注意が引きつけられるという実験結果を報告している。この結果は，入力された情報の意味が分析された後に，この情報に注意を向けるかどうかの選択が行われていることを示しており，意味の分析よりも先に注意の選択が起こると考えるブロードベントのモデルとは合致しない。こうした問題点を解消する1つの説明として，ドイッチュとドイッチュ（Deutsch & Deutsch, 1963）は，すべての特徴が処理された後に，注意の選択が起こることを想定したモデルを提唱している。ブロードベントのモデルが，情報処理の初期の段階にフィルターを想定している（図3-4a）のに対し，彼らのモデルでは，より高次の処理を終えた後期の段階にフィルターを想定している（図3-4b）。

自動化 こうした選択的注意に関する研究は，私たちが一度に注意を向けられる対象には限りがあることを示している。だが，この一方で，楽器を弾きながら歌をうたうミュージシャンのように，ある技能の熟達者は，素人であれば多くの注意を要する行為を同時にいくつも実演してみせる。こうした熟達者のふるまいを説明する概念として，注意の自動化が挙げられる。シフリンとシュナイダー（Shiffrin & Schneider, 1977）は，意識的な注意を払いながら行われる制御処理（control processing）と，注意を要せずに行われる自動処理（automatic processing）を区別し，技能の熟達によって，この実行が制御処理から自動処理へと切り変わることを明らかにした。

先ほどの弾き語りとまではいかなくとも，私たちの日常的な行動の多くもまた自動化に支えられている。たとえば，自転車の乗り方を憶えて間もない頃は，運転だけに気を取られていたのが，徐々に友達とおしゃべりをしながら難なくペダルをこげるようになるのも，熟達に伴う運転技能の自動化によるものと考えられる。また，自動化は，習慣的に繰り返し行う行為を円滑にできるようにする一方で，本来の目的に反する誤った行為を引き起こすアクションスリップの原因にもなる（たとえば，Norman, 1981）。洗面台に置き忘れた眼鏡を取りにいったはずが，顔だけ洗って戻ってきてしまうといったミスは，日常的に見られるアクションスリップの一例といえる。

> 自動化

> アクションスリップ

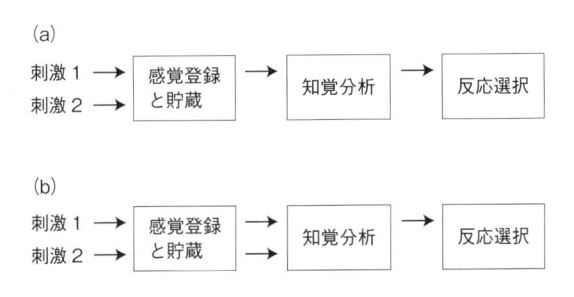

(a)
刺激1 → 感覚登録と貯蔵 → 知覚分析 → 反応選択
刺激2 →

(b)
刺激1 → 感覚登録と貯蔵 → 知覚分析 → 反応選択
刺激2 →

図3-4 選択的注意の2つのモデル（Kahneman, 1973）

3 言　語

言語　私たちは言語を，思考や意思伝達のための道具として日常的に用いている。それは話し言葉だけでなく，書き言葉にも当てはまる。ここでは，私たちが，書き言葉として表された文や文章を理解する過程についていくつか紹介する。

心内辞書

心内辞書　たとえば，なじみのない外国語で書かれた本を読むとしたら，私たちはどうするだろうか。おそらく，辞書を片手に知らない単語の意味を調べながら本を読み進めるというのが，1つの有効な方法だろう。このような辞書の機能は，私たちの心内にもあると考えられており，これは心内辞書（mental lexicon）と呼ばれる。私たちが母国語などのよく知っている単語の意味を理解する場合には，この心内辞書を参照していると考えられる。

句構造規則

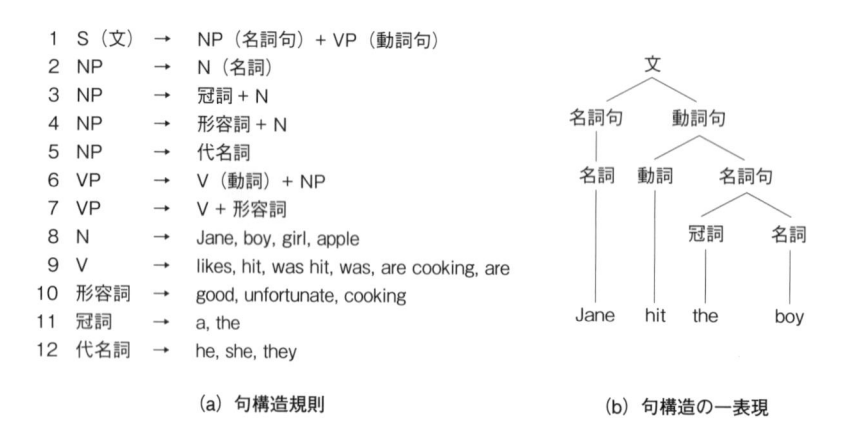

句構造規則　また，適切な文であるためには，文を構成する単語だけでなく，その並びも重要となる。たとえば，「僕はネコを撫でる」と表された文は自然に感じ，同じ単語の配列を変えた「を僕撫でるはネコ」という文はおかしいと感じる。後者の文には，明らかな文法の誤りが見られるためである。このように，私たちは，単語どうしがどう組み合わさるかによって，文法的に正しい文にも誤った文にもなるということを知っている。こうした区別を行うためには単語の組み合わせに関する統語的な知識が必要となる。ここでは図 3-5 に，句構造規則に基づく例を挙げる。句構造規則は，句構造と呼ばれる文の構造を生成するための規則である。個々の単語は，この規則によって統合され，文法的なまとまりとして捉えられる。

```
1  S（文）   →  NP（名詞句）+ VP（動詞句）
2  NP       →  N（名詞）
3  NP       →  冠詞 + N
4  NP       →  形容詞 + N
5  NP       →  代名詞
6  VP       →  V（動詞）+ NP
7  VP       →  V + 形容詞
8  N        →  Jane, boy, girl, apple
9  V        →  likes, hit, was hit, was, are cooking, are
10 形容詞    →  good, unfortunate, cooking
11 冠詞     →  a, the
12 代名詞    →  he, she, they
```

(a) 句構造規則　　　　　　　　　　　(b) 句構造の一表現

図 3-5　統語規則と統語構造の表現 (Green, 1990)

文の意味　私たちが文を読む場合，そこから何かしらの意味を理解している。たとえば，道を歩いている途中で「この先の立ち入りを禁止します」という注意書きを読んだ場合，私たちは，今いる場所から先へ進んではいけないことを知るだろう。この場合に重要な情報となるのは注意書きの意味であり，文の単語や語順は忘れてしまっても問題はない。サックス（Sachs, 1967）の実験では，文章を朗読したテープを実験参加者に聞かせ，その途中で朗読を中断した後，テ

スト文を音声で呈示した。テスト文には次の4種類が用意された。①朗読中にでてきた元の文と同一の文，②元の文の意味が変化した文，③元の文が能動態から受動態あるいはその逆に変化した文，④元の文と同じ意味で表現の形式が変化した文。実験参加者は，テスト文が朗読された文と同じかどうかを判断した。その結果，元の文が朗読されてからテスト文が呈示されるまでの時間が長くなるにつれて，①，③，④の文が呈示された場合に，誤った解答をしやすくなった。唯一，意味が変化した②のテスト文が呈示された場合のみ，時間が経っても正しく解答できた。こうしたことは，時間とともに，文の意味以外の情報は忘れられやすいことを示している。

第1節で述べた命題表象は，私たちが言語情報を保持する際のこうした特徴を表すのに適している。キンチュとキーナン（Kintsch & Keenan, 1973）の実験では，文を構成する単語数がほぼ同じであっても，そこに含まれる命題の数が増えると，人が文を読み終えるのにより長い時間がかかった。また同様に，人が記憶できた命題の数が多いほど，文を読み終えるまでの時間も長くなった。こうしたことから，彼らは，命題は，言語情報の処理や記憶を行う上での適切な単位であると考えた。

スキーマ　私たちが日常的に読んでいるのは，新聞や小説といったいくつかの文がまとまった文章である。では，単語や統語規則の知識があれば，文章は理解できるものなのだろうか。これについて知るために，ブランスフォードとジョンソン（Bransford & Johnson, 1972）が作成した図3-6の文章を読んでほしい。おそらく，複雑な文法や難しい単語が使われているわけではないにもかかわらず，この文章は難解に感じられるだろう。だが，「洗濯」について述べたものだと教えられた上でこれを読むと，同じ文章であっても格段にわかりやすくなる。こうしたことは，洗濯がどのように行われるかという段取りに沿って，私たちが，各文の意味や文どうしの意味的なつながりを解釈できるようになるために起こる。このように，文章を理解するためには，単語や統語規則の知識だけでは不十分であり，読み手の一般的な知識も重要となる。こうした事物や事象のまとまりに関する知識は，より専門的にはスキーマと呼ばれる（フレームやスクリプトといわれることもある）。

スキーマ

フレーム

スクリプト

手順はきわめて単純である。まず初めに，ものをいくつかの山に分ける。もちろん量によってはひと山で十分かもしれない。もし設備がないために他所へいく必要があれば，これが次のステップであるし，そうでなければ準備完了である。大切なのはやりすぎないことだ。つまり，一度にするものは多すぎるよりむしろ少なすぎる方がよい。これが重要だとはすぐには思えないかもしれないが，多くをやりすぎることによる面倒は容易に生じる。失敗もまた高くつく。最初は，全体の手順が複雑にみえるだろう。だが，すぐにこれは生活の一部になる。この作業が近い将来になくなるという見込みはないが，誰にも予測はできない。手順が完了したら，再びものをいくつかの山に分ける。それから，これらを適切な場所にもどす。いずれまた，これらは使用され，そして全体のサイクルを繰り返すことになる。だが，これは生活の一部なのだ。

図 3-6　ブランスフォードとジョンソンが作成した文章（Bransford & Johnson, 1972）

4 心的イメージ

心的イメージ　　**心的イメージ**　　たとえば，自宅前の風景を想像するように言われると，庭の植え込みやなじみの道路，向かいの建物などを思い浮かべることができるだろう。このように，刺激を感じていないにもかかわらず生じる類知覚的な体験を心的イメージという。ここでは，視覚イメージの特徴について紹介する。

心的回転　　**心的回転**　　私たちは，実物を見ているかのように，対象をイメージして利用することができる。シェパードとメッツラー（Shepard & Metzler, 1971）は，図3-7のような図形を用いた実験で，私たちが，あたかも実際に物を動かすかのように心的イメージを操作することを明らかにしている。この実験では，左右に並んだ物体の形態が同じかどうかを実験参加者に判断させた。このとき，比較する物体の回転角度をさまざまに変化させたところ，物体間の角度差に比例して判断時間が長くなることが示された。シェパードらは，この判断時間の増加は，比較する物体の回転をイメージし，2つの物体の向きを同じにしてから形態が照合されるために生じると解釈した。つまり，実物の回転を見ているかのように，心的イメージを回転させたと考えたわけである。このような表象の操作は心的回転と呼ばれる。

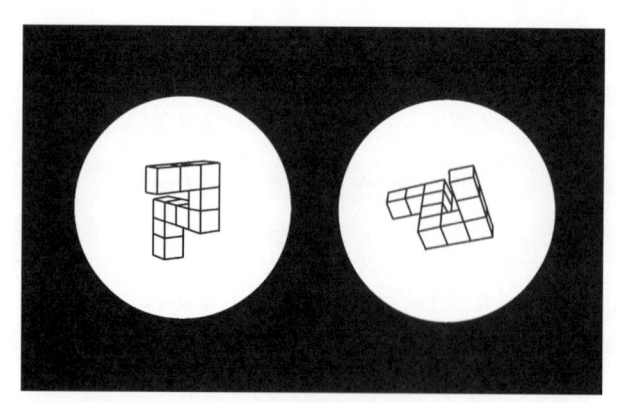

図3-7　シェパードとメッツラーが作成した図形（Shepard & Metzler, 1971）

図3-8　コスリンらが作成した島の地図（Kosslyn et al., 1978）

心的走査　コスリンら（Kosslyn et al., 1978）の心的走査の実験でも，心的イメージが実物を見ることに似たはたらきをすることが示されている。この実験では，最初に，図3-8の地図を実験参加者に記憶させた後，これを取り除き，地図全体をイメージするよう求める。次いで，イメージした地図上のある対象を注視した状態で，読み上げられた別の対象が地図上に存在するかどうかを判断させた。その結果，2地点間の物理的な距離に比例して判断時間は長くなった。この結果は，知覚された地図と同様に，イメージされた地図でも数量的な距離が正しく表されていることを示すと解釈された。

暗黙知　こうした研究では，実物の知覚に類似した機能を心的イメージがもつと考えており，このような立場はイメージ派と呼ばれる。しかしながら，イメージ派の見方に対して懐疑的な研究者もいる。この代表的な一人であるピリシン（Pylyshyn, 1981, 1984）は，心的イメージの機能とされているものは，人が暗黙裏に知っている知識，すなわち暗黙知の利用を考えることで説明できると主張する。この主張によれば，上述したような一連の実験結果は，回転角度や移動距離が増加するほど実行により時間がかかるという物理法則を人が知っており，この法則を心内で再現しようとしたために得られたということになる。つまり，心的イメージは実質的に何の機能ももってはおらず，あくまで暗黙知の利用に伴う付帯現象にすぎないという。ピリシン（1973）は，知識は命題の形で表されており，心的イメージもこの一部であるという命題派の立場をとり，イメージ派との間で心的イメージの実体についての論争（イメージ論争）を引き起こした。

ピリシンの主張がどこまで正しいかは別としても，心的イメージがなにがしかの知識に基づいてつくられていることは，日常的にも実感できる。たとえば，風景を思い浮かべる場合に，本来あるべき家や木々が抜け落ちることはあっても，穴があいたように風景の一部が欠けて感じることはない。心的イメージの欠損は，意味的なまとまりをもった形で生じる。このことは，何がどのようにあるかを知識に基づいて解釈した上で，心的イメージがつくられていることを示唆している。

視覚バッファ　コスリン（1980）は，イメージ派と命題派の両者の考え方を取り入れた心的イメージのモデルを提唱している。このモデルでは，TVのブラウン管のように映像を映し出す機構である視覚バッファを想定しており，長期記憶から転送された情報を基に，視覚バッファでイメージする対象の"像"が形成されると考えている。また，長期記憶には，対象の名称や構成，特徴などの情報が命題の形式で蓄えられているという。

その後，コスリン（1994）は，脳研究の成果を基に自身のモデルを見直しており，ここでは，視知覚処理にかかわる第1次視覚野を含む脳部位が視覚バッファに相当すると考えられている。また，磁気刺激を与えて第1次視覚野の活動を一時的に妨害すると，視知覚課題だけでなく心的イメージを使った課題の遂行にも支障をきたすともいわれている（Kosslyn et al., 1999）。このことは，心的イメージが，知覚に類似した機能をもつことを示す1つの証拠と考えられる。

5 思　　考

思考　茜色の夕焼け空を見て明日は晴れだと推測するように，私たちは，日常的にさまざまなことを考えながら行動している。このような考える行為を，思考という。ここでは日常的な問題解決や，推論の問題を取りあげながら，思考の特徴を見ていく。

問題解決　私たちは日常的に，さまざまな問題に対処することが求められる。たとえば，外出中に紛失した財布を探すという問題状況を考えてみよう。この場合，世界中のあらゆる場所をただちに捜索すれば，必ず紛失物を発見できるはずである。だが，このやり方は現実には実行できない。代わりに，人はより簡便な方法を使って効率的に問題を解決しようとする。たとえば，私たちは，自分が立ち寄った先を振り返りながら，財布を紛失しそうな場所に当たりをつけ，そこを優先的に探すという方略をとる。このようなやり方は確実な方法ではないが，これがうまくいくと，比較的，短時間で紛失した財布を発見できる。このように必ずうまくいくという保証はないものの，成功すれば効率的に問題を解決できる方法をヒューリスティックスという。これに対し，必ず問題の解決に至る手続きをアルゴリズムと呼ぶ。このやり方は，一定の手順を踏むことで特定の解答を導ける場合に効力を発揮する。解法に従って筆算問題を解く場合などが，これに該当する。しかしながら，先に述べたように，この手順が膨大すぎると，人の処理容量の限界を超えてしまい，現実的な解決法にはならない。このことは，「けんかをした友人と仲直りをする」といったように，そもそも解決に至る手順が明確に定められない場合にもいえることである。日常場面での問題解決のほとんどは，正にこのような状況下で行われている。そのため，私たちが問題に取り組む際には，アルゴリズムよりもヒューリスティックスが用いられることの方が多い。

　ヒューリスティックスは，経験によって磨かれる。たとえば，チェスや将棋のエキスパートは，盤上の駒の配置を一目見ただけで，膨大な指し手の中から最善手を直感的に見つけだすことがあるが，これを素人が真似することは難しい。私たちは成功や失敗の経験を積む中で，問題解決に役立つさまざまなヒューリスティックスを身につけていく。

確率判断　一方で，こうした直感的な方略は短絡的に判断を下してしまう原因にもなる。たとえば，コインを5回投げたときに，表表表表表がでる確率と，裏表表裏裏がでる確率はどちらが高いだろうか。どちらの事例が起こる確率も0.03125（1/2の5乗）であるため，答えは「同じ」である。だが，深く考えずに直感的に答えようとすると，後者の事例の方が起こりやすいと感じ，そのように解答しやすい。これは，ギャンブラーの誤りと呼ばれる現象である。こうした誤りは，私たちがコインを投げた場合に表と裏がランダムに出現することを知っており，このことをよく代表する事例の確率を直感的に高く見積もるために起こる。

演繹推論　日常的な経験は，一般規則から結論を導く演繹推論を行う際にも利用されると考えられている。たとえば，図3-9の四枚カード問題と図3-10の問題を解き比べて欲しい。この2種類の問題は，どちらも「PならばQ」という法則が成り立つことを証明しなければならない点は同じである。このとき，「PならばQ」が正しいならば，「QでないならばPでない」という対偶も正しいと

カードの一方にはアルファベットが，他方には数字が書かれています。「もし，カードの片面が母音であるならば，もう片面は偶数である」という規則が成り立つかどうかを調べるために必ずめくらなければならないカードをすべて選びなさい。

E　K　4　7

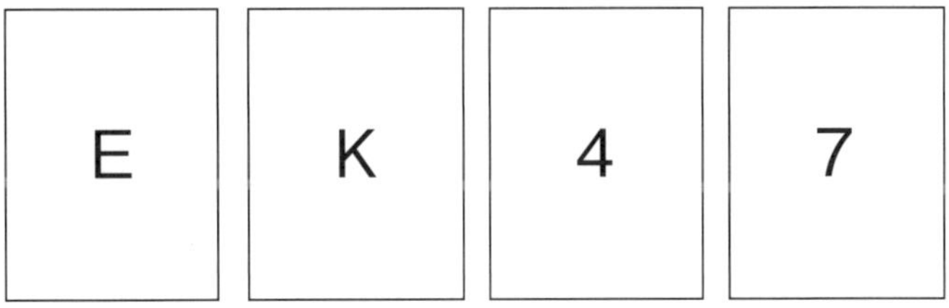

図3-9　四枚カード問題（Wason, 1966）

カードの一方には人の年齢が，他方にはその人が飲んでいる飲み物が書かれています。「もし，人がビールを飲んでいたら，その人は20歳以上でなければならない」という規則が成り立つかどうかを調べるために必ずめくらなければならないカードをすべて選びなさい。

ビール　コーラ　16歳　22歳

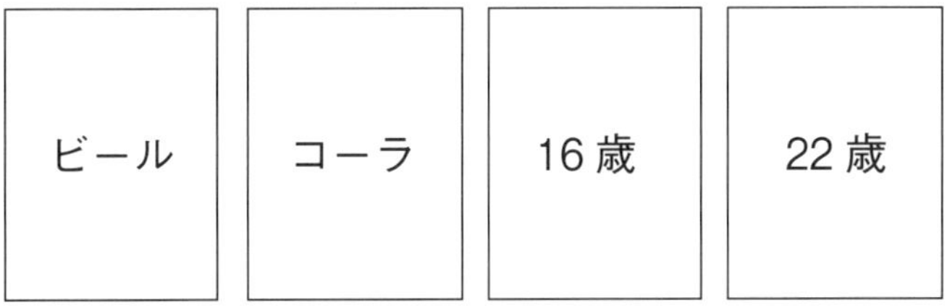

図3-10　年齢－アルコール問題（Griggs & Cox, 1982を改変）

いう論理規則に基づくと，それぞれ「E」と「7」，「ビール」と「16歳」のカードをめくることが正解であるとわかる。しかしながら，たとえ論理的な構造が同じであっても，多くの人は，後者の問題の方が易しいと感じる。これは，過去の経験に基づくことで，飲酒と年齢の関係を具体的な事例におき換えて考えられるためといわれる（Griggs & Cox, 1982）。

　類　　推　私たちははじめて見聞きすることがらであっても，経験的な知識を利用することで，その内容を推測することができる。たとえば，音の性質を水の波と同様に考えてみることで，私たちは，水面を波が広がる様子や，障害物に当たって波が跳ね返る性質から，音の広がり方や音が反響する現象を推し量ることができる。このように，既知のことがらの性質を別のことがらに当てはめて推論を行うことを類推という。類推は，いわば既存の知識の応用といえる。

類推

主要引用・参考文献

Anderson, J. R. (1980). *Cognitive psychology and its implications*. Freeman. (アンダーソン, J. R. (著) 富田達彦・増井　透・川崎惠里子・岸　学 (訳) (1982). 認知心理学概論　誠信書房)

Bransford, J. D., & Johnson, M. K. (1972). Contextual prerequisites for understanding: Some investigations of comprehension and recall. *Journal of Verbal Learning and Verbal Behavior*, **61**, 717-726.

Broadbent, D. E. (1958). *Perception and communication*. Pergamon Press.

Cherry, C. E. (1953). Some experiments on the recognition of speech with one and two ears. *Journal of the Acoustic Society of America*, **25**, 975-979.

Deutsch, J. A., & Deutsch, D. (1963). Attention: Some theoretical considerations. *Psychological Review*, **70**, 80-90.

Greene, J. (1986). *Language understanding: A cognitive approach*. Open University Press. (グリーン, J. (著) 認知科学研究会 (訳) (1990). 認知心理学講座4 言語理解　海文堂出版)

Griggs, R. A., & Cox, J. R. (1982). The elusive thematic-materials effect in Wason's selection task. *British Journal of Psychology*, **73**, 407-420.

Kahneman, D. (1973). *Attention and effort*. Prentice-Hall.

Kintsch, W., & Keenan, J. M. (1973). Reading rate and retention as a function of the number of propositions in the base structure of sentences. *Cognitive Psychology*, **5**, 257-274.

Kosslyn, S. M., Ball, T. M., & Reiser, B. J. (1978). Visual images preserve metric spatial information: Evidence from studies of image scanning. *Journal of Experimental Psychology: Human Perception and Performance*, **4**, 47-60.

Kosslyn, S. M. (1980). *Image and mind*. Harvard University Press.

Kosslyn, S. M. (1994). *Image and brain: The resolution of the imagery debate*. MIT Press.

Kosslyn, S. M., Pascual-Leone, A., Felician, O., Camposano, S., Keenan, J. P., Thompson, W. L., Ganis, G., Sukel, K. E., & Alpert, N. M. (1999). The role of area 17 in visual imagery: Convergent evidence from PET and rTMS. *Science*, **284**, 167-170.

Lindsay, P. H., & Norman, D. A. (1977). *Human information processing: An introduction to psychology*. 2nd ed. Academic Press. (リンゼイ, P. H. & ノーマン, D. A. (著) 中溝幸夫・箱田裕司・近藤倫明 (訳) (1984). 情報処理心理学入門 II　注意と記憶　サイエンス社)

Moray, N. (1959). Attention in dichotic listening: Affective cues and the influence instructions. *Quarterly Journal of Experimental Psychology*, **11**, 56-60.

Norman, D. A. (1981). Categorization of action slips. *Psychological Review*, **88**, 1-15.

Paivio, A. (1971). *Imagery and verbal processes*. Holt, Rinehart & Winston.

Paivio, A. (1986). *Mental representations: A dual coding approach*. Oxford University Press.

Pylyshyn, Z. W. (1973). What the mind's eye tells the mind's brain: A critique of mental imagery. *Psychological Bulletin*, **80**, 1-24.

Pylyshyn, Z. W. (1981). The imagery debate: Analogue media versus tacit knowledge. *Psychological Review*, **88**, 16-45.

Pylyshyn, Z. W. (1984). *Computation and cognition: Toward a foundation for cognitive science*. MIT Press. (ピリシン, Z. W. (著) 佐伯　胖 (監訳) (1988). 認知科学の計算理論　産業図書)

Sachs, J. S. (1967). Recognition memory for syntactic and semantic aspects of connected discourse. *Perception & Psychophysics*, **2**, 437-442.

Shepard, R. N., & Metzler, J. (1971). Mental rotation of three-dimensional objects. *Science*, **191**, 952-954.

Shiffrin, R. M., & Schneider, W. (1977). Controlled and automatic human information processing: II. Perceptual learning, automatic attending, and a general theory. *Psychological Review*, **84**, 127-190.

Wason, P. C. (1966). Reasoning. In B. M. Foss (Ed.), *New horizons in psychology*. Penguin.

記憶（学習心理学） 4

1 心理学における記憶研究

「記憶」は，私たちにとって最も身近な研究テーマの1つであろう。記憶に関する問題は，実験心理学の初期から現在に至るまで，心理学者にとって興味深い研究対象であり続けている。本節では，これまで心理学が記憶の問題に対してどのような観点からアプローチを行ってきたのかを概観する。

記憶とは　記憶とは，記銘，保持，想起という3つの過程からなる一連の心的な事象を指す。情報を覚える過程を記銘と呼び，記銘された情報は「記憶」として保持され，必要に応じて想起される。こうした一連の処理は，人間が行う情報処理の過程として捉えることができるので，それぞれ符号化，保持，検索と呼ばれることもある。また，私たちは，記銘した情報をいつでも想起できるとは限らない。記銘した情報を想起できなくなることを忘却という。

記憶研究のはじまり　心理学における記憶研究のはじまりと，その後で記憶研究の転機となった出来事について見てみよう。

心理学史上はじめて行われた記憶の実験は，19世紀後半にエビングハウスによって行われた一連のものであった（Ebbinghaus, 1885）。その中でエビングハウスは，彼自身を実験の対象者として，記憶の保持と忘却の過程について調べている。彼の行った実験は，項目を学習（原学習）した後，ある時間が経過した時点で再学習を行い，その容易さを調べるというものであった（節約法）。原学習と再学習との間隔はおよそ，20分，1時間，9時間，1日，2日，6日，31日の7条件であった。

エビングハウスは，原学習と再学習に要した時間の差を節約量（再学習の容易さを示すことから，原学習から保持されている情報量の指標として解釈される）と呼び，節約量と原学習に要した時間の比を節約率（再学習が容易であるほど，両者の比は1に近づく）として求めた。図4-1は，原学習からの時間経過に沿って節約率を示したものであり，忘却曲線と呼ばれている。忘却曲線によれば，節約率は，原学習から20分後の時点で急激に低下し，1時間後の時点で50%を下回っている。エビングハウスは，こうしたデータを示すことで，学習した情報の大部分は学習から間もなく忘却される傾向にあるという記憶の特徴を明らかにしたのである。なお，この実験では，各項目の思い出しやすさを統制するために，言語的な意味をもたない，無意味綴りと呼ばれる項目が使われていた。無意味綴りは現在の記憶研究でも用いられる古くて新しい実験刺激であり，エビングハウスの記憶実験が果たした役割の大きさがわかる。

そして，エビングハウス以降，記憶研究は社会的な場面における問題解決にも裾野を広げるようになっていった。その1つの契機は，それまでほとんどの記憶研究が生態学的妥当性に乏しかったことに言及したナイサー

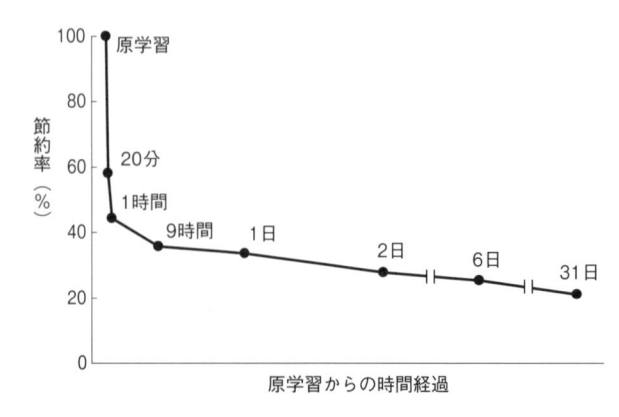

図 4-1　エビングハウスの忘却曲線（Ebbinghaus, 1885 より作成）

(Neisser, 1978) の指摘であった。ナイサーは，それまでほとんどの記憶研究が実験室という限定された状況で単語などを用いて得られた知見だけに目を向けていたことを批判し，人の心的な過程の解明は日常的な文脈に照らして行われる必要があると述べた。ナイサーによるこうした指摘は，それまであまり目を向けられてこなかった，日常的な文脈での記憶研究を活性化させたと考えられている。

記憶研究の多様化　現在の記憶研究の特徴として，「記憶」そのものの捉え方が多様化してきている点が挙げられる。たとえば，将来の行動に関する記憶である展望的記憶や，自己という観点から記憶の作用を捉え直そうとする自伝的記憶の研究では，記憶を，単に情報をとどめておくための静的な機構として捉えるのではなく，より積極的に日常生活のさまざまな側面を支えるための機構として捉え直している。あるいは，被験者実演課題（subject performed tasks: SPTs）を用いた行為の記憶に関する研究では，それまで多くの研究が外部から入力された情報の記憶を問題としていたのに対し，参加者自身が行った動作（すなわち出力した情報）の記憶を問題としている。

日誌法

また，こうした研究動向の変化は，記憶研究の方法論にも大きく影響を及ぼしている。たとえば，現在の記憶研究では従来からの中心的な方法論である統制群と実験群との間の平均値の差の議論に加えて，社会学や脳研究で用いられる手法も積極的に取り入れられている。生の「語り」を分析することで記憶の個別性にアプローチしようとする質的分析の手法や，記憶のメカニズムを神経基盤の観点から明らかにする目的で，fMRIを用いて脳の賦活を分析するといった手法などは，その好例であろう。

社会とのつながり　現在では，たとえば教育や司法といった分野も記憶研究の主要なフィールドになっており，記憶研究が社会の中で果たす役割はますます大きくなっている。

教育の場面では，どのようにすれば単語や語句をより効率的に学習できるかといったことが問題になる。たとえば，「書くこと（書字行為）」は本当に有効な学習方法なのだろうか。多くの日本人にとって書字行為は慣れ親しんだ学習方法であろう。しかし，実は，この方法は必ずしも普遍的なものではなく，たとえばアメリカではほとんど行われていない。実際，書字行為が学習に及ぼす影響について調べてみると，新しく漢字を学習するときのように，文字の形態を視覚的なイメージとして符号化する場合にのみ，書字行為は学習を促進するということがわかるのである（仲，1997）。このように，記憶研究の観点から学習の方法論に対してアプローチを行うことで，より効果的な学習のあり方を考える上での示唆を得ることができる。

集中学習
分散学習

また司法の場面では，近年，記憶研究を専門とする心理学者が裁判で目撃証言の信頼性についての専門家証言を求められることが増えつつある。専門家証言で述べられるのは，エビングハウスの忘却曲線のように人の記憶が容易に薄らいでしまうことを示す古典的な知見の場合もあれば，後述（本章5節）するような目撃証言の文脈に特化して行われた記憶研究から得られた知見の場合もある。さらに，記憶研究の役割は，正確な証言を得るための面接法の開発や，より信頼性の高い取調べを行うためのガイドラインの提案などにも及んでいる。このように，司法の場面への研究知見の援用は，記憶研究における重要な主題の1つとなっている。

2 三つの記憶貯蔵庫

処理水準モデル

　アトキンソンとシフリン（Atkinson & Shiffrin, 1971）の二重貯蔵モデルに従えば，入力された情報は，「記憶」として定着するまでに大きく3つの段階を経る。すなわち，感覚記憶，短期記憶，長期記憶である。本節では，この考えに基づき記憶の基本的な特徴を概観する。

　感覚記憶　視覚や聴覚から入力された情報は，入力された状態のままで，まず感覚登録器に貯蔵される。このときの記憶を感覚記憶という。視覚的な情報なのか，聴覚的な情報なのかといった情報の性質によって多少異なるものの，感覚記憶はおよそ数百ミリ秒から数秒だけとどまることのできる，きわめて保持時間の短い記憶である。

エコーイックメモリー

　たとえばスパーリング（Sperling, 1960）は，視覚情報の感覚記憶（アイコニックメモリー）の保持時間が1秒に満たない程度であることを明らかにしている。スパーリングの実験では，まず複数の項目からなるリストが一瞬（50ミリ秒）だけ呈示された（図4-2）。その後で，先ほどの項目をすべて想起するよう参加者に求めたところ（全体報告法），平均報告数は4.3項目であった。しかし，リストが消えた直後に音を鳴らし，音の高低によって無作為に1行だけ報告させるという方法（部分報告法）を用いたところ，平均報告数は3項目程度になった。どの行を報告させるかは無作為であったことから，仮に他の行を報告するよう教示した場合でも，参加者は同様に3項目程度報告することができたと考えられる。このことから，実際に参加者が記憶していたのは，3項目×3行の9項目程度であったと推定された。

```
7 1 V F
X L 5 3
B 4 W 7
```

図4-2　実験刺激の例
（Sperling, 1960）

　全体報告法のとき4.3項目しか報告できなかったのは，報告しているわずかな間に，残りの項目を忘れてしまったためであると考えられる。実際，部分報告法でリストが消えてから音を呈示するまでの遅延時間を延ばしていくと，報告数は徐々に減少し，遅延時間が1秒に近づいたところで全体報告法の場合と同程度になってしまう。このことから，アイコニックメモリーの保持時間は1秒に満たない程度であるといえる。

系列悉皆的走査モデル
並列走査モデル
ブラウン＝ピーターソン課題
維持リハーサル
精緻化リハーサル

　短期記憶　感覚記憶のうち，注意を向けられた情報だけが符号化され，短期貯蔵庫に入る。このときの記憶を短期記憶という。短期記憶もまた保持時間の短い記憶である。ピーターソンとピーターソン（Peterson & Peterson, 1959）は，リハーサル（情報を繰り返し想起すること）が行われない場合，短期記憶として保持されている情報のおよそ90％が18秒で忘却されたと報告している。

　また，一度に保持できる情報量が少ないことも，短期記憶の特徴である。ミラー（Miller, 1956）は，短期記憶として一度に保持できる情報の数は7±2であると述べている。ミラーはこうした短期記憶の特徴を，マジカルナンバー7と呼んだ。この数は情報のまとまりとしての数であり，チャンクと呼ばれる。たとえば，「3, 1, 5, 6」をそのまま記憶すれば4チャンクであるが，「サイコロ」と記憶すれば1チャンクで済むため，より多くの情報を保持できるようになる。ミラー以降，しばらくの間チャンク数は7±2というのが定説とされてきたが，近年では，短期記憶の容量はさらに小さく，実際には4チャンク程度であるという報告がなされている（Cowan, 2001）。

こうした短期記憶のはたらきは，作動記憶（ワーキングメモリ）という概念によって説明されることもある。短期記憶が情報の一時的な保持機能だけに着目しているのに対し，作動記憶は認知的な課題の遂行に必要な情報の処理機能にも焦点を当てたより広い概念である。たとえば「3 × 2 + 1」という暗算を行うとき，「3 × 2」の結果が6であることを保持しながら，「6 + 1」という認知的な処理を行うことができるのは，作動記憶のはたらきによるものであると説明される。ただし，作動記憶がこうした情報の保持と課題の遂行を並列的に行うための処理資源には限りがあり，両者に対する処理資源の配分はトレード・オフの関係にあると考えられている。たとえば長い英文を翻訳する場合，作動記憶の処理資源が読解に奪われると，それまでに訳した内容の保持が困難になり，作業がはかどらなくなる。

中央実行系
視空間スケッチパッド
音韻ループ
リーディングスパンテスト

長期記憶　短期記憶として保持された情報は，リハーサルを経ることで長期貯蔵庫に入る。このときの記憶を長期記憶という。長期記憶は基本的に，保持容量や保持時間に限界のない記憶であると考えられている。長期記憶は，まず言語化することが可能な宣言的記憶と，言語化の困難な手続き的記憶とに分けられる（Squire, 1987）。さらに宣言的記憶は，個人的な体験としての記憶であり，時間的空間的に位置づけることができる（自分がいつどこでそれを体験したのかについて述べることのできる）エピソード記憶と，そうした文脈に依存しない，知識としての記憶である意味記憶とに分けられる。また手続き的記憶には，たとえば歩くときの筋肉の使い方のような技能としての記憶のほか，プライミング，古典的条件づけ，刺激に対する馴れ（馴化）や感作（鋭敏化）といった非連合学習が含まれる。こうした長期記憶の分類が単に便宜的なものではなく，脳機能の相違を反映していることは，記憶障害に関するさまざまな臨床事例からも支持される。

潜在記憶
顕在記憶
精緻化
体制化

健忘症

系列位置効果　二重貯蔵モデルの妥当性は，しばしば系列位置効果と呼ばれる現象を根拠として説明される。系列位置効果とは，複数の項目からなる系列（リスト）を呈示し，その後でこれらを再生するよう求めると，系列の初めの方と終わりの方で呈示された項目の再生率が高くなる現象である（図4-3）。特に前者を初頭効果，後者を新近性効果と呼ぶ。初頭効果は，情報が長期記憶として保持されていることで生じると説明される。系列の初めの方で呈示された項目は，再生までの間リハーサルされることで，長期記憶として保持されやすいためである。一方，新近性効果は，情報が短期記憶として保持されていることで生じると説明される。系列の終わりの方で呈示された項目は，短期記憶として保持されている間に再生することができるためである。実際，短期記憶の参照を妨害する目的で，系列の呈示後にリハーサルの妨害課題を挟み，学習からしばらく時間を空けて再生を行うと，新近性効果のみ消失することが知られている。しかしながら，新近性効果については，必ずしも短期記憶を反映していないという主張もある。たとえば系列の呈示後にだけリハーサルの妨害課題を行うのではなく，項目を1つ呈示するごとにも妨害課題を行うという手続きに変更すると，短期記憶の参照は抑制されているにもかかわらず，新近性効果が生じるようになるためである。こうした現象は，長期新近性効果と呼ばれている（佐藤，1988）。

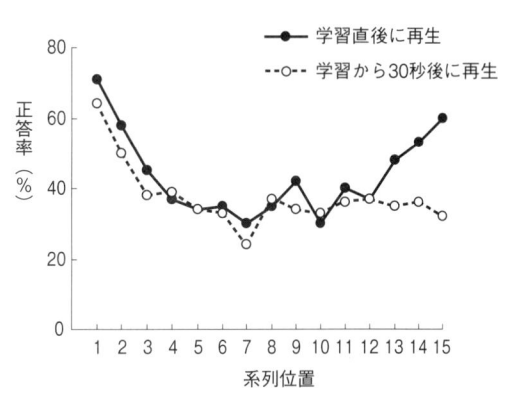

図4-3　系列位置曲線（Glanzer & Cunitz, 1966を改変）

3 長期記憶の性質

前節で見たように，長期記憶は体験としての記憶であり，知識としての記憶でもある。「記憶」という言葉が日常で用いられたとき，それは長期記憶を指していることがほとんどであろう。そこで本節では，長期記憶の特徴について，保持，変容，忘却という3つの観点から，さらに詳しく見ていくことにする。

二重符号化説

記憶の保持　長期記憶は，どのような形式で保持されているのだろうか。ここでは，知識としての記憶である意味記憶を例に，2つの主要な記憶モデルを紹介する。

初期に提案された意味記憶モデルとしてよく知られているのは，コリンズとキリアン（Collins & Quillian, 1969）による階層的ネットワークモデルである（図4-4）。このモデルにおいてコリンズらは，意味記憶は階層構造を成して保持されていると考えた。このモデルに基づけば，判断や理解といった情報処理は，処理の対象となる概念間の階層が近いほど早いと考えられる。実際，「カナリアは鳥である」や「カナリアは動物である」といった文を呈示し，その内容が正しいかどうかの判断を求めたところ（文の真偽判断課題），予測どおりの結果が得られたのである（上の例では，前者の方が早く判断できる）。しかしながら，その後の研究において，階層構造だけでは必ずしも説明することのできない実験結果が報告されるようになった。

認知的経済性

そこで，コリンズとロフタス（Collins & Loftus, 1975）は，新たに活性化拡散モデルを提案した（図4-5）。このモデルの特徴的な考え方は，ある概念が活性化されると，それと意味的に関連のある他の概念も間接的に活性化されるという点である。記憶の意味的ネットワークにおいてこうした活性化の拡散が生じているとする考え方は，間接プライミング効果と呼ばれる現象を矛盾なく説明できるという点においても優れている。間接プライミング効果とは，ある刺激が処理されると，その後で，それと意味的に関連のある刺激の処理が促進されるという現象である。たとえば，はじめに「パン」という刺激（プライム語という）を呈示し，その後で「バター」という刺激（ターゲット語という）を呈示すると，「バター」の認識が早くできるようになるのである（Meyer & Schvaneveldt, 1971）。「バター」の処理が促進されたのは，「パン」の活性化によって間接的に「バター」も活性化されていたためだと考えることができる。

直接プライミング効果

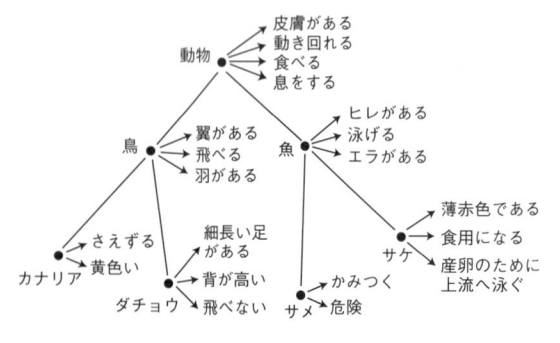

図4-4　階層的ネットワークモデル
（Collins & Quillian, 1969 を改変）

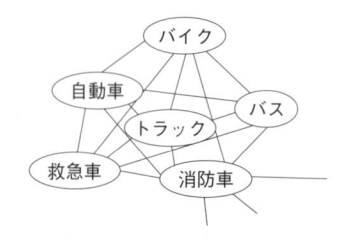

図4-5　活性化拡散モデル
（Collins & Loftus, 1975 を改変）

記憶の変容　記憶は，いつでも正確というわけではない。そもそも誤った情報として記銘されることもあれば，後から学習された情報によって記憶がゆがめられてしまうこともある。たとえばバートレット（Bartlett, 1932）は，フクロウの絵文字（図4-6）を用いたリレー再生の実験を行い，情報が必ずしもそのままの形では記憶されないことを見出している。バートレットが行った実験は，1人目の参加者が記憶し描いたものを，2人目の参加者が記憶し，描く。2人目の参加者が描いたものを，3人目の参加者が記憶し，描くというように，フクロウの絵文字の記銘と再生を何度も繰り返すというものであった。その結果，参加者にとって馴染みのないフクロウの絵文字は，少しずつ形を変え，最終的に猫の絵に変わってしまったのである。この結果からバートレットは，人はある知識の枠組みをもって外界を捉えようとするため，自分の知識の枠組みに引き付けられた形で情報が記憶されるのだと主張している。こうした知識の枠組みはスキーマ（図式）と呼ばれている。

また，カーマイケルら（Carmichael et al., 1932）が行った画像記憶に関する研究も，記憶の変容を考える上で重要な知見である。カーマイケルらは，「次の図形は○○に似ています」といいながら，曖昧な図形を参加者に呈示した（図4-7）。その後で，記憶に基づいて描画するよう参加者に求めたところ，描画された図形は，言明された内容に似た形へと変形していたのである。このように，われわれは必ずしも見たものを見たままに記憶しているわけではない。記憶の変容は容易に起こりうるといえる。

忘却　忘却が起こるメカニズムを説明した主な理論としては，減衰説，干渉説，検索失敗説がある。まず減衰説とは，時間的経過に伴って記憶痕跡が減衰してしまうという考え方である。記憶が薄れるために忘却が起こるとする減衰説の考え方は，直感的にわかりやすく受け入れやすいものであるが，現在のところ十分証明されているわけではない。

次に，干渉説とは，ある事柄の記憶が別の事柄の記憶に対して妨害的にはたらくことで忘却が生じるとする考え方である。いくつかの単語を覚えようとするとき，似通った単語ばかりだと情報が干渉しあってすぐに忘れてしまうといったことは，干渉による忘却を説明する好例であろう。先に記憶した内容によって，後から記憶した内容が干渉を受けることを順行抑制という。反対に，後から記憶した内容によって，その前に記憶した内容が干渉を受けることを逆行抑制という。

そして検索失敗説とは，長期記憶には厳密な意味での忘却が起こらないとする考え方である。一度記銘された情報は，一見忘却されたかのように思われても，実際には保持されていることがある。たとえば文脈依存効果に関する知見はこのことをよく示している。文脈依存効果とは，学習時の文脈と想起時の文脈が一致する場合に，想起時の検索手がかりとして学習時の文脈が参照されることで，記憶成績が高まる現象である。たとえば，ヘルツ（Herz, 1997）は，偶発学習課題を用いた単語の記憶実験を行う際に，ペパーミントの匂いの有無によって学習時と想起時の環境的文脈をそれぞれ操作した。その結果，ペパーミントの匂いがする部屋で学習と想起の両方を行った条件の正答率は，そうでない条件の正答率を大きく上回ったのである。このように適切な検索手がかりの有無によって記憶成績が変化する事実に鑑みれば，忘却とは，必ずしも情報の消失によるものではなく，検索の失敗であると考えることができる。

図4-6　フクロウ（上；原画）と最終的に描画された絵（下）

スクリプト
フレーム

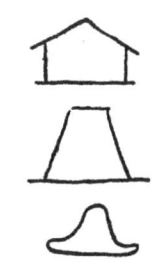

図4-7　カーマイケルら（1932）で用いられた実験刺激（中央）と，描画された図形（上：蜂の巣箱，下：帽子）

気分一致効果
符号化特定性原理

4 情報検索の複雑さ

近年の記憶研究における特徴の1つとして、情報検索の複雑さに焦点を当てた研究が注目を集めているということが挙げられる。本節では、こうした観点から近年記憶研究者の関心を集めているトピックとして虚記憶、抑制、メタ記憶に関する研究を紹介する。

虚記憶 実際には体験していない出来事が想起される現象を虚記憶という。虚記憶は、DRMパラダイム（Deese-Roediger-McDermott paradigm）と呼ばれる簡易な実験手法によって体験することが可能である（Roediger & McDermott, 1995）。DRMパラダイムの基本的な手続きは次のとおりである。実際には呈示しない単語（クリティカル語と呼ばれる）と意味的に関連のある単語のリストを呈示し、その後で、呈示された項目をすべて想起するよう求める。すると、実際には呈示されなかったクリティカル語が高い確率で想起されるというものである。たとえばこの手続きを開発したディーズ（Deese, 1959）の実験では「寝床（bed）」「休憩（rest）」「目覚め（awake）」といった12項目の単語リストが呈示された。その結果、実際には呈示されていないクリティカル語である「睡眠（sleep）」が高い確率で虚再生された（実際には見ていないが思い出された）のである。

その後、ローディガーとマクダーモットは、上記ディーズの手続きに修正を加え、再認課題を用いた場合にも高い確率でクリティカル語が虚再認されることを報告している。このときローディガーらは、虚記憶を想起した参加者に対してリメンバー/ノウ判断と呼ばれる手続きを行っている。この手続きは、判断の対象となる項目について、学習時の体験を伴ってありありと「思い出せる（remember）」のか、あるいは学習時の体験は想起できず、単に項目を見たことが「わかるだけ（know）」なのかを尋ねるというものである。その結果、虚再認された項目の多くでは「思い出せる」という反応が得られたのである。つまり、DRMパラダイムによって生じた虚記憶は、強い現実感を伴って想起されるという特徴をもつといえる。

DRMパラダイムによって虚記憶が生じるメカニズムについては、たとえば前節で見た活性化拡散モデルによって説明することができる（Roediger & McDermott, 1995）。活性化拡散モデルによれば、意味的に関連する概念どうしはネットワーク構造を成しており、ある概念が活性化されると、それと意味的に関連する他の概念にも活性化が及ぶとされる。この考えに基づけば、単語リストに含まれる項目の連続的な活性化は、間接的にではあるがクリティカル語を連続的に活性化させていたと考えられる。その結果、クリティカル語の活性化水準は高まり、虚記憶が生じたのだと説明することができる。

検索による忘却 ある事柄を思い出そうとしたことで他の事柄が思い出せなくなってしまうという、一見逆説的な現象がある。このような現象は、検索誘導性忘却（retrieval-induced forgetting）と呼ばれており、検索練習パラダイムと呼ばれる次のような実験手続きによって検討されている（Anderson et al., 1994）。たとえば、果物である「バナナ」「オレンジ」と、お酒である「テキーラ」「ラム」の4項目があったとしよう。実験では、まず「果物－バナナ」のような

ソースモニタリング・エラー

レミニッセンス

舌端現象
(tip of the tongue)

形ですべての項目を参加者に呈示する。次に,「果物－バナ__」のような単語完成課題を課すことで,特定の項目(ここでは「バナナ」)だけ検索練習を行う。そして最後に,検索練習に準じた形式で記憶テストを行い,最初に呈示された項目をすべて再生するよう求める。すると,典型的には次の結果が得られるのである(図4-8)。まず,記憶テストに先だって検索練習を行った「バナナ」の再生率は,当然4項目の中で最も高くなる。しかしその一方で,特に実験的な操作を行わなかったはずの「オレンジ」の再生率は,同じく検索練習を行わなかった「テキーラ」や「ラム」よりも低くなってしまうのである。

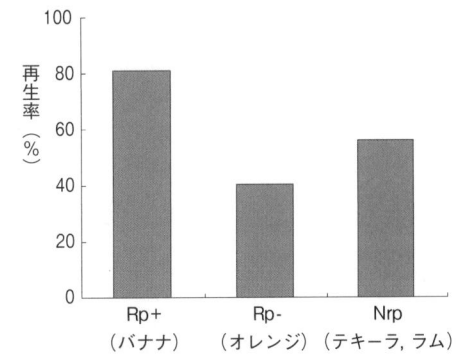

図4-8 検索誘導性忘却が生じた場合の典型的な実験結果(Anderson et al., 1994 より作成)
Rp (retrieval practice)は検索練習を意味する。
Rp+:検索練習あり。
Rp−:検索練習なし。ただし,Rp+ と同じカテゴリの項目。
Nrp:検索練習なし。ただし,Rp+ とは異なるカテゴリの項目。

　この現象の有力な説明は次のとおりである。「果物－バナ__」という検索練習では,検索の手がかりとして「果物」というカテゴリ名が与えられていた。「果物」が活性化されると,検索のターゲット項目である「バナナ」だけでなく,はじめに「果物」と対連合学習した「オレンジ」も活性化されてしまう(本章3節の「活性化拡散モデル」を参照)。しかし「バナナ」と「オレンジ」の両方が活性化されたのでは,「バナナ」の情報検索を効率的に行えない。そこで,この問題を回避するために情報検索の対象ではない「オレンジ」の活性化を抑制し,ターゲットである「バナナ」の検索効率を高めるという,記憶のはたらきが生じるのだと考えられている。最後の記憶テストで「オレンジ」の再生率が低くなったのは,検索練習で生じた活性化の抑制が持続していたためであると説明される。

メタ記憶と確信度　メタ記憶とは,自分の記憶の状態についてモニタリング　メタ認知
する機能や,記憶に関して人がもっている知識のことである。このため,メタ記憶は,記憶についての記憶(あるいは認知)と説明されることがある。メタ記憶はもともと子どもの記憶発達に関する研究から発生した概念であるが,現在のメタ記憶研究では成人や高齢者の記憶も重要な研究対象となっている。

　メタ記憶にはさまざまな概念が含まれるが,とりわけ多くの記憶研究で用いられているのは確信度としてのメタ記憶であろう。確信度とは,自分が行った認知判断に対する自信の強さのことをいう。たとえば,何らかの記憶課題を行い,その回答の正確さに対する自信の強さを尋ねる,というように用いられる。

　確信度は,記憶痕跡の強さを表す指標であると解釈されることがある。しかしながら,こうした考えはいつでも正しいとは限らない。確信度が記憶痕跡の強さを反映しているとすれば,確信度は記憶課題の正確さを予測できると考えられるが,実際にはそうした結果は得られないとする報告も少なくないためである。たとえば,再認判断の正確さと確信度の関係を調べた高橋(1998)によれば,確信度は必ずしも判断の正確さを予測できなかった。

　確信度が記憶痕跡の強さを反映しないとすれば,それはなぜだろうか。理由の1つとして考えられているのは,たとえば情報検索の容易さや実験刺激への既知感といった記憶痕跡以外の情報が,確信度の根拠として参照されているという可能性である。こうした可能性については,記憶研究の応用領域である,目撃証言研究の文脈でも詳しく検討されている。

5 目撃証言研究

　記憶を研究することは，単に人が行う認知活動のメカニズムを明らかにするということにとどまらない。社会的な場面において問題解決を行うための基盤となる知識を提供するという意義もある。本節では，裁判や警察による取り調べといった司法の場面を例に，記憶研究が社会とどのようにかかわっているのかを見る。

　目撃記憶の変容　　3節で見たように，人の記憶は容易に変容してしまう。このことは事件や事故の目撃記憶であっても例外ではない。たとえばロフタスとパーマー（Loftus & Palmer, 1974）は，他者の「言い回し」によって，目撃記憶が変容してしまう可能性を報告している。ロフタスらは交通事故のフィルムを参加者に呈示した後で，「ぶつかったとき，自動車のスピードはどれくらいでしたか？」と尋ねた。このとき，「ぶつかった（hit）」の表現をさまざまな言い回しに変更して質問した。その結果，「激突した（smashed）」のときの平均速度はおよそ時速65kmと最も速かったのに対し，「接触した（contacted）」のときの平均速度はおよそ時速51kmと最も遅かった。事故の激しさを示唆する表現によって，速さの印象が変容していたことが示唆される（図4-9）。

　また，ロフタスら（Loftus et al., 1978）は，ある出来事を目撃した後でそれと関連のある情報（事後情報）にさらされると，最初に目撃した出来事の記憶が変容してしまう可能性を報告している。ロフタスらは，事故の様子をスライドで参加者に呈示した。30枚呈示されたスライドのうち，1枚は赤い自動車が前方優先道路の標識の前で停止しているというものであった。その後，スライドの内容に関連する20の質問が行われた。その中には「赤い自動車が一時停止の標識で止まっていたとき，別の自動車がそれを追い越して行きましたか？」という問いが含まれていた。この質問は，事実と異なる情報（事後情報）を含んでいたことになる。最後に，参加者は2対のスライドを呈示され，再認判断を求められた。一方のスライドは「一時停止の標識」であり，もう一方のスライドは「前方優先道路の標識」であった。その結果，事後情報にふれた参加者は，そうでない参加者に比べ，実際には見ていない「一時停止の標識」を見たと回答する割合が高まったのである。こうした現象は事後情報効果（post-event information effect）と呼ばれている。

　情動と記憶　　暴力的な事件や凄惨な事故は，目撃者に恐怖や嫌悪といった情動を喚起させることがある。こうした情動は，記憶を促進することもあれば，抑制することもある。たとえばバークら（Burke et al., 1992）は，情動を喚起させる出来事として外科手術の様子を用いることで，情動が記憶に及ぼす影響を検討している。参加者の記憶成績を調べる際，バークらは，出来事に含まれる情報を，内容的あるいは空間的にその出来事の中心に位置する情報と，周辺に位置する情報とに分けた上で，正答率の分析を行った。その結果，中心的な情報につい

図4-9　記憶変容のイメージ（Loftus & Loftus, 1976を改変）
事故の記憶が"smashed"という言葉によって左スライドから右スライドへと変容する様子を表している。

ては，外科手術の様子を呈示された情動群の正答率が比較対象である統制群よりも高かった。しかし，周辺的な情報については，情動群の正答率が統制群よりも低かったのである。

　こうした結果が得られたメカニズムの一端は，喚起された情動が参加者の注意の範囲に及ぼす影響を考えることで説明できる。たとえば大上ら（2001）は，バークらの実験で周辺的な情報の記憶が抑制された点に着目し，情動が参加者の有効視野を狭窄させていた可能性を指摘している。大上らは，ある出来事の映像を参加者に見せた際，映像の途中で出来事の内容とは関係のない数字を500ミリ秒だけ呈示した。その結果，この数字に気づいた参加者の割合は，見ていた映像が情動的な出来事であった場合に，そうでない場合よりも低かったのである。こうした結果は，情動的な情報によって，参加者の有効視野が狭窄していた可能性を示している。以上の知見に鑑みれば，バークらの結果は次のように説明することができる。すなわち，参加者の注意は，出来事の中心的な情報に集中しており，周辺的な情報には及ばなかった。その結果，中心的な情報の成績は促進され，周辺的な情報の記憶成績は抑制されたのだと考えられる。

　また，強い情動を喚起させる出来事の記憶は，あたかも写真で切り取ったかのように，何年間も鮮明に保持されることがある。こうした記憶は，フラッシュバルブ記憶と呼ばれる。ブラウンとクーリック（Brown & Kulik, 1977）は，ケネディ元大統領やキング牧師の暗殺といった歴史的な事件を見聞きした際の記憶の特徴を調べている。その結果，多くの被調査者は，事件発生から数年以上が経過していたにもかかわらず，どこで事件のことを知ったのか，情報源は何だったのか，そのとき自分は何をしていたのかなどについて想起することができたという。しかしながら，フラッシュバルブ記憶が写真のように鮮明であるのは，あくまでも主観的な体験としてである。必ずしも写真のように正確に情報が保持されているということではない。たとえばナイサーとハーシュ（Neisser & Harsch, 1992）は，チャレンジャーの爆発事故を見聞きしたときの状況について，事故発生直後とそのおよそ3年後に尋ねたところ，被調査者の記憶に明らかな変容が見られたと報告している。

　より正確な証言を得るために　　裁判や警察による取り調べの場面では，事件や事故の関係者から正確な情報を得ることが重要である。しかしながら，本節で紹介した目撃記憶の変容に関する研究例からもわかるように，人の記憶は大変ゆがみやすい。こうした問題に対応するため，特に近年，より正確な証言を得ることを目的とした面接法の開発が盛んに行われている。

　認知面接（cognitive interview）は，その中でもとりわけ活発に研究が行われている面接法の1つである（Fisher et al., 2002）。認知面接とは，記憶研究で得られた知見に基づくいくつかの手法によって構成されている複合的な面接法である。そうした手法の中でも特に特徴的なのは，出来事を目撃したときの視知覚情報や感情を積極的に想起するよう被面接者に働きかける点である。こうした手法は，本章で見た文脈依存効果の知見に基づいている。目撃時の文脈を心的に再生させることで，情報検索の手がかりを提供し，被面接者の想起を支援することができる。認知面接の有効性についてはこれまでにもさまざまな研究者によって評価が行われており，認知面接が一般的な聴取方法に比べて正確な情報をより多く引き出せることや，広範な年齢層の被面接者に対して有効であるといった知見の積み重ねがなされてきている。

――――
ヤーキース・ドットソンの法則

イースターブルック仮説

主要引用・参考文献

Anderson, M. C., Bjork, R. A., & Bjork, E. L. (1994). Remembering can cause forgetting: Retrieval dynamics in long-term memory. *Journal of Experimental Psychology: Learning, Memory, and Cognition*, **20** (5), 1063-1087.

Atkinson, R. C., & Shiffrin, R. M. (1971). The control of short-term memory. *Scientific American*, **225** (2), 82-90.

Bartlett, F. C. (1932). *Remembering: A study in experimental and social psychology*. Cambridge University Press.

Brown, R., & Kulik, J. (1977). Flashbulb memories. *Cognition*, **5** (1), 73-99.

Burke, A., Heuer, F., & Reisberg, D. (1992). Remembering emotional events. *Memory & Cognition*, **20** (3), 277-290.

Carmichael, L., Hogen, H. P., & Walter, A. A. (1932). An experimental study of the effect of language on the reproduction of visually perceived form. *Journal of Experimental Psychology*, **15** (1), 73-86.

Collins, A. M., & Loftus, E. F. (1975). A spreading-activation theory of semantic processing. *Psychological Review*, **82** (6), 407-428.

Collins, A. M., & Quillian, M. R. (1969). Retrieval time from semantic memory. *Journal of Verbal Learning and Verbal Behavior*, **8** (2), 240-247.

Cowan, N. (2001). The magical number 4 in short-term memory: A reconsideration of mental storage capacity. *The Behavioral and Brain Sciences*, **24** (1), 87-114; discussion 114-85.

Deese, J. (1959). On the prediction of occurrence of particular verbal intrusions in immediate recall. *Journal of Experimental Psychology*, **58** (1), 17-22.

Ebbinghaus, H. (1885). *Über das Gedächtnis*. Duncker and Humbolt. Tras. by H. A. Ruger, & C. E. Bussenius (1913/1964). *Memory: A contribution to experimental psychology*. Dover. （エビングハウス, H.（著）宇津木保（訳）(1978). 記憶について：実験心理学への貢献　誠信書房）

Fisher, R. P., Brennan, K. H., & McCauley, M. R. (2002). The cognitive interview method to enhance eyewitness recall. In M. L. Eisen, J. A. Quas & G. S. Goodman (Eds.), *Memory and suggestibility in the forensic interview*. Lawrence Erlbaum Associates. pp.265-286.

Glanzer, M., & Cunitz, A. (1966). Two storage mechanisms in free recall. *Journal of Verbal Learning and Verbal Behavior*, **5** (4), 351-360.

Herz, R. S. (1997). The effects of cue distinctiveness on odor-based context-dependent memory. *Memory & Cognition*, **25** (3), 375-380.

Loftus, E. F., Miller, D. G., & Burns, H. J. (1978). Semantic integration of verbal information into a visual memory. *Journal of Experimental Psychology: Human Learning & Memory*, **4** (1), 19-31.

Loftus, E. F., & Palmer, J. C. (1974). Reconstruction of automobile destruction: An example of the interaction between language and memory. *Journal of Verbal Learning and Verbal Behavior*, **13** (5), 585-589.

Loftus, G. R., & Loftus, E. F. (1976). *Human memory: The processing of information*. Lawrence Erlbaum.

Meyer, D. E., & Schvaneveldt, R. W. (1971). Facilitation in recognizing pairs of words: Evidence of a dependence between retrieval operations. *Journal of Experimental Psychology*, **90** (2), 227-234.

Miller, G. A. (1956). The magical number seven, plus or minus two: Some limits on our capacity for processing information. *Psychological Review*, **63** (2), 81-97.

仲　真紀子 (1997). 記憶の方法：書くとよく覚えられるか？　遺伝, **51** (1), 25-29.

Neisser, U. (1978). Memory: What are the important questions? In M. M. Gruneberg, P. E. Morris & R. N. Sykes (Eds.), *Practical aspects of memory*. Academic Press. pp. 3-24.

Neisser, U., & Harsch, N. (1992). Phantom flashbulbs: False recollections of hearing the news about Challenger. In E. Winograd & U. Neisser (Eds.), *Affect and accuracy in recall: Studies of "flashbulb" memories*. Cambridge University Press. pp. 9-31.

大上　渉・箱田裕司・大沼夏子・守川伸一 (2001). 不快な情動が目撃者の有効視野に及ぼす影響　心理学研究, **72** (5), 361-368.

Peterson, L., & Peterson, M. J. (1959). Short-term retention of individual verbal items. *Journal of Experimental Psychology*, **58** (3), 193-198.

Roediger, H. L., & McDermott, K. B. (1995). Creating false memories: Remembering words not presented in lists. *Journal of Experimental Psychology: Learning, Memory, and Cognition*, **21** (4), 803-814.

佐藤浩一 (1988). 長期新近性効果の解釈をめぐる諸問題　心理学評論, **31** (4), 455-479.

Sperling, G. (1960). The information available in brief visual presentation. *Psychological Monographs: General and Applied*, **74** (11), 29.

Squire, L. R. (1987). *Memory and brain*. Oxford University Press.

高橋　晃 (1998). 再認の正答率と確信度評定の関連について　心理学研究, **69** (1), 9-14.

知能（教育心理学） 5

1 知能（知的能力）とは何か

「知能」と聞いて，みなさんはどのような能力を思い浮かべるだろうか。私たち人間には，さまざまな個人差があるが，知能もその個人差の1つであり，漠然と頭の良し悪しと関連していると思われているのではないだろうか。では，「頭が良い」とはどういうことだろう。知識が豊富，難しい言葉を知っている，難解な数式が理解できる，計算が速い，あるいは発想力が豊かなどいろいろ思い浮かぶのではないだろうか。

この章では，知能すなわち知的能力とはどのような能力のことであり，それはどのように測定されるのか，発達とともにこの能力にも変化が認められるのかについて概観する。

次いで，効果的な教育のために，知能測定がどのように活用されているのか，人間の知性を人工的に創り出すことは可能なのか，なぜ，人間は今のような高い知性をもつようになったのかといった知能にまつわる疑問のいくつかにアプローチしてみたい。

知能の定義　知能という語は，英語では intelligence であるが，もともとは「理解する understanding」を意味する intelligere というラテン語から生じた言葉である。では，この「知能」とは，どのような能力を指すのだろうか。心理学のテキストにはじめて intelligence という用語が登場したのは，1855年のスペンサー（Spencer, H.）の『The Principles of Psychology（心理学原理）』であり，知能とは，有機体が環境に適応する過程で進化した生物学的な特性とされていた。その後，多くの研究者が知能とは何かを論じ，さまざまな知能の定義が提出された。そういった流れのなかで，心理学界においては，統一された知能の定義を提出しようとする試みが何度もなされてきた。しかしそのたびに，参加した研究者の数だけ異なる知能観が提出されるという結果になった。古くは，1921年に，『The Journal of Educational Psychology』の編集者が17人の先駆的研究者に知能についての定義を求めたところ，新しい状況への適応を強調しているという点では似ているものの，それぞれに異なる定義が提出された。近年では，アメリカ心理学会（APA）がまとめた『Intelligence: Knowns and unknowns（知能について：既知のこと・未知のこと）』（1996）においても知能という概念は，複雑な観念を理解する能力や効果的に環境に適応する能力，経験を通じて学習する能力，さまざまな形態の推論を行う能力，思考することで困難を乗り越える能力，などの定義がなされている。

ただし，それらをまとめると，①問題解決能力（特に，抽象的な思考力）に重点をおくもの，②学習する能力に重点をおくもの，③環境への適応能力に重点をおくもの，という3種類に分類することができる（市川，1996）。

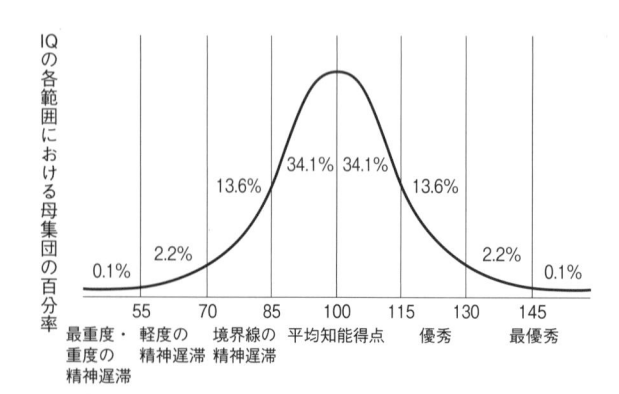

図 5-1　IQ 得点の度数分布 (Smith et al., 2003)
（5章2節および11章1節参照）

また，スナイダーマンとロスマン（Snyderman & Rothman, 1988）が人間のふるまいのいくつかの側面について，それぞれが知能の重要な要素であると考えている専門家の割合を調べたところ，抽象的な思考あるいは推論 99.3%，問題解決能力 97.7%，知識を獲得するための能力 96.0%，記憶 80.5%，認知速度 71.7%，一般知識 62.4%，創造性 59.6%，達成欲求 18.9%であった。

知能の因子構造　このように，研究者によってさまざまな捉え方がなされている知能だが，この知能が表しているものは1つの能力なのか，いくつかの能力の集まりなのかについても議論がある。この観点に立った研究は因子分析的手法の発展と関連しながら行われてきた。

スピアマン（Spearman, 1923）は，複数の知能検査の結果について因子分析を行い，知能は特殊知能 s と一般知能 g の2種類で構成されると考えた。今でも，一般的な知的能力のベースとなる g 因子の存在を支持する研究者がいるが，一方で人間の知能の複雑さ・多様さをたった1つの因子で表すことに懐疑的な研究者もいる。

〔スピアマンの2因子説〕
〔一般知能 g 因子〕

サーストン（Thurstone, 1938）は，56種類の知能検査の因子分析の結果から，知能は言語理解・語の流暢さ・数量・知覚の速さ・空間関係・記憶・帰納的推理の7因子からなると考え，一般的知能の存在は否定した。ただし，7因子間の相関は高く，サーストンのデータからも背後に g 因子を考えることが可能であるという指摘もある。

〔サーストンの7因子説〕

キャッテル（Cattell, 1971）は，スピアマンの g 因子の存在は支持したが，これには結晶性知能（Gc）と流動性知能（Gf）の2つの成分があると主張した。結晶性知能とは，蓄積された知識や技能を用いる知能のことであり，語い，一般的知識，特殊知識の累計などが該当する。流動性知能とは新しい状況に対処するときに用いられる知識のことであり，推論，抽象的な問題解決，新たな事柄の理解と関連している。さらに，流動性知能によって獲得された知識の累積が結晶性知能となるので，結晶性知能は流動性知能に依存していると考えた。また，結晶性知能は，生涯にわたって増加するが，流動性知能は，子どものときに増加し，成人期には一定水準を保った後，徐々に減少すると考えた。しかし，53〜81歳の成人の知能の長期にわたる研究からは，流動性知能の低下は結晶性知能の低下よりわずかに多いのみであるというデータも得られている（Schaie, 1996）。

〔キャッテルの結晶性知能と流動性知能〕

スピアマンとサーストンの2人の考え方を統合して知能を説明しようとする階層モデルも提出された。ヴァーノン（Vernon, 1971）は，g 因子を最上位の階層として4つの階層からなるモデルを提案した。キャロル（Carroll, 1997）は同様に g 因子を頂点とするが3階層からなるモデルを提案している。

ガードナー（Gardner, 1983）は，神経心理学の知見を取り入れ，多重知能理論（theory of multiple intelligences）を提唱した。彼はサヴァン症候群のような特定の能力のみに秀でた人物の存在や，脳損傷患者において，言語能力が失われても空間的な能力には問題がない場合もあることに注目し，ただ1つの一般的な知能が存在するという考えに反対した。そして，知能は言語的知能・論理数学的知能・音楽的知能・身体運動的知能・空間的知能・内省的知能・対人的知能という7つの独立した知能（のちに博物的知能を追加）がそれぞれに個人内で異なる割合で配合されていると考えた。

〔ガードナーの多重知能理論〕
〔サヴァン症候群〕

2 知能を測定するには

心理尺度

知能検査の誕生　今日，知的水準を表す指標として「IQ」という言葉は広く知られているが，知能という1つの尺度（ものさし）で知性を測定しようという試みは，19世紀末から20世紀初頭にかけての初等教育制度の確立に伴ってなされた。

フランスにおいて，すべての子どもが学校教育を受けることが義務化されるようになるなかで，学校の勉強についていけない子どもが出てきた。そういう子どもたちは，勉学を怠けているからではなく，学習に必要な能力が不足しているからで，特別なクラスで適切な教育を行うべきではないかと考えられるようになった。その際，どの子どもが対象となるのかということが問題となったのである。

1904年にこの問題を考える委員会が発足し，そのメンバーの1人であったビネー（Binet, A.）と共同研究者のシモン（Simon, T.）によってはじめての知能検査が1905年に発表された。この検査は，30問の問題を簡単なものから難しいものへと配列したもので，最初の問題は物をじっと見つめること，追視することができるかを調べるというものであった。その後，1908年と1911年に改訂版が出されたが，1908年版では，初版の問題の一部を残し，新たに追加された問題と合わせた57問の検査問題を3歳から13歳級という1年ごとの11段階に配置するという形へと変更された。また結果を「発達が遅れているもの」「ゆっくりしているもの」「正常なもの」「正常より3～4年進んだもの」という4段階に分類することができるようになった。1911年版では，基底年齢を設定して精神年齢を求める方法が明確となり，また，通過率表の記載や知的水準と学力との関係が調べられ，知能検査としての妥当性と信頼性の検証もなされ，今の知能検査の原型が確立したのである。

IQで知能を捉える　このビネーによって作成された知能検査は各国に持ち込まれ，文化的な違いを考慮した標準化がなされた。アメリカにおいては，ターマン（Terman, L. M.）によってスタンフォード・ビネー式として1916年に確立された。これは，ビネー式の1908年版をもとに標準化されたもので，90問の検査項目からなっていた。さらにドイツ出身の心理学者であったシュテルン（Stern, 1912）によって提案された，精神年齢と生活年齢との比によって知能指数（intelligence quotient: IQ）を求める方法を採用しており，知能をIQで表すという考えを世界中に普及させた。その後，数度の改訂がなされたが，1937年版では，英語を母語としない人の知能も測定できるように動作性検査を主体としたM式も開発された。1986年版では，年齢尺度や精神年齢をすべて廃止し，因子構造モデルの検査へと大きな変更がなされている。そこでは，問題内容そのものは，1960年版がほぼ踏襲されているが，キャッテルの「結晶性知能」「流動性知能」に「記憶」を加えた3因子と最上位に一般的推論因子gを据えた階層モデルで知能を捉えようとしている（図5-2）。

2つのIQ　ビネー式を皮切りに多くの知能測定が考え出されたが，その中で大人の知能を考える際に，生活年齢と精神年齢の比で知能を表すIQには大きな問題があることが気づかれるようになった。たとえば，ある人が25歳でIQが100であったときに，50歳でもまったく同じ問題に正答した場合，その人の

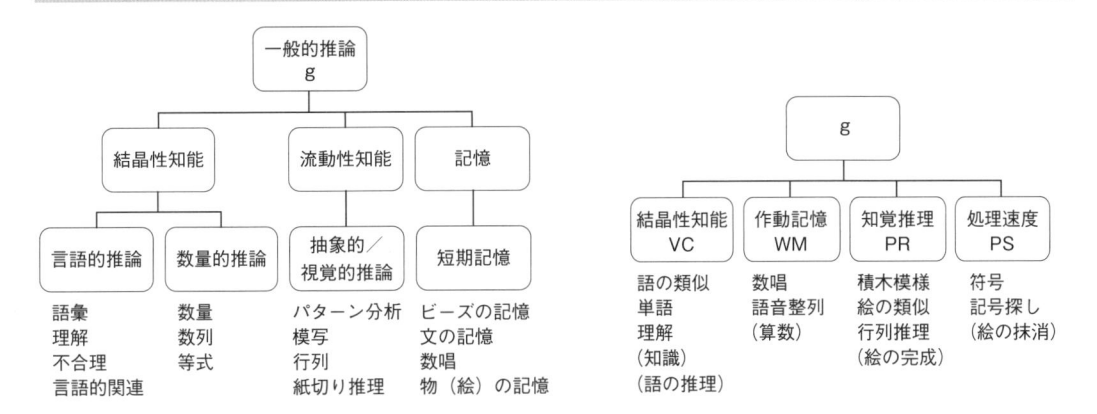

```
         一般的推論
            g
    ┌────────┼────────┐
 結晶性      流動性    記憶
  知能       知能
 ┌──┐      ┌──┐    ┌──┐
言語的 数量的  抽象的／  短期記憶
推論  推論   視覚的推論
```

言語的推論	数量的推論	抽象的／視覚的推論	短期記憶
語彙	数量	パターン分析	ビーズの記憶
理解	数列	模写	文の記憶
不合理	等式	行列	数唱
言語的関連		紙切り推理	物（絵）の記憶

図5-2 第4版スタンフォード・ビネー知能検査の構成

```
             g
    ┌────┬────┬────┐
 結晶性  作動記憶 知覚推理 処理速度
 知能    WM    PR    PS
  VC
```

結晶性知能 VC	作動記憶 WM	知覚推理 PR	処理速度 PS
語の類似	数唱	積木模様	符号
単語	語音整列	絵の類似	記号探し
理解	（算数）	行列推理	（絵の抹消）
（知識）		（絵の完成）	
（語の推理）			

図5-3 WISC-Ⅳの構成

IQは50，すなわち非常に重い知的障害があることになってしまうのである。

この問題への対応の1つはIQの発達的変化に関する研究であり，もう1つは偏差IQとして知られる新しいIQの算出方法の開発であった。これを行ったのがウェクスラー（Wechsler, 1939）である。彼は，それぞれの生活年齢ごとに正答数の分布を調べると図5-1（p.50）に示したような正規分布に近づくことに注目し，同じ年齢集団の中で，平均的な正答数を得た場合をIQ100と考える新しいIQを生み出した。そして，子どもから大人までを対象としたウェクスラー・ベルビュー知能検査を作成した。その後，1949年に子どもを対象としたWISC（Wechsler Intelligence Scale for Children），1955年には大人を対象としたWAIS（Wechsler Adult Intelligence Scale），1967年には就学前の子どもを対象としたWPPSI（Wechsler Preschool and Primary Scale of Intelligence）を開発している。

正規分布

ウェクスラーが考えた知能検査は，当初より因子構造モデルを想定し，異なる知能の側面を測定する複数の下位検査からなるテストバッテリーの形をとっていた。さらに言葉のやりとりを通して検査をする「言語性検査」と積木やパズルの操作といった言語の介在なしでも実施可能な「動作性検査」に大きく分かれ，それぞれに「言語性IQ」「動作性IQ」という知能の異なる側面を測定しているとされていた。しかし，WISCの第4版であるWISC-Ⅳからは言語性IQと動作性IQという考え方は廃されている。

ウェクスラーが考えた同年齢の母集団に占める位置で知能を表す偏差IQに対して，ビネー式に代表される精神年齢を生活年齢で割る知能指数を比率IQと呼ぶこともある。

偏差IQと比率IQ

　　比率IQ＝精神年齢÷生活年齢×100

　　偏差IQ＝15×（個人得点－同年齢母集団の平均得点）÷標準偏差＋100

ビネー式のIQは検査時点での発達の速さを表し，ウェクスラー式のIQは検査時点でのある年齢集団に占める相対的位置を表しており，同じIQという表記であっても意味が異なっているのである。これ以外にも集団式の知能検査が，当初は軍隊における適性検査として開発され，IQが人の優劣を決める道具として用いられた時代もあり，知能検査に対する批判は今でも多い。

日本で現在よく使われているのは，ウェクスラー式およびビネー式による知能検査とカウフマン夫妻（Kaufman & Kaufman, 1983）により開発されたK-ABC（Kaufman Assessment Battery for Children）である。

3 知能の発達的変化と世代間変化

遺伝と環境　知能は，遺伝するものなのだろうか。いわゆる「氏か育ちか (nature vs. nurture)」問題として心理学の歴史の中で論争が続くこの問いに答えるために，双生児を対象とした研究や特定の家系について調べる家系研究が行われた。双生児研究では，一卵性双生児と二卵性双生児では，前者の方が知能の相関が高いという結果が得られている。家系研究においてもゴッダード (Godard, 1912) による有名なカリカック家の例など，優れた能力を示す人を多く輩出している家系がある一方で，犯罪者を多数輩出している家系が存在しているという研究があり，これだけを見るとたしかに，知的能力は遺伝するという考え方は妥当性があるように思われる。しかし，家系研究においては，優秀な家系の子弟は，高い教育や手厚い親の保護といったより望ましい環境に置かれている一方で，犯罪者の多い家系では，もともと貧困層が多く，生活環境も劣悪な環境で育つものが多いというように，環境要因も同時に異なっているので，これだけでは，遺伝と環境のどちらが知能に影響しているのかを断定することはできなかった。

近年，遺伝子レベルでの研究が飛躍的に進み，知能に関係する遺伝子を特定しようという研究がいくつかなされているが，そこからは，知能と直接的に結びついた特定の遺伝子はみつかっておらず，かなり多くの複数の遺伝子の違いが環境要因と相互作用して，最終的に個々人の知能の違いとなっているようである (Zimmer, 2008)。

個人内での知能変化　知能検査が世に出始めた20世紀初頭には，知能というのは一生にわたって変化しない恒久的なもので，一度測定されたIQはその後ほとんど変化することはないと考えられていた。しかし，発達研究の進行とともに，個人内でIQも変化すること，特に幼児期のIQは成人期のIQの予測因子とはならないことが明らかにされてきた。

ピアジェ (Piaget, 1949) は，知能の中でも特に論理的推論の発達に関して，系統だった研究を行い，大人と同じような論理的推論ができるようになるまでには，①感覚運動期，②前操作期，③具体的操作期，④形式的操作期の4つの段階を経ることを見出した。

感覚運動期は，ほぼ乳児の時期に対応し，乳児は実際に見たり触れたりすることによって外の世界を認識するが，表象（イメージ）を思い浮かべることができないため，直接体験できないことについては考えることができない。前操作期になると，表象を思い浮かべられるようになるので，目の前にないもののことも考えることができるようになるが，その際の思考は論理的ではなく直観的で，保存概念に代表されるような物の質量の判断も見た目に左右される。これがほぼ幼児期の思考に相当する。具体的操作期になると具体的な事物との対応の中で，論理的な推論が可能になり（児童期に相当），形式的操作期には，具体的な事物との対応なしに，論理的な推論ができるようになる（青年期に相当）。

ただし，ピアジェの研究に関しては，実際にはピアジェが考えたよりもより早い段階から子どもたちは知的な推論が可能である，という批判がその後提出されている。

乳児期から青年期・成人期初期にかけて形成された知能がその後どのように変化するのかについての代表的な研究としては，前述したシャイエ（Schaie, 1996）の一連の研究がある。シャイエは，成人期以降の知能の発達的変化について，横断的研究と縦断的研究を組み合わせた研究をシアトルで行った。そこからわかったことは，年齢によって知能が変化するような課題と変化しない課題があるようだということである。後者の課題は，知識や教育経験に関連し，蓄積した知識から回答することができるものであり，結晶性知能と関連するものである。一方，流動性知能と関連する課題は，30代で成績がピークになり，以降下降していく。ディアリ（Deary, 2001）は，これを「大胆に一般化すると，加齢とともに成績が下がるテストは，それまでに経験したことのないアイディアを迅速に用いる，能動的な『脳力』と関係している。年齢が上がってもよく保持されている脳力に関するテストは，蓄積された知識の検索を自由に行うものである」とまとめている。

しかし1節でもふれたように，流動性知能の低下もそれほど大きなものではなく，高齢者における知能の低下は従来考えられていたほど顕著ではなく，認知症の影響を別にすれば，老年期の後期になるまで，ほとんど低下しないとする考えもある（下仲，1998）。

さらに，遺伝が知能に及ぼす影響は発達過程を通じて変化するのかに着目した研究もいくつかなされているが，発達の初期の段階では遺伝的な影響は弱いが，高齢になるにつれて，知能に対する遺伝の影響は強くなるようである（McClearn et al., 1997）。

世代間での知能変化　知能研究が進むなかで，世界的に広く用いられている知能検査の得点が世代が進むにつれて上昇するという現象があることがわかってきた。フリン効果と呼ばれる現象である。フリン（Flynn, 1984）は，知能検査が改訂される際の基準となる標準得点の変化に着目し，ウェクスラー式の知能検査においては，10年でIQが約3ポイント上がることを発見した。その後，広くさまざまな国やウェクスラー式以外の知能検査においても同様の現象が認められることが判明した。また，この上昇は，言語性課題よりもレーブン漸進マトリックス検査のような非言語性の課題で大きいことも見出された。

　　フリン効果

　　レーブン漸進マトリックス検査

知能検査と学力テストとの間には，一般に高い相関があるとされており，アメリカの代表的な学力テストであるSAT得点とIQ得点の間にも，非常に高い相関が認められている。しかし，SATにおいて，言語能力得点は年々下がっている。それにもかかわらず知能検査の得点は上がり続けるという奇妙な現象がなぜ生じているのだろうか。

この問いに対する最終的な答えはまだ見出されていないが，1つの答えとして，私たちが知能検査のようなクイズ形式の問題形態に慣れたことや，テレビゲームなどで瞬間的な視覚認知が要求されるような場面に接する機会が増えた等の環境の影響が示唆されている。

4 教育における知能の活用

認知特性に応じた教育　日本の学校教育においては，生徒指導の資料の1つとして集団式の知能検査が多用された時代があったが，個の教育を重視するなかで，そのような知能検査が実施されることは少なくなった。2000年より3年ごとに実施されるようになったPISA（Programme for International Student Assessment）の結果において，国際間での日本の生徒の能力低下が示され，日本の学校教育を見直そうという機運が高まり，2007年より国内で全国学力テストが行われるようになったが，生徒間や学校間の比較・競争につながるという批判から，扱いは自治体によって異なっている。

このように他者との比較につながりやすい，1つのものさしとしての知能検査には批判も多いが，医療現場や一部の教育現場においては，今でも知能検査は頻繁に用いられている。しかし，それは従来よく使われた集団式ではなく，個別式の知能検査である。

発達障害　医療現場においては，従来の知的障害の有無の診断に加えて，発達障害の診断のために知能検査が利用されている。教育現場においては，個々の子どもの知的水準を知るためだけでなく，認知特性という観点から，さまざまな認知能力における得意不得意を知るために知能検査が利用されるようになっている。

認知特性　個々の児童・生徒の認知特性に応じた教育を行うことの重要性が認識されるようになったのは，発達障害の増加（実質的に増えているかどうかは定かではないが）や，それに対応する形での特別支援教育の義務化によるところが大きい。以前は障害として認識されていなかったような，学習障害や注意欠陥／多動性障害，広汎性発達障害，アスペルガー障害などの発達障害では，知的障害を伴わない場合が多い。しかし，WISC-ⅢやK-ABCといった知能検査を実施すると，下位検査によって，よくできる検査とできない検査が明確になることがある。ウェクスラー式の知能検査のように，平均が10，標準偏差が3となるように下位検査の評価点が標準化されている場合では，それぞれの下位検査評価点が個人内の平均評価点から±3ポイント以上ある場合をディスクレパンシーがあると

ディスクレパンシー(discrepancy)　見なすことができる。ディスクレパンシーのある検査で測定されている認知能力が，対象児・者にとって得意あるいは不得意とする能力であると判断することができるのである。こうして得られたアセスメント評定の結果は，個別の指導計画

個別の指導計画（IEP）　(IEP: Individualized Educational Program）における事前評価や事後評価にも使われるようになっている。

継次処理様式と同時処理様式　藤田（2000）は，「個に応じた指導」を行うためには，指導者は，自分が習得した「指導方略」を画一的に子どもに適用するのではなく，子どもの「学習方略」に合致するよう，自らの指導方略を工夫する

学習方略　必要があると述べ，カウフマン夫妻（Kaufman & Kaufman, 1983）が提唱する

継次処理と同時処理　「継次処理」と「同時処理」という2種類の認知処理様式に注目した「長所活用型指導」を提案している。

「継次処理」とは，情報を1つずつ時間的な順序によって処理する認知処理様式であり，「同時処理」とは，複数の情報をその関連性に着目して全体的に処理する認知処理様式である。2つのバランスが取れている場合には，学習課題が認

知レベルに合ってさえいればどちらの指導方略を用いてもよいが，アンバランスのある子どもに合わない指導方略を用いると，学習効果が上がらないだけでなく，その課題に対する苦手意識が先行し学習意欲の低下や喪失を招きかねない。したがって，指導にあたっては，学習課題の難易度のみを考慮するのではなく，その子どもの得意な認知処理様式に訴える指導方略を用いなければならないとしたのである。

そして「継次処理」が得意な子どもには，段階的な教え方，部分から全体へという方向性を踏まえた教え方，順序性を踏まえた教え方を基本とし，「同時処理」が得意な子どもには，全体を踏まえた教え方，全体から部分へという方向性を踏まえた教え方，関連性を踏まえた教え方を基本とするのがよいとした。

K-ABCは，「継次処理」と「同時処理」のどちらが有意に得意なのかどうか，あるいはそのような傾向がないかを直接知ることができる知能検査である。WISC-Ⅲでは，直接そういった評価をすることはできないものの，「継次処理」に関係する下位検査は算数，数唱，符号であり，「同時処理」に関係する下位検査は絵画完成，積木模様，組合せである。これらの下位検査の評価点の平均を算出し，平均評価点間に3点以上の差があれば，継次処理型か同時処理型かを推測することが可能である。

ただし，それぞれの下位検査において，検査が想定している方略と異なる方略で問題解決がなされる場合もある。たとえば，数唱は口頭で出題されるいくつかの数字を記憶して口頭で回答する課題，継次処理の課題とされているが，出題された数字を音韻的な処理ではなく，脳内に黒板のようなものをイメージして，そこに数を書いていくといった視覚的な処理でも回答することが可能な場合がそれにあたる。実際にそのような方略を取る子どもも少なからず存在している。検査場面で対象児・者がどのような方略を取っていたかを推定するには，検査場面の行動観察が重要になってくる。

表5-1 ディスクレパンシーのあるWISC-Ⅲ評価点プロフィールの例

下位検査評価点												
言語性検査						動作性検査					
知識	類似	算数	単語	理解	数唱	絵完	符号	絵配	積木	組合	記号	迷路
11	9	12	10	11	16	9	11	10	8	6	10	12

10歳4か月の対象児においてこのようなプロフィールが得られた場合，全検査IQ 98，言語性IQ 104，動作性IQ 92で言語性優位。認知特性として，数を扱う能力が高い，部分から全体を推測することや模様の構成は不得意，視覚的処理よりも聴覚的処理の方が得意，継次処理型の認知処理様式を得意とするということが仮説として考えられる。

5 人工物の知能・動物の知能・21世紀の知能

人工的に人間同様の知能を創ることは可能か　私たち人間が進化の過程のなかで高い知性を有するようになったという点に関して異を唱える人はいないだろう。では，人間と同様の知性を人工的に創りだすことは可能なのか。この問いに対しては，人工知能研究（artificial intelligence：AI）やロボット工学の分野から積極的なアプローチがなされている。

人工知能

「チューリングテスト」とは，機械は心をもちうるか，真に思考する機械をつくることは可能か，という問いへの答えとして1950年にチューリング（Turing, A.）によって発表された思考実験である。コンピュータの端末の前に座った判定者が，電子メールのような手段（テレグラフ）だけで機械と人間のそれぞれに何回かの質問をし，そのやりとりからどちらが人間でどちらが機械かを判定するというものである。そして，もしこのチューリングテストによって，機械が人間と判定されたならば（つまり，判定者に自分は人間であると思い込ませることに機械が成功したとすれば），この機械は人間と同等の思考を有していると見なしてよいとした。すなわち，知的ふるまいにおいて人間と区別がつかないなら，その機械は知性をもっていると考えてよいとしたのである。ちなみに，ワイゼンバウム（Weizenbaum, J.）が1966年に発表したELIZAという自然言語処理プログラムは，チューリングテストに完璧にではないが初めてパスしたプログラムとして知られている。

チューリングテスト

チューリングテストには，いくつかの批判がある。その代表的なものとして，サール（Searle, 1984）は「中国語の部屋」という思考実験を行い，一見高い知性を有しているように見える人工知能をつくることは可能だが，人間と同様に自ら考えることのできるような人工知能をつくることは不可能だと考え，人工知能を「強いAI」と「弱いAI」という2つに分け，「強いAI」をつくることは不可能だと主張した。

強いAIと弱いAI

ロボット工学の分野では，研究の初期の頃は，コンピュータの性能に応じて，詳細にプログラミングされた行動を再現できるかどうか，いわば「弱いAI」を実装したロボットの作成が試みられていたが，今では，人間のように柔軟な思考ができるロボットをどのようにしてつくることができるのか，つまり「強いAI」を実装したロボットの作成に主眼が移り，プログラムをつくりこまずに，はじめはうまく自分の動きをコントロールすることもできないロボットが，経験を重ねるにしたがって適応的な行動を獲得することが可能になるという学習するロボットの開発が中心的になっている。さらに，人間と同じように考え，ふるまうためには，人間と同じ身体構造が必要であるという，思考する心と身体は不可分という考え方も出てきて，人間同様の二足歩行型ロボットの開発も盛んになってきている（浅田，2010）。

知能は人間に特有の能力か　さて，ここまで見てきた知能であるが，これは生物の中では，人間に特有なものなのであろうか。人間は，高い知性で他の動物を圧倒し，地球上で繁栄をきわめた生物となっているが，動物においてもさまざまな知性を見出すことができる。ケーラー（Köhler, 1925）は『類人猿の知恵試験』という一連の研究の中で，チンパンジーは試行錯誤（でたらめに行き当た

りばったりで，何度か行動するにしたがって，一番状況に適応的な行動を見つけ出す）ではなく，見通し（あらかじめ自分の行動や置かれている状況を脳内でシミュレーションして，その中で最適な行動を見つけ出す）による課題解決が可能なことを示した。また，ヒトとヒト以外の類人猿や哺乳類との違いを探ろうとする比較発達心理学という分野の研究において，ヒトと近縁のボノボ，チンパンジー，オランウータン，ゴリラといった類人猿にヒト乳児の発達検査と類似の検査を行うことで，チンパンジーはおおよそヒトの5歳児相当の知的能力を有していることもわかってきている。

> 見通しによる問題解決

> 比較発達心理学

　ハンフリー（Humphrey, 1976）は霊長類における知性の高さは，環境への適応ではなく，複雑な社会的相互作用を行うために必要だったからであるという社会的知性仮説を主張した。バーンとホワイトゥン（Byrne & Whiten, 1988）はマキャベリ的知性という考えへとこれを発展させた。マキャベリ的知性とは社会的な知能のうちの特殊なタイプであり，この知性を有する生物は，ある社会集団内に存在するだけでなく，その集団内の他者を意図的に操作し，個人の利益のために同盟を結んだり，破棄したり，他者を欺いたりするとした。

> マキャベリ的知性

　ただし，マキャベリ的知性という考え方に関しては，社会的知性と完全に一致する概念とする研究者もいれば，社会的な策略やだましのみに適用する研究者もおり，研究者によって捉え方が異なるといった問題や，もっと単純な過去の経験による学習という考え方でも説明できるといった批判もある。

これからの時代に必要とされる新しい知能とは　現代は，価値観も多様化し，どのような行動が最終的な成功に結びつくのかの予想もつきにくくなっている。このような時代の流れのなかでは，知識を多く有し，それを効果的に利用する能力だけでは，変化する状況によりよく適応することは難しく，私たちの行動には感情的側面が大きく影響していると考える研究者も出てきた。

　情動的知能（emotional intelligence）という概念をはじめて提唱したのは，サロベイとメイヤー（Salovey & Mayer, 1990）であった。彼らは，情動的知能には，①情動を正確にかつ適応的に知覚し，表出する能力，②情動や情動に関する知識を理解する能力，③思考を促進するために情動を利用する能力，④情動調整－自他の感情を適切に統制したり，調節したりする能力の4つの成分があると考えた。

> 情動的知能

　サロベイとメイヤーの研究に基づいて，心理学専攻出身で当時はニューヨークタイムズ紙の記者であったゴールマン（Goleman, D.）は，『Emotional Intelligence（EQ：心の知能指数）』という本を1995年に著し，「情動的知能」という言葉を一般に広めた。彼は著書の中で，感情を理解しコントロールすることは，人生における成功や健康の最も重要な鍵であると述べている。この情動的知能を知能指数のように指数化したものがEQ（emotional intelligence quotient）であり，ゴールマン自身は，著書の中では，情動知能指数としてのEQという用語は用いていないものの，IQとの対比で世界的にEQという言葉は広く流行した。

> EQ

　スペンサーによって，生物的な適応の1つとして提出された知能という考えは，私たち人間の性質を規定する大きな特徴の1つとして注目を集め，1世紀以上にわたる研究の歴史を通して発展してきた。情動的知能という考えは，まだ研究の緒についたばかりで，構成概念の曖昧さや検査の妥当性など問題も多いが，今後，さらなる研究が進むことで，私たち一人ひとりの健康で幸福な生活に資するものとなっていくことが期待される。

主要引用・参考文献

浅田　稔（2010）．ロボットという思想　NHK出版

Byrne, R., & Whiten, A. (Eds.) (1988). *Machiavellian intelligence: Social expertise and the evolution of intellect in monkeys, apes, and humans.* Oxford University Press.（バーン，R. & ホワイトゥン，A.（編）藤田和生・山下博志・友永雅己（監訳）（2004）．マキャベリ的知性と心の理論の進化論：ヒトはなぜ賢くなったか　ナカニシヤ出版）

Deary, I. J. (2001). *Intelligence: A very short introduction.* Oxford University Press.（ディアリ，I. J.（著）繁桝算男（訳）（2004）．知能　岩波書店）

Flanagan, D. P., & Kaufman, A. S. (2004). *Essentials of WISC-IV assessment.* Johon Wiley & Sons.

Flynn, J. R. (1984). The mean IQ of Americans: Massive gains. *Psychological Bulletin,* **95**, 29-51.

藤田和弘（監修）（2000）．長所活用型指導で子どもが変わる〈Part2〉　図書文化社

Goleman, D. (1995). *Emotional intelligence.* Bantam Books.（ゴールマン，D.（著）土屋京子（訳）（1998）．EQ こころの知能指数　講談社）

Humphrey, N. K. (1976). The social function of intellect. In P. P. G. Bateson & R. A. Hinde (Eds.), *Growing points in ethology.* Cambridge University Press.（Byrne, R., & Whiten, A. (1988) に再録）

市川伸一（1996）．個人差と学習指導法　大村彰道（編）　教育心理学Ⅰ：発達と学習指導の心理学　東京大学出版会　pp.169-185.

Kaufman, A. S., & Kaufman, N. L. (1983). *K-ABC interpretive manual.* American Guidance Service.（カウフマン，A. S. & カウフマン，N. L.（著）松原達哉・藤田和弘・前川久男・石隈利紀（1993）．日本版K-ABC 心理・教育アセスメントバッテリー解釈マニュアル　丸善メイツ）

川合伸幸（2006）．心の輪郭：比較認知科学から見た知性の進化　北大路書房

Lund, N. (2010). *Intelligence and learning.* Palgrave Macmillan.

松原達哉（編著）（2002）．心理テスト法入門　第4版　日本文化科学社

McClearn, G. E. et al. (1997). Substantial genetic influence on cognitive abilities in twins 80 or more years old. *Science,* **276** (5318), 1560-1563.

Murdoch, S. (2007). *IQ : How psychology hijacked intelligence.* Duckworth Overlook.

Neisser, U. et al. (1996). Intelligence: Knowns and unknowns. *American Psychologist,* **51**, 77-101. 〈http://www.lrainc.com/swtaboo/taboos/apa_01.html〉

Schaie, K. W. (1996). *Intellectual development in adulthood.* Cambridge University Press.

柴田正良（2001）．ロボットの心　講談社

下仲順子（1998）．老年期の発達と臨床援助　下山晴彦（編）　教育心理学Ⅱ：発達と臨床援助の心理学　東京大学出版会　pp.313-337.

Smith, E. E., Nolen-Hoeksema, S., Fredrickson, B. L., & Loftus, G. R. (2003). *Atkinson and Hilgard's introduction to psychology.* 14th ed. Wadsworth.

Snyderman, M., & Rothman, S. (1988). *The IQ controversy, the media and public policy.* Transaction Publishers.

Stern, W. (1912). *The psychological methods of intelligence testing.* (Whipple, G. M. Trans.) Warwick and York.

杉原一昭・杉原　隆（監修）（2003）．田中ビネー知能検査Ⅴ　理論マニュアル　田研出版

丹野義彦（1990）．パーソナリティの個人差（性格と知的能力）　大山　正・杉本敏夫（編著）　ホーンブック心理学　北樹出版　pp.158-183.

Wasserman, J. D., & Tulsky, D. S. (2005). A history of intelligence assessment. In D. P. Flangan & P. L. Harrison (Eds.), *Contemporary intellectual assessment: Theories, tests, and issues.* 2nd ed. The Guilford Press. pp.3-22.

ウェクスラー，D.（原著）　日本版WISC-Ⅲ刊行委員会（訳編著）（1998）．日本版 WISC-Ⅲ知能検査法　日本文化科学社

Zimmer, C. (2008). Searching for intelligence. *Scientific American,* 2008-October.（ジンマー，C.（著）石浦浩之・石浦章一（訳）（2009）．知能遺伝子を探して　日経サイエンス編集部（編）　別冊日経サイエンス166 意識の謎 知能の謎　2009年1月号　pp.70-78.）

発達（発達心理学） 6

1 発達とは

「這えば立て立てば歩めの親心」(「俳風柳多留」より)という古川柳は,我が子の一日でも早い成長を待ち望む親の心を表現している。親にとって子どもの育ちの姿を見るのは喜びであるが,自分自身の老いや老親の衰えを知るのはつらいものだ。1個の受精卵が胎内でヒトの形となり,誕生・成長して成人し,子を生み育て,そして老いて死ぬ,この一生のプロセスについて考えてみよう。

1) 発達の定義

受精から老衰死に至るまでの心身の変化を発達(development)という。発達は,成熟までの上昇的な変化だけでなく,成熟から老衰に至る下降的な変化をも含む。一生を貫く心身の変化を指すため,生涯発達(life-span development)という用語を使う場合もある。なお,生殖細胞が受精して個体を形成し,その個体が再び生殖細胞を形成するという円環から,人間の一生をライフサイクル(life cycle)と呼ぶ。

<small>発達(development)
生涯発達
ライフサイクル</small>

2) 発達の原理

発達にはいくつかの原理・法則がある。主なものを見ていこう。

連続性 心身の変化は突然飛躍的に生じるのではなく,漸進的連続的に起こる。たとえば,幼児の母親からの自立も,一定の年齢になると一足飛びに起こるのではなく,依存と自立を繰り返しながら,徐々に進んでいく。

方向性 発達の進行には一定の方向性がある。運動制御の発達は,頭部から尾部へ(頭,首,胸,腰,脚,足の順),中心部から周辺部へ(肩,腕,手首,手,指の順)と進む。

順序性 幼児の描画発達は,手や指の運動として線や円を描く錯画期(なぐりがき)から,知っているものを型どおりに繰り返し描く図式期(頭足人,レントゲン画など)を経て,見たものを忠実に描こうとする写実画期に至る。この発達過程は,発現時期には個人差があっても,その順序は普遍的である。

<small>錯画期
図式期
写実画期</small>

リズム 発達は時期によってその速度が異なる。たとえば,身長は,出生後1年間で急速に伸びるが,それ以降は緩やかに進み,青年前期になって再び飛躍的に伸び,青年後期には伸びが止まる。

個人差 発達には個人差がある。とりわけ思春期を迎える時期には,個人差が大きく現れる。同じ中学1年生でも,先生と肩を並べるくらいの背丈になり異性への関心が高まるなど,大人っぽくなる子もいれば,体つきも関心もまだ小学生と変わらない子もいる。

発達連関 心身の各部分は有機的連関をもって発達する。身体・運動面での発達は,知能や情緒,社会性や道徳性の発達を促し,逆に,知能や社会性の発達は運動を伴う遊びを動機づける。子どもどうしの運動遊びの中で,さまざまな葛藤やトラブルを体験して,自己統制力や道徳性が育つ。

分化と統合 発達は,未分化から分化(differentiation)へ,さらに統合(integration)へと進む。手で物を把握する行動の発達では,最初はすべての指を広げて熊手のようにつかもうとするが(未分化),しだいに拇指と他の4本の指で挟むようになり(分化),さらに,拇指と人差し指だけでつまめるようになる(統合)。

<small>未分化
分化
統合</small>

3) 量的変化と質的変化

多くの人は，発達を直線的な量的変化と考えがちである。つまり，年齢が増すにつれて特質や能力などが増大し子どもが大人になっていくイメージである。たとえば身長や語彙数などは量的変化と見なせるだろう。実際，生まれたばかりの赤ん坊は小さくて言葉も言えないが，しだいに身体が大きくなり言葉も出てきて，3歳ぐらいになれば大人顔負けの言語活動をするようになる。このような視点では，子どもは小さな大人（大人のミニチュア版）であるかのように見える。

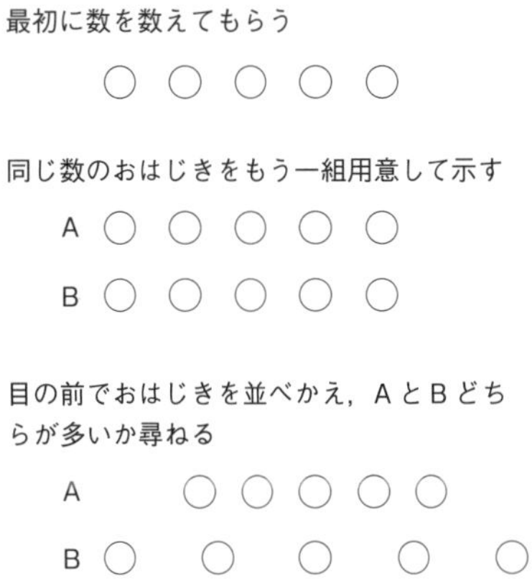

しかし，一方で発達には質的変化の側面がある。思春期の性的成熟はその典型的な例である。月経や精通などの生理的変化，乳房や肩幅などの体型の変化（第二次性徴），異性への強い関心（性衝動）などの出現は，児童期からの量的な変化というより質的な変化と見なせるであろう。

幼児が大人の単なるミニチュアではないことをピアジェ（Piaget, 1896-1980）は指摘している。

数や液量の保存　幼稚園児におはじきの数を数えてもらう。同じ数の二組のおはじきを用意し，幼児に同じ数であることを確認させた後に，目の前で一方の間隔を狭く，他方は間隔を広く並べ替える。それから幼児にいずれの数が多いかを尋ねると，多くの幼児は幅を広く置いたおはじきの方が数が多いと答える（図6-1）。並べ方を変えても数そのものは変わらないという保存概念がまだできていないためである。これは液量などでも同様で，幼児は同じ量の液体であっても容れ物しだいで液量が変化したと判断する。

自己中心性（egocentrism）　自己中心性とは，自分の立場以外にほかの立場があることに気づかないことである。ピアジェが考案した「三つ山課題（the three-mountain task）で幼児の自己中心性を実験で確かめることができる。子どもの視点から見たときと別の視点から見たときで景色が異なって見える3つの山の模型に対して，子どもの視点以外の位置に人形を置き，この人形が山の写真を撮影したと仮定する。さまざま地点から撮影した山の写真を示して，その中から，その人形の撮影した写真を選ばせる。すると幼児は，人形がどの位置におかれても，自分の視点から見た写真だけしか選ばない。

幼児の世界観　幼児の日常の会話を注意深く聞いていると，子どもらしい独特の思考の仕方をしていることに気づかされる。石ころや雲などすべてのものに命があり，痛いと感じる感覚やうれしいと喜ぶ感情をもっている（汎心論，アニミズム），世の中のすべての事物は人間が作ったものであり作れるものだ（人工論），自分が考えたり言葉に出したりすることは実現する（実念論）などと考える。また幼児は太陽や家などの事物の中に顔の表情を読み取る（相貌的知覚）。

これらからわかるのは，発達には質的変化の側面があり，子どもは大人とは質的に異なった独自の心理的世界に生きているということである。

最初に数を数えてもらう

○ ○ ○ ○ ○

同じ数のおはじきをもう一組用意して示す

A ○ ○ ○ ○ ○
B ○ ○ ○ ○ ○

目の前でおはじきを並べかえ，AとBどちらが多いか尋ねる

A ○ ○ ○ ○ ○
B ○　○　○　○　○

図6-1　数の保存

数の保存

保存概念
液量の保存

自己中心性
三つ山課題

汎心論（アニミズム）
人工論
実念論
相貌的知覚

2 発達の要因

1) 遺伝か環境か

「氏より育ち」[1]という諺があるが，発達の要因として遺伝（素質，成熟）と環境（経験，学習）の関係をどのように考えればよいであろうか。

環境説　上記の諺と同様，人間の発達は環境（学習）しだいという環境説を唱えたのは，ワトソン（Watson, J. B.）であった。彼は，自分に12人の赤ん坊を与えてくれたら，医者，法律家，芸術家から乞食や泥棒まで，それぞれ望みの人間に育て上げてみせると豪語したという（Watson, 1930）。環境説では，すべての行動型は条件づけなどの学習によって外的に形成され，学習内容を統制することで個々の人格が形成されると考える。

成熟説　一方，発達を推進する遺伝子の力を強調するのが成熟説である。ゲゼル（Gesell, A. L.）は，一卵性双生児の一方に階段登りなどの技能を訓練し，他方にはその訓練をしなかったが，一定の年齢時にその訓練効果が検出できなかったことから，技能の獲得には訓練よりも年齢すなわち成熟の力がより大きな効果を発揮するとした。成熟説から，学習するためには適切な発達時期があるというレディネス（readiness）の考えが生まれた[2]。

輻輳説　発達を規定する要因は，「遺伝か環境か」ではなく，「遺伝も環境も」とするのが輻輳説[3]である。シュテルン（Stern, W.）は，心身のどのような機能の発達も，遺伝と環境の両方の影響を受けるが，それぞれの特性によって相対的な寄与率が異なるとした。つまり，身長や目の色などは遺伝的要因がかかわる割合が高く，知能などは遺伝的要因と環境的要因が中程度に影響し，学力などは環境的要因が大きく作用する（図6-2）。

相互作用説　遺伝と環境は，無関係ではなく，相互に影響しながら発達を展開させていくという考えを相互作用説という。ジェンセン（Jensen, A. R.）は，遺伝的可能性を現実化させる環境刺激には閾値があり，その程度は心身の諸特性

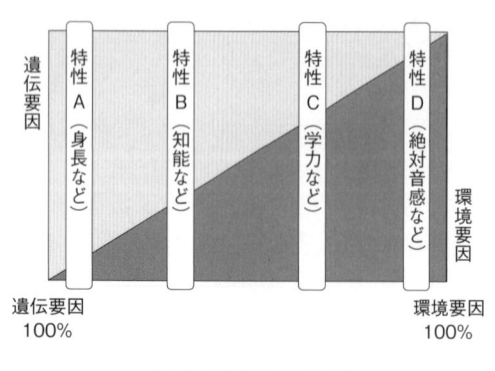

図6-2　発達要因の輻輳説

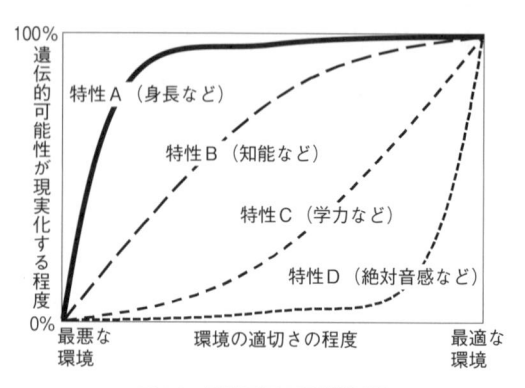

図6-3　発達要因の環境閾値説

---
1) 家柄や身分よりも育てられ方が大切である。人間形成においては家柄や血筋よりも育つ環境や受ける教育により違ってくる，ということを意味している。
2) 学習の成立に必要な心身の準備性を指す。レディネスの十分に整わない時期に学習や訓練を行っても非効率であるばかりでなく，失敗経験を重ねさせることで学習への消極的態度や学習性無力感を生じさせることになりかねない。
3) 輻輳とは，牛車の車輪を支える放射状の輻が軸心にそろって集まることを指す。

によって異なるとする環境閾値説を唱えた。たとえば，身長や体重は，極端に不利な環境でない限り現実化するが，知能は環境の影響を中程度に受け，学力はかなり広範囲の環境条件の影響を受ける。さらに絶対音感は特定の訓練や好適な環境条件がない限り現実化しない（図6-3）。

> 環境閾値説

フロイトの自我発達論（心理性的発達理論）やピアジェの知能発達論（均衡化説）も，遺伝的にもつ機制が環境との相互作用を経て実現すると考える相互作用説といえよう。

このように，遺伝的（生得的）要因と環境的（後天的）要因とが相互作用しながら発達を促すという相互作用説が現在では最も受け入れられている。

2）親子間の相互作用

親の養育態度 発達の相互作用説は，親の養育態度と子どもの性格形成の関係を考える上でも示唆を与える。子どもの性格は親の養育態度の結果と考えがちであるが，ここでも子ども（遺伝的特質）と親（環境的働きかけ）の間に相互作用が働き，親の養育態度にも子どもの生得的な特質の影響が反映する。よく乳を飲み，よく眠り，よく笑う健康な子どもであれば，親は安心し育児の喜びを感じて安定した養育態度をとることができる。しかし，たとえば発達障害をもつ場合のように，目を合わそうとせず，こだわりが強く神経質であまり笑わないなどの特質を生得的にもっている子どもに対しては，親は育てにくさを感じ，育児不安を強め，神経質で冷淡な養育態度をとりがちである（山崎，2005）。

> 親子間の相互作用

愛着形成 乳幼児期における母親への子どもの愛着形成はその後の発達の基盤である。愛着形成を促す主な要因は食欲の充足と考えられていたが，接触欲求の充足の重要性を指摘したのはハーロウ（Harlow, 1958）であった。アカゲザルの隔離飼育実験によると，母ザルから隔離された子ザルは，ミルクをくれる針金製の代理母よりも，ミルクはくれないが柔らかな感触のある布製の代理母に愛着を強く形成したのである。ただし，これには後日談があった。実験終了後にサル山に戻された隔離ザルは，一見健康そうには見えたが，サル社会に適応できず，性行動や母性行動に異常が見られた。接触欲求は満たしても相互作用のない代理母では限界があったのである。ハーロウは，その後の研究で，社会的適応には接触欲求の充足では不充分であり，子ザル同士の接触や交流が必要と結論づけた（Schmalohr, 1968）。

> 愛着形成
> 隔離飼育
> 代理母

ボウルビィ（Bowlby, 1969）は，子どもの愛着形成を促す要因は乳児期における特定人物（母親）との相互作用であると指摘した。またエインズワースら（Ainsworth et al., 1978）は，生後1年間とその後の母子の行動観察から，親の応答的行動が子どもの愛着パターンに影響するとした。応答的な母親行動（乳児のペースに同調し，乳児からの信号の意味を受けとめ，その情動状態に合わせて感度よく応答するような母親）の場合，子どもは安定型の愛着パターン（基本的信頼感が形成され，母親を安全基地として利用したり，他者との友好関係を広げていける）を示した。しかし，非応答的な母親行動（乳児のペースや情動状態を無視した一方的な統制や，乳児からの信号を無視し，身体接触やかかわりを拒否するような母親）の場合，子どもは不安定型の愛着パターン（母親に対する乳児の信号行動も接近行動も減少し，母親への信頼感を築くことができない）を示したのである。

> 応答的行動
> 愛着パターン
> 信号行動
> 接近行動

3 人間の発達の特質

二次的就巣性 スイスの生物学的人間学者ポルトマン（Portman, A.）は，鳥類と同様，哺乳類においても，成育に2つの型があると指摘した。1つはネズミやイタチなど，出生時には丸裸で目は閉じ移動能力を欠き，無防備・無能力ともいえる状態で，しばらくは巣にとどまり親の手厚い保護を受けて生育するもので，これを就巣性（留巣性）と呼んだ。妊娠期間は比較的短く，胎児数も多いのが特徴である。他方，ウマやヒツジなどの有蹄類，アザラシやクジラなどの水棲哺乳類は，出生時にすでに成体に近い感覚や運動能力をもっており，巣に長く留まることがないので，離巣性と呼んだ。妊娠期間が比較的長く，胎児数が少ないのが特徴である。一般に進化した種ほど離巣性に傾く。人間は，最高度に進化した哺乳類であるから離巣性動物の典型となるはずであるが，実際の人間の新生児は無防備・無能力が目立つ。そのためポルトマンは，人間の特質を二次的就巣性と呼んだ。つまり，人間は，本来，20か月ほどの胎内期間が必要なのだが，胎児の脳が大きくなり出産が困難になり，その母体の負担を軽くするために，「生理的早産」が生じているというのだ。ポルトマンは，生後1年間は，本来なら母胎内にとどまるべき期間であり，いわば「子宮外の胎児期」と見なすべきだとしている。

成熟までの長さ 人間は，成熟に20数年という哺乳動物の中でも特異的に長い期間を要する存在である。人間に生殖能力ができるのは生後12，3年であるが，心理的・社会的に自立するまではさらに約10年を要する。他の動物には見られない身体的成熟と心理・社会的成熟のズレが青年期である。

成熟までに長期間を要するのは，人間が，相対的に無能力のまま生まれ，本能のような適応手段をもたない，本質的に学習する動物であるためである。乳児期・幼児期は親の保護に依存し，その庇護のもとで生活習慣や基本的なルールを学習する必要があり，児童期・青年期を通じて，高度に発達した文明社会に適応するために必要な知識・技能を学ばねばならない。

青年期は，身体的には大人でも社会的には成人として扱われない，いわば猶予期間（モラトリアム moratorium）であり，同時に，長期の依存的親子関係から離脱するために親への激しい反抗や愛憎の経験を必要とする発達期である。

進化的特徴 霊長類の中で人間の特徴としてはモリス（Morris, 1969）が裸のサルと呼んだように体毛が薄いこと，二足歩行，複雑な言語的コミュニケーション，道具の使用などが挙げられる。なぜ，人間だけが毛が薄いのかについてまだ定説はない。しかし，何らかの性選択で淘汰が働いた可能性が高い。他の動物が鳴き声や縄張り，給餌活動，化学物質で配偶相手を引きつけるのに対して，人間の場合には顔が魅力の大きな要因になっていることが知られているので，外見が重要な異性選択要因として機能したことは十分に考えられる。

また，幼児期に養育されることが不可欠であるため，微笑みなどの機能が発達したと考えられている。つまり，幼児は微笑むことで養育者に養育したいという欲求を引き起こしているのである。同様にかわいいという感情を引き起こす身体的特徴のことを幼体図式・幼児図式（baby schema）と呼ぶ。特徴としては身体に比して大きな頭，大きな額，大きな眼，丸みのある体型，小さい口などがある。

実際，アニメのキャラクターなどをよく見てみると，この幼体図式が利用されていることがわかる。

言語獲得　動物においても，音声のコミュニケーションは知られているが，人間のように抽象概念を扱ったり，読んだり書いたりのような文字によるコミュニケーションを発達させている種は他にはない。

言語発達に関してはチョムスキー（Chomsky, 1965）が，人類に普遍的な文法構造が生得的に獲得されていると主張している。つまり，さまざまな言語が存在するが，その根底は共通であり，深層的な構造は同じと考えるのである。

普遍的な文法構造

その一方で言語獲得には臨界期があるという考え方もある。その手がかりとしては原野に捨てられたり，迷い込んだ，あるいは他の動物に育てられた野生児と呼ばれる社会から隔離されて育ったケースの報告がある。野生児としてはインドの狼少女アマラとカマラ，アヴェロンの野生児ビクトールなどが有名である。彼らの言語発達が十分でなかったことが指摘されているが，その真実性には疑問も投げかけられている。また言語発達の遅滞が，元々の知能発達の遅滞や自閉症であるための障害によるものであり，それゆえに捨てられたのではないかという疑いが残るのである。それに対して近年，人間の手によって社会から隔絶されたり，監禁された隔離児と呼ばれる子どもの報告が集まってきている。

言語獲得の臨界期

アヴェロンの野生児

1970年に13歳で救出されたジーニー（Genie）のケースでは言語を獲得すべき年齢時期に父親に監禁されていた。結局，彼女は救出後も言語の点で回復することができなかったのである。日本においても1972年，1年半にわたって父親に隔離され，母親に養育を放棄された5歳と6歳の姉弟が発見された報告がある。言語習得に臨界期があると考えると幼いほど第二言語の習得が容易で，大人になると困難になることが説明しやすい。ただし，ジーニーのケースにおいても隔離前の知的水準や精神疾患の有無などについて知られているわけではない。言語獲得のうまくいかない原因がどこにあるのかを簡単に断定できるわけではない。また，人間の能力の柔軟性を考慮すれば，言語臨界期があるとしてもすべての言語能力が損なわれたり，回復不能になるわけではないことに注意したい。

道具の使用　人は道具を作り，発展させてきた。単純な機械から知的な作業を肩代わりするコンピュータまで。従来であれば，知識は一部の限られた人たちしか手に入れることはできなかった。字を読み書きできること，高価だった書籍を購入できることなどの制約があった。しかし，教育が識字率を上げ，印刷術が書籍を安価にした。そして現在，インターネットがさらに簡単に知識を共有可能にしている。

このような状況の中で文化を創造したり，流行させていく単位としてドーキンス（Dawkins, 1991）はミーム（meme）という概念を提唱している。遺伝子が広がっていくのと同じように，ミームは人の思想を通じて拡散・共有されていき，淘汰と進化が文化を形成していく。たとえば，ある人があるファッションを思いついたとしよう。それは最初，その人の頭の中にしかない。しかし他のファッションよりも目を引くような利点があれば，他の人たちもそのファッションを採用するようになるだろう。つまり，そのファッションが良いという考え方・思想すなわちミームが進化的に有利になり，流行・伝播していくのである。このように人間が作り出す道具は物質的に形をとるものばかりではなく，思考や思想の単位としても広がり，脳の外側の世界にも影響する時代がきているのである。

ミーム

4 発達段階

1) 発達段階の意義

発達は，一定の順序と方向をもった変化であり，基本的には連続的かつ漸進的な過程である。しかし，発達的変化は平坦なものではなく，緩急のリズムや節目をもっている。すなわち，発達過程のある時期に特定の領域の発達が特に目立って観察されたり，構造的な変化が現れたりすることがある。このような顕著な変化，あるいは，ある一定の特徴を手がかりとして発達過程をいくつかの段階に区分することができるが，これを発達段階（developmental stage）という。

発達過程をいくつかの段階に区分し，それぞれの段階の特徴を明らかにできれば，親や教師にとって，発達の道筋や個々の子どもの理解が容易になり，その段階に応じた適切な育児や教育・指導が可能となる。また各発達段階を特徴づける構造の変化に注目し，複数の機能の間の相互関連を検討することによって，発達のメカニズムを解明する手がかりを得ることができる。

しかし，発達を段階区分によって理解しようとすることは，本来連続的であるものに不連続的なラベルを貼ることであるから，そこには次のような困難がつきまとう。

①ある段階から次の段階への変化は徐々に現れ，過渡期（移行期）が中間に挟まるため，両段階の間に明確な一線を引くのは実際には困難である。

②発達には個人差があるので，仮に，平均によってある年齢で一線を引いて特定の段階に当てはめようとしても，段階に当てはまらない例外が多く出る。

③段階区分は，多くの場合，1つか2つの顕著な精神的または身体的な機能に基づいてなされるが，どの機能に基づくかによって段階区分が異なり，総合的かつ普遍的な区分を得ることは困難である。

これまで多くの発達段階区分が試みられているが，その区分や名称が一致していないのは，上記のような難点があるためである。それにもかかわらず，私たちが発達を理解しようとするときに発達段階を利用するのは，先に述べた，教育上及び研究上の実際的利点があるからである。

2) 発達段階の種類

発達段階の区分の基準は，身体成長速度，知能，社会性，遊び，描画，読書興味など，さまざまなものが用いられており，その区分の仕方も千差万別である。以下に代表的な発達段階区分を見ていく。

一般的な発達段階区分　発達心理学では，胎生期，乳児期，幼児期（前期・

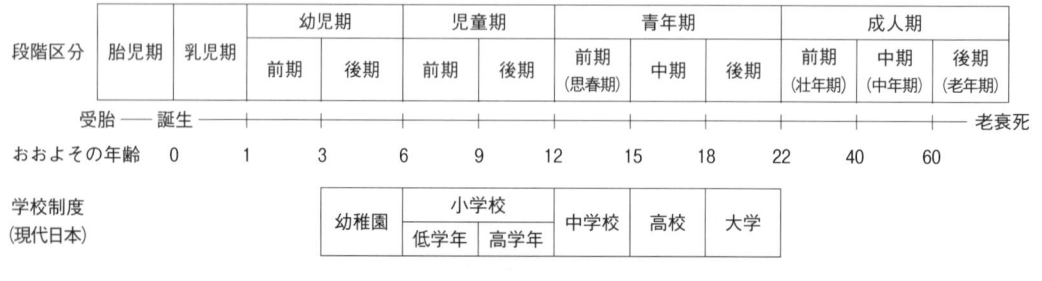

段階区分	胎児期	乳児期	幼児期		児童期		青年期			成人期		
			前期	後期	前期	後期	前期 (思春期)	中期	後期	前期 (壮年期)	中期 (中年期)	後期 (老年期)
	受胎—誕生											老衰死
おおよその年齢	0	1	3	6	9	12	15	18	22	40	60	

学校制度 (現代日本)				幼稚園	小学校		中学校	高校	大学
					低学年	高学年			

図6-4　一般的な発達段階区分と学校教育制度

後期），児童期（前期・後期），青年期（前期・中期・後期），成人期（前期・中期・後期）という6区分が用いられている。なお，誕生後最初の1か月を新生児期，青年期前期を思春期，成人期前期を壮年期，成人期中期を中年期，成人期後期を老年期と呼ぶことがある。この区分は，現行の学校教育制度や社会制度にも対応しており常識的でもあるので，心理学分野だけでなく，広く一般社会においても受け入れられている（図6-4）。

身体的発達を基準とする区分　身長や体重の増加速度，性的成熟などの身体的発達に着目して区分するもので，シュトラッツ（Stratz, C. H.）の区分が有名である。シュトラッツは，身長と体重の成長速度に注目し，身長の伸びが目立つ伸長期と体重の増加が目立つ充実期とが交互に出現するという事実に基づいて，次のような発達段階区分を行った（表6-1）。特に，親の身長に追いつき追い越す第2伸長期は，性的成熟を迎える思春期と重なり，身体面だけでなく，心理面でも大きな節目になる時期として注目される。

伸長期
充実期
均衡化
リビドー

表6-1　シュトラッツの発達段階区分

乳児期	中性児童期		両性児童期			成熟期
	第1充実期	第1伸長期	第2充実期	第2伸長期	第3充実期	
0～1歳	2～4歳	5～7歳	男：8～12歳 女：8～10歳	男：13～16歳 女：11～14歳	男：17～18歳 女：15～16歳	男：19～20歳 女：17～18歳

思考（知能）発達を基準とする区分　ピアジェ（Piaget, J.）は，思考（知能）の発達に注目し，その発達の過程は，それぞれの時期に固有の質的構造を基礎にもつ4つの基本的段階に区分できるとした（表6-2）。すなわち，感覚運動期，前操作期，具体的操作期，形式的操作期である。

ピアジェによると，発達段階は，普遍的順序性（出現順序が一定である），全体構造性（発達段階を特徴づける全体構造をもつ），前後の段階と統合性（後の段階はその前の段階から派生し，それを統合したものである），準備期と完成期（段階内には準備期と完成期がある），均衡化（段階は1つの均衡状態であり，段階間の移行の原理は均衡化による）という5つの基準を満たさなければならないとする。

性本能の発達を基準とする区分　フロイト（Freud, S.）は，人間の根源的な生きるエネルギー（性衝動）であるリビドー（libido）が段階をたどって次々と身体の部位（性感帯）に発現し，そのリビドーがどのように充足するかが後の人格形成の中心的動向を決定づけるとした（表6-3）。たとえば，乳児は何でも口に含み，しゃぶったり吸ったりするが，それは乳児にとって口唇は最も鋭敏な感覚器官であり，快感を得る身体部位だからである。

表6-2　ピアジェによる思考（知能）の発達段階
（野呂，1983）

基本段階			下位段階	
前論理的思考段階	感覚運動期	誕生～2歳	第1段階	反射の行使
			第2段階	最初の獲得性適応と第1次循環反応
			第3段階	第2次循環反応および興味ある光景を持続させる手法
			第4段階	第2次シェマの協応と新しい状況への適応
			第5段階	第3次循環反応と能動的実験による新しい手段の発見
			第6段階	心的結合による新しい手段の発明
	表象的思考期	前操作期　2～7歳	第1段階	前概念的思考段階
			第2段階	直観的思考段階
論理的思考段階		具体的操作期　7～11歳		物理的実在に限定した論理的思考
		形式的操作期　11～15歳		物理的実在から解放された抽象的思考

表6-3　フロイトの発達段階

口唇期：0～2歳
肛門期：2～3，4歳
男根期：3，4～5，6歳
潜在期：5，6～11，12歳
性器期：11，12歳～

5 発達課題

1）発達課題の意義

発達課題　発達課題（developmental task）とは，各発達段階（時期）において習得されねばならない課題を指す。発達課題は，各発達段階における発達の特徴の単なる記述ではなく，社会や文化から要請され，期待されている発達の水準であり，また，発達の目標である。ある発達段階でその課題を首尾よく達成できると，社会的承認を受け，本人に自信をもたらし，次の発達課題達成への意欲とレディネスを高める。しかし，その課題達成に失敗すると，社会からの不承認や拒否を受けるとともに，本人が劣等感をもち，その後の諸課題の習得や達成に困難をもたらしやすい。

言葉の習得という課題を考えてみよう。子どもは，だいたい1歳前後から有意味な言葉を話し始め，2歳台には，言葉の基本がほぼ形成される。しかし，その時期に言葉に接する機会がなく，その結果，言葉を学習することができなかった子どもは，その後で言葉に接する機会に恵まれたとしても，その習得はたいへん困難になり，言葉の学習という課題が完全に達成されることはないであろう。さらに，人間の生活において，言葉は，それ自体として重要であるばかりでなく，言葉を用いる他のさまざまな学習の手段になるため，幼児期における言語の習得という発達課題の失敗は，後の段階での種々の課題の達成に大きな影響を及ぼすことになる。

2）発達課題の種類

発達課題理論の第1のタイプは，発達課題をそれぞれの発達段階において学習すべき内容を示すものとするもので，ハヴィガースト（Havighurst, R. J.）がその代表である。第2は，発達課題をそれぞれの発達段階において形成・獲得すべき心理的特質とする理論であり，エリクソン（Erikson, E. H.）がその代表である。

ハヴィガーストの発達課題　発達課題という概念をはじめて提唱したハヴィガーストは発達課題の源泉を3つ挙げている。第1は身体成熟で，歩行の学習や，青年期における異性への関心などがその例である。第2は社会の文化的圧力で，読みの学習や市民としての社会への参加の学習などである。第3は個人的な動機や価値意識であり，服装の選択や準備，人生観の形成などがその例である。ハヴィガーストは，乳幼児期から老年期に至るまでの6つの発達段階それぞれに対応する身体運動技能，知識や判断などの認知的習得，パーソナリティ発達，各時期にふさわしい役割などを含んだ具体的な発達課題の内容を掲げている（表6-4）。

表6-4　ハヴィガーストの発達課題（山本，1983）

発達段階	発達課題
幼児期	歩行・摂食・会話・排泄の習慣をつける。肉親・兄弟その他の人々に親しみをもつこと。正邪の区別。単純な社会的・物理的概念の形成。その他
児童期	競技に必要な身体的技能の習得。同年齢の友人と仲よくできる。男女の社会的役割をおよそ理解する。読書・筆写・計算の基礎技術。良心・道徳・価値尺度の発達，社会集団や制度に対する態度・生活に必要な概念の発達。その他
青年期	同年齢の異性に対して新しい関係を作る。男女の社会的役割を知る。両親や成人からの情緒的独立。職業の選択と準備。結婚と家庭生活の準備。公民として必要な知識・概念をもつ。社会的に責任ある行動を望み，実行できるようになる。行動の指標となる価値体系及び論理的体系をもつ。その他
成人期	配偶者の選択。配偶者との生活に慣れる。育児，家庭管理。職業生活，社会的責任の負担。気の合った社会集団の発見。経済生活の基準の確立。その他
老年期	身体と健康の衰退に適応する。社会の恩に報いる。その他

エリクソンの発達課題　エリクソンは，自分の考えを発達課題と呼んでいるわけではない。しかし，自我と社会とのかかわりを重視したエリクソンの心理社会的発達（psychosocial development）理論の中核は，各発達段階で獲得される自我の特質であり，それぞれの発達段階で課題と呼ばれているのは，その段階で出会う，避けることのできない葛藤の解決や危機の克服のことである。こうした課題が特定の発達段階と密接に結びついており，課題への対処の仕方が後の段階での発達に影響を及ぼすとするエリクソンの理論も発達課題論と見なしてよいであろう。

エリクソンは，人生を8つの段階に分け，それぞれの段階での発達によって表れてくる自我の特質を，対極を構成する2つの概念で表している（表6-5）。この2つの概念は，各発達段階で出会う危機の解決に成功したときの心理的社会的な健康と，それに失敗したときの心理社会的な病態を示している。たとえば，0歳から1歳までの間に「基本的信頼」をもつことが子どもに課せられた課題であるが，もしそれに失敗すれば，「不信感」で特徴づけられる自己になってしまう。基本的信頼の獲得という課題は，不信という種をも内包した危機的な場面で達成されるのである。

表6-5　エリクソンの心理社会的発達課題（Erikson, 1950）

発達段階	発達課題と心理社会的危機
Ⅰ：乳児期	基本的信頼 vs. 不信
Ⅱ：幼児前期	自律性 vs. 恥・疑惑
Ⅲ：幼児後期	積極性 vs. 罪悪感
Ⅳ：児童期	勤勉性 vs. 劣等感
Ⅴ：青年期	自我同一性 vs. 自我同一性拡散
Ⅵ：成人前期	親密性 vs. 孤立
Ⅶ：成人中期（中年期）	生殖性（世代性）vs. 停滞性
Ⅷ：成人後期（老年期）	統合 vs. 絶望

3）ライフサイクル論と人生の危機

ハヴィガーストとエリクソンは，いずれも幼児期から老年期までの一生を網羅したライフサイクル論を展開しているものの，その関心は幼児から児童・青年を経て，大人になるまでの発達過程にあった。一方，成人からユング（Jung, C.G.）が思秋期と呼んだ初老期にかけての発達問題を研究したのがレビンソン（Levinson, 1978）である。特に成人男性の仕事や家庭をめぐっての課題について調査を行い，今日の成人男性の同一性問題に示唆を与えることとなった。

発達課題の失敗は大きな人生の危機となるが，森武夫（1985, 1996）は犯罪・非行に関する研究の中から危機理論を提唱し，その中で人生各期の危機を挙げている。

ライフサイクル論

危機理論
周辺人

思春期の危機　思春期においては，青年はまだ完全な大人ではない「周辺人」であり，これから大人にならなければならない存在である。大人になるための心理社会的課題として性役割不安（成熟した大人の男女になることへの不安），分離不安（親離れ不安），仲間入り不安（親から仲間や先輩との関係へと比重を移し替えることが困難），地位不安（生きがいを見出せない）などが課題として生じる。ここでうまく課題をこなせない場合には，反抗・暴力・バンダリズム（逸脱行動）・性の享楽・集団化など思春期特有の非行や不適応に陥るとされる。

アイデンティティの拡散

バンダリズム

中年期の危機　中年期は仕事や家庭，子どもの教育などのストレスにさらされる。家庭不和や会社の業績悪化，金銭ストレス，さらには体調不良などの危機がある。心身症やうつ病といった形で危機が表明されることも多い。

老年期の危機　老年期では退職後にアイディンティティ再確立に失敗する危機がある。仕事以外の役割をもてなかった仕事中毒のような人間の場合には過去の立場，たとえば，元部長や会長などに固執し，現在の不遇を愚痴として表出することがある。また，加齢による適応失敗の結果，保守的で新しいものを受け付けず，疑い深くなり，自己中心的で外界への関心を失ってしまうこともある。記憶や聴力，体力の減退，認知症不安など身体的な不安も生じてくる。

主要引用・参考文献

Ainsworth, M. S., Blehar, M. C., Waters, E., & Wall, S. (1978). *Patterns of attachment*. Erlbaum.
東 洋・繁多 進・田島信元（編）(1992). 発達心理学ハンドブック　福村出版
Bowlby, J. (1969). *Attachment and loss*. Hogarth Press.（ボウルビィ, J.（著）黒田実郎・大羽 秦・岡田洋子（訳）(1976). 母子関係の理論 I 愛着行動　岩崎学術出版社）
Dawkins, R. (1976). *The selfish gene*. Oxford University Press.（ドーキンス, R.（著）日高敏隆・岸 由二・羽田節子・垂水雄二（訳）(1991). 利己的な遺伝子　紀伊國屋書店）
Erikson, E. H. (1950). *Childhood and society*. W. W. Norton.（エリクソン, E. H.（著）仁科弥生（訳）(1977). 幼児期と社会 1・2　みすず書房）
Eysenck, M. W. (2000). *Psychology: A student's handbook*. Psychology Press.（アイゼンク, M. W.（著）山内光哉（監訳）(2008). アイゼンク教授の心理学ハンドブック　ナカニシヤ出版）
フォイエルバッハ, P. J. A.（著）中野善達・生和秀敏（訳）(1977). カスパー・ハウザー——地下牢の 17 年—（野生児の記録 3）　福村出版
藤永 保・斎賀久敬・春日 喬・内田伸子 (1987). 人間発達と初期環境—初期環境の貧困に基づく発達遅滞児の長期追跡研究　有斐閣
Gesell, A., & Thompson, H. (1929). Learning and growth in identical twins. *Genetic Psychology Monographs*, **6** (1), 1-124.
Harlow, H. F. (1958). The nature of love. *American Psychologist*, **13**, 673-685.
Havighurst, R. J. (1953). *Human development and education*. Green.（ハヴィガースト, R. J.（著）庄司雅子（訳）(1958). 人間の発達課題と教育　牧書店）
井上健治 (1979). 子どもの発達と環境　東京大学出版会
井上健治・久保ゆかり (1997). 子どもの社会的発達　東京大学出版会
Levinson, D. J. (1978). *The seasons of a man's life*. Knopf.（レヴィンソン, D. J.（著）南 博（訳）(1992). ライフサイクルの心理学〈上・下〉　講談社）
森 武夫 (1985). 現代型非行　馬場健一ほか（編）攻撃性の深層　日本人の深層分析 第 4 巻　有斐閣
森 武夫 (1996). かれらはなぜ犯罪を犯したか—8 人の鑑定ノートと危機理論　耕文社
Morris, D. (1984). *The naked ape*. Dell Publishing.（モリス, D.（著）日高敏隆（訳）(1999). 裸のサル—動物学的人間像　角川書店）
中西信男 (1995). ライフ・キャリアの心理学—自己実現と成人期—　ナカニシヤ出版
西本武彦・大藪 泰・福澤一吉・越川房子（編）(2009). 現代心理学—進化と文化のクロスロード—　川島書店
野呂 正 (1983). 思考の発達　野呂 正（編）幼児心理学　朝倉書店
岡本夏木・清水御代明・村井潤一（監修）(1995). 発達心理学辞典　ミネルヴァ書房
Portmann, A. (1951). *Biologische Fragmente zu einer Lehre vom Menschen*.（ポルトマン, A.（著）高木正孝（訳）(1961). 人間はどこまで動物か—新しい人間像のために—　岩波書店）
Rymer, R. (1993). *Genie: An abused child's flight from silence*. Harper Collins.（ライマー, R.（著）片山陽子（訳）(1995). 隔絶された少女の記録　晶文社）
Schmarlohr, E. (1968). *Frühe Mutterenbehurung bei Mensch und Tier. Entwicklungspsychologische Studie zur Psyhohygiene der frühen Kindheit*.（シュマールオア, E.（著）西谷謙堂（監訳）(1975). 子にとって母とは何か—サルとヒトとの比較心理学—　慶応通信）
Singh, J. A. L., & Zingg, R. M. (1966). *Wolf-children and feral man*. Archon Books.（シング, J. A. L. & ジング, R. M.（著）中野善達・清水知子（訳）(1977). 狼に育てられた子—カマラとアマラの養育日記（野生児の記録 1）　福村出版）
鈴木光太郎 (2008). オオカミ少女はいなかった—心理学の神話をめぐる冒険—　新曜社
Watson, J. B. (1930). *Behaviorism* (revised ed.) University of Chicago Press.
山本多喜司（編）(1983). 児童心理学図説　北大路書房
山崎晃資 (2005). 発達障害と子どもたち　講談社

自己とパーソナリティ（人格心理学） 7

1 自己とは

「私」とは誰か 「Who am I?(私は誰でしょう?)」自分自身に対してこのように問いかけたとしたら、あなたは何と答えるだろうか。「私は学生である」「私は男である」「私は優柔不断だ」「私は口数が少ない方だ」「私は音楽をきくのが好きだ」……。おそらく、回答の内容は人によってさまざまであり、一人ひとり異なる「私」が、そこには現れるだろう。

この「私」とは一体何なのだろうか。人は多かれ少なかれ、このような「私」についての思いをめぐらせる。「私」とは一体どんな人物で、他の人とはどのように異なるのだろう。そして、他の人から「私」はどのように見えているのだろう。そこに浮かぶ「私」の姿に、人はときに悩んだり、ときに誇らしく思ったりもする。「私」とは人間にとって最も身近で、重要なテーマの1つである。しかし、同時にそれは非常に複雑で、難解なものでもある。ここでは、その「私」すなわち、「自己」の問題について見ていく。

自己の二重性 「私」について考えるとき、私たちはさまざまな「私」の姿をそこにイメージすることができる。しかし、そのイメージされた「私」とは別に、そのとき「私」について考えているのもまた"私"であることに気づくこともできるだろう。この2つの「私」と"私"は、厳密には異なるものであり、一方は考えられる客体として、もう一方は考える主体として存在している。自己にはこういった2つの側面、すなわち客体としての「私」と、主体としての"私"が存在する。

心理学の領域で、この自己の二重性について最初に論じたジェームズ(James, 1892)は、こういった客体としての「私」と主体としての"私"を区別し、前者を「客我(self as known, Me)」、後者を「主我(self as knower, I)」と呼んでいる。最も広く捉えた場合、客我には、人が「私のもの」と呼びうるすべてのものが含まれる。そして「物質的客我」「社会的客我」「精神的客我」の3つの側面が存在すると考えられている。「物質的客我」とは、自分の身体をはじめ、衣服や家族、財産などであり、「社会的客我」とは自分がかかわりをもつ人たちからもたれているイメージのことである。また、「精神的客我」とは自分の意識状態や心的能力や傾向などを含んでいる。

一方、主我は考える主体である。自己について考えるとき、そこには確かに考える主体としての"私"が存在するのは誰でも感じることができるだろう。また、日々さまざまな行動をしているのも"私"である。しかし、それは捉えようとすると、途端に客体すなわち客我となってしまい、非常につかみどころのない存在でもある。そのため自己の問題として心理学の実証的研究で扱われる「自己」の多くは、客我の部分であるともいえるだろう。

自己概念の構造と多面性 自己を客体として捉えた概念のことを、一般に自己概念と呼ぶ。人はさまざまな経験を通して、「私は○○である」といった形で、自己を概念化して捉えている。この自己概念には、ジェームズ(1892)が客我の側面として3つの側面を指摘したように、自分の性格や好み、能力や外見的特徴などさまざまな側面や内容が含まれており、その構造は複雑である。たとえば、シェイベルソンら(Shavelson et al., 1976)は、図7-1のように階層的な構造を

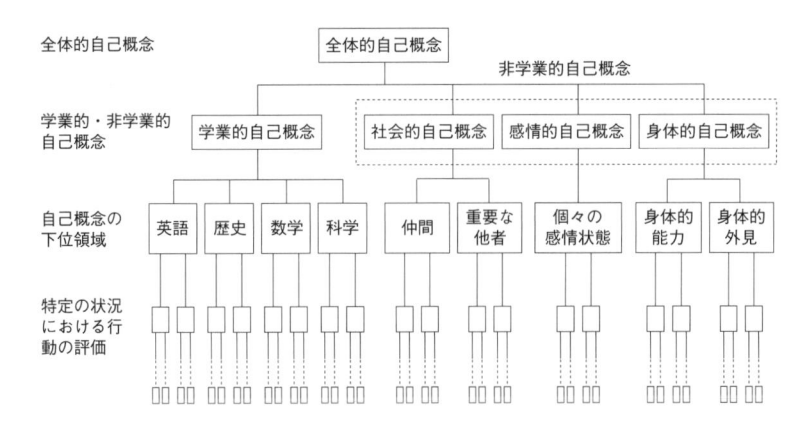

```
                          全体的自己概念
全体的自己概念
                ┌─────────────┼─────────────┐
学業的・非学業的   学業的自己概念          非学業的自己概念
自己概念                    ┌──────────┬──────────┐
                      社会的自己概念  感情的自己概念  身体的自己概念
自己概念の      ┌──┬──┬──┐  ┌──┐  ┌──┐   ┌──┐   ┌──┐  ┌──┐
下位領域       英語 歴史 数学 科学 仲間 重要な 個々の  身体的 身体的
                              他者 感情状態 能力   外見
特定の状況
における行
動の評価
```

図7-1　シェイベルソンら（Shavelson et al., 1976）による自己概念のモデル

した自己概念のモデルを提案している。そこでは，全体的な自己概念の下に，学業的自己概念や社会的自己概念，感情的自己概念，身体的自己概念などが配置されている。また，山本ら（1982）の大学生を対象とした研究でも，自己認知の諸側面として社交・スポーツ能力・知性・優しさ・性・容貌・生き方・経済力・趣味や特技・まじめさ・学校の評判といった複数の側面の存在が指摘されている。いずれにしても，自己概念がこのように複数の側面を含み，多面的な構造をしていることは共通しているといえるだろう。

自己概念の形成　こういった複雑な自己概念の形成には，さまざまな要因が影響を与えている。そのため，個人によっても自己概念は当然異なるが，年齢や文化などの違いによっても，その特徴が異なってくることが指摘されている。

　自己概念を把握する方法の1つに20答法（Twenty Statements Test）と呼ばれるものがある。これは，本章の冒頭に書いたように「Who am I?（私は誰でしょう）」という問いに対して，「I am＿＿＿（私は＿＿＿）」に続く形で20個の答えを書いてもらう方法である。この方法を用いて10歳から18歳までの自己概念の発達的変化を検討した研究（Montemayer & Eisen, 1977）によると，記述される内容は，年齢の上昇に伴って「所有物」や「身体的な自己概念」などの外面的な内容についての記述は減っていく一方，「自己決定の感覚」や「対人関係のタイプ」などの内面的で主観的な記述は増えていくことが示されている。日本でも山田（1989）などによってこれと同様の傾向が示されており，自己概念が発達により複雑に変化していくことがわかる。

　また，日本と米国でそれぞれ20答法を実施した研究では，書かれる記述の内容などで両者に異なる傾向が見出されている（Cousins, 1989）。自己をどのように捉えるかには，その人が所属している文化や社会が大きく影響を与える。これは文化的な自己観の違いとしてたびたび論じられる。たとえば，欧米などでは，自己は他者から切り離された存在として捉えられており，状況などからは独立した形で個人のもつ属性として定義されることが多い。しかし日本など東洋の文化では，他者との関係性の中で自己が定義されることが多く，両者の自己観は大きく異なっている。一般に前者は相互独立的自己観，後者は相互協調的自己観と呼ばれている（Markus & Kitayama, 1991）。

20答法

文化的自己観

2 自己の評価と機能

自尊感情・自己評価 自己がどのように記述されるかという自己の概念的な側面とともに重要なのが，自分をどのように評価しているのかといった自己に対する評価的な側面である。これは自尊感情（自尊心）や自己評価と呼ばれている。自尊感情とは，自己に対する肯定的もしくは否定的態度として定義されている（Rosenberg, 1965）。自己評価もこれとほぼ同義で用いられることが多く，ここでもあまり区別せずに用いるが，榎本（1998）では自己の記述的側面に対する具体的な評価が自己評価であり，多くの自己評価的経験の積み重ねとして形成された自己評価的な感情複合体が自尊感情であると整理されている。

自己評価の視点 では，自己に対する評価はどのようにして形成されるのだろう。ジェームズ（James, 1892）は，これを「自尊心＝成功／願望」といった式で表現している。自己に対する評価の高さを決めるのは，実際にどの程度成功したり，素晴らしい能力をもっていたりするかだけではなく，自分の願望も非常に重要な要素となるのである。

また，自己の評価には，単に「現在の自分はどうか」という視点だけではなく，多様な視点が存在する（榎本, 1998）。たとえば時間軸を導入すれば，そこには過去の自己の姿や，未来の自己の姿などが現れる。さらに，自分自身が自己をどう見るかだけではなく，親や周囲の友人などの他者によってどう見られているかといった視点も重要なものである。そして，こうありたいと思う自己の姿，こうあらねばならないと思う自己の姿なども，実際の自己の姿とは別に存在する。これらは自己に対する評価に密接に関連している。

こういった複数の視点から見た自己の間の一致や不一致に注目した研究も多く行われている。特に，理想とする自己の姿（理想自己）と，実際の自己の姿（現実自己）との間の不一致が，不適応と関連しているという指摘は多く見られる。たとえば，ロジャース（Rogers, 1951）は，カウンセリングの開始時には大きかったクライエントの理想自己と現実自己との間のずれが，カウンセリングが進むにつれて小さくなっていくことを指摘している。また，ヒギンズ（Higgins, 1987）は，現実自己と，理想自己やこうあらねばならないと思う義務自己と間の不一致に注目をし，自己不一致理論（self-discrepancy theory）を提唱している。

自己不一致理論

自己評価の基準 自己の評価を行う際には，何らかの基準や手がかりが必要である。しかし，自己の能力の高さや意見の適切さなどを評価する際には，客観的な評価基準が存在しない場合も多い。そのため，人は身近な他者との比較をすることによって，自己の評価を行っているとフェスティンガー（Festinger, 1954）は指摘する。人は，自分よりも劣った他者と比較（下方比較）を行い，自己を相対的に高く評価しようとすることもあれば，自分よりも優れた他者との比較（上方比較）を行い，自己評価を低下させてしまうこともある。こういった他者との比較に関するプロセスは，社会的比較と呼ばれている。社会的比較に関する研究では，自己に脅威がある場合に，自己評価を維持するために下方比較が用いられやすいことや，上方比較も自己をより高めようとする動機づけにつながる場合があることなどが指摘されている。

社会的比較

この社会的比較に関連して，テッサー（Tesser, 1988）は，人には自己評価を

維持しようとする動機があると指摘し，自己評価維持モデルと呼ばれる考え方を提唱している。そこでは，比較する他者と自己との「心理的な距離」，比較する課題や側面が自分にとって重要かどうかという「自己関与度」，他者の行う「パフォーマンス」という3つの要因によって自己に対する評価が構成されると仮定されている。そして比較過程と反映過程という2つのプロセスを想定する。たとえば，友人などの身近な他者が，素晴らしいパフォーマンスをあげた場合にも，自己関与度の高さによって自己評価に与える影響は異なってくる。もしもそれが自己関与度の高い課題であった場合，友人の高いパフォーマンスは自己にとっては大きな脅威となり，自己評価を低下させる要因となる。しかし，もしその課題が自分にとってさほど重要ではない場合には，身近な他者の高いパフォーマンスは自分にとっても誇らしく，自己に対する評価感情を高める要因にもなりうる。この場合の前者が比較過程，後者が反映過程である。

自己評価維持モデル

　また，こういった比較は「他者」を基準とするだけでなく，「過去の自己」を基準とする場合もあるといわれている。たとえば「過去の自己」よりも「現在の自己」の方が優れていれば，自己の成長が実感できるため（現在の自己に対する）自尊感情は高く維持されるだろう。また，過去から現在まで自己が一貫していることも，自己にとっては重要な意味をもつ。こういった過去との比較は，社会的比較に対応して継時的比較と呼ばれている。

　自己評価と認知　ところで，自己評価維持モデルからも推測されるように，自己評価は必ずしも正確に行われているわけではない。たとえば，人は望ましい結果の原因を自分に，望ましくない結果の原因を外的な要因に帰属するなど，自己に都合のよい形で物事を解釈する利己的帰属（self-serving attribution）の傾向があることが指摘されている。また，テイラー（Taylor, 1989）は，人は現実よりも肯定的な方向に偏った形で自己を評価することがあると指摘し，この肯定的な幻想（positive illusion）が精神的健康にも関連していると指摘している。

利己的帰属

　また，人がどのような自己概念をもっているかが，その人の行う認知などにも影響を与える場合があることも指摘されている。マーカス（Markus, 1977）は，自己に関する知識は，それぞれバラバラに保持されているわけではなく，構造的なまとまりをもった形で構成されているとし，これをセルフ・スキーマと呼んだ。セルフ・スキーマはさまざまな事象の認知において準拠枠となり，情報はスキーマに沿った形で収集され，処理される。たとえば，「自分は外向的な人間である」というスキーマをもっている人はそうでない人よりも，外向的かどうかについての判断に要する時間は短く，そして自身の外向的な行動に関する記憶を多く保持していると考えられる。

セルフ・スキーマ

　また，自己概念や自己評価には，自分がこれまでどういう行動や経験をしてきたかという過去の記憶も重要な役割を担っている。しかし，現在の自己に対する認知や評価が，この過去の記憶をゆがめる場合もある。たとえば，ロス（Ross, 1989）によれば，現在ある考えに賛成の立場をとっている人は，たとえ実際は過去に反対の立場をとっていたとしても，過去の自分も賛成の立場であったと想起する傾向があると指摘されている。

　ここで紹介してきた自己評価に関する種々の現象や傾向は，欧米で研究されてきたものが多く，そのため文化的な違いによって必ずしも日本でも当てはまるとは限らない。しかし，自己評価が正確な事実の反映とは限らず，さまざまな動機づけや認知的なゆがみによって形成されうることは重要な点であるといえるだろう。

3 パーソナリティとは

「彼は非常に真面目だ」とか「私はあまり社交的な方ではない」といったようないわゆる「性格」に関する表現は日常的にもさまざまな場面で用いられている。この「性格」と呼ばれる現象は，心理学の領域では主にパーソナリティ（personality）と呼ばれている。本節からは，このパーソナリティに焦点を当て，それが心理学でどのように捉えられているのかについて見ていく。

パーソナリティ（人格）

パーソナリティの定義　オルポート（Allport, G. W., 1961）によれば，パーソナリティとは，「個人の中にあって，その人の特徴的な行動と考えとを決定するところの，精神身体的体系の動的組織」である。パーソナリティの定義は，これ以外にも無数に存在するが，平易な言い方をすれば，その人の行動にその人らしさを与えるものであり，時間や状況を通じてある程度の一貫性をもつものであるということができるだろう。たとえば，「真面目な性格の人」は，真面目ではない他の人とは異なる行動をとることが多く，それは状況が異なっても，また時間が経ってもある程度一貫して見られるはずである。そういった行動傾向の背景にあるものがパーソナリティである。

キャラクター（性格）

このパーソナリティとよく似た言葉に，キャラクター（character）という言葉がある。両者は非常に似た概念であり，区別されずに用いられることも多いがそれぞれは異なるニュアンスを含んでいる。まず，パーソナリティは，語源をたどるとラテン語の「persona」という言葉につながっている。これは，もともとは劇で用いられる「仮面」を意味し，やがてその仮面をつけている役者や役者の内的性質も意味するようになっていった言葉である。一方，キャラクターの語源は，ギリシア語の「刻まれたもの，彫りつけられたもの」という意味の言葉であり，石などに文字や印を刻みつけた「標識」を表していた。その語源からもわかるように，パーソナリティに比べてキャラクターには容易に変化しない固定的なニュアンスが含まれている。また，英語の character には，その言葉自体によい意味で個性的であるといったような価値評価が含まれている。そのため，近年ではキャラクターよりもパーソナリティという言葉が用いられている。

また，同様に個人の行動や反応の特徴を表す概念として気質（temperament）という言葉が用いられることもある。気質は，もともとは後述するような体液の混合を意味する言葉からきている用語である。そのため，どちらかというと生物学的な基礎をもち，遺伝的影響が強いと考えられる概念である。

パーソナリティ研究の歴史　人のパーソナリティに対する関心は，古くから存在しており，古代ギリシアの哲学者をはじめさまざまな研究者によって論じられてきた。たとえば，紀元前4世紀頃，テオプラストス（Theophrastos）は，その著書『人さまざま』の中で「おしゃべり」「恥知らず」「けち」「お節介」「へそまがり」など，さまざまなタイプのパーソナリティについての記述を残している。これはパーソナリティに関する最古の描写であるが，そこに描かれる人物像は現在にも通じるところがあり，非常に興味深いものである。

また，それから数百年後の2世紀頃に現れたガレノス（Galenus）は，人間の体には4種類の体液（血液，黒胆汁，黄胆汁，粘液）があるとのヒポクラテス（Hippokratēs）の説に基づいて，多血質，黒胆汁質，胆汁質，粘液質という4つ

のタイプの気質を挙げている。この4分類は，その後の研究にも大きく影響を与えている。また，このようにいくつかのタイプを設定し，パーソナリティを捉えようとする考え方は，パーソナリティの類型論として現代においても受け継がれている。

パーソナリティの類型論 パーソナリティの類型論とは，パーソナリティに関していくつかの典型的なタイプ（類型）を設定し，そのタイプのいずれかに分類することによって人のパーソナリティを把握しようとする考え方である。

類型論

類型論による代表的な理論には，クレッチマー（Kretschmer, 1921）によるものが挙げられる。クレッチマーは，主な精神病の患者の観察から，分裂病（現在では統合失調症と呼ばれる）や躁うつ病，てんかんといった精神疾患に関連したパーソナリティや体型が存在することを見出した。そしてそれらをまとめ分裂気質，循環気質，粘着気質というパーソナリティのタイプを提案している（図7-2）。ただし，クレッチマーの理論は，これらのパーソナリティや体型，精神病の間に因果関係があることを示しているわけではない点は注意が必要である。

また，シェルドンら（Sheldon & Stevens, 1942）はクレッチマーの理論をもとにして，一般成人を対象に内胚葉型（≒循環気質），中胚葉型（≒粘着気質），外胚葉型（≒分裂気質）という3つの主要な体格の次元を提案している。そして，それぞれ内胚葉型には内臓緊張型（安楽を好む），中胚葉型には身体緊張型（騒々しく，攻撃的），外胚葉型には頭脳緊張型（緊張しやすく，孤立しがち）という関連の深いパーソナリティのタイプを挙げている。これは，クレッチマーの理論を支持するものである。

他にも，類型論によってパーソナリティを把握する考え方は複数見られる。たとえば，ユング（Jung, C. G.）は興味や関心などが自分の外側の客観的経験に向かうか，それとも自分の内側の主観的経験に向かうかによって外向型，内向型といった2つのタイプを提案している。また，生活のどの領域に重きを置いているかによって，6つのタイプ（理論型，経済型，審美型，宗教型，権力型，社会型）を提案しているシュプランガー（Spranger, E.）による理論もある。

類型論は，人のもつパーソナリティの全体像を把握する上では，理解や解釈が容易であるという点で優れている。それは古くから類型論的な考え方が多くなされてきたことからもいえるだろう。しかし，同じタイプの中であっても，個人はそれぞれ異なる特徴をもっているはずであるが，分類することでそういった違いが軽視されやすくなってしまうことや，少数のタイプしかないため，典型像にあてはまらない中間的なタイプが無視されるなどの短所も存在する。

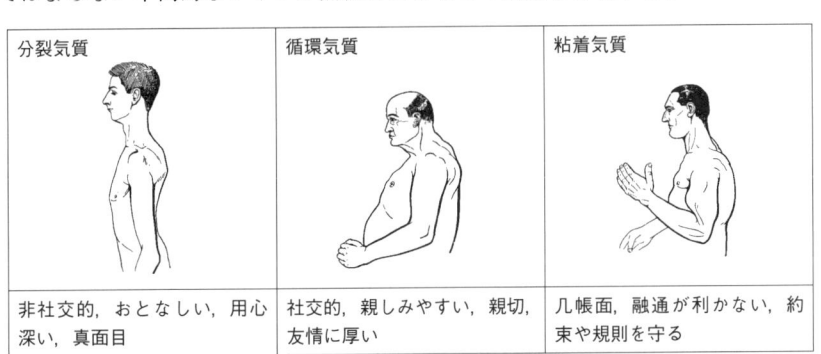

分裂気質	循環気質	粘着気質
非社交的，おとなしい，用心深い，真面目	社交的，親しみやすい，親切，友情に厚い	几帳面，融通が利かない，約束や規則を守る

図7-2 クレッチマーの類型論（Kretschmer, 1921をもとに作成）

4 パーソナリティの理論

パーソナリティの特性論　パーソナリティの類型論とともに，パーソナリティの捉え方として代表的なものに，パーソナリティの特性論と呼ばれるものがある。これは類型論のようにタイプに分けてパーソナリティを捉えるのではなく，「真面目さ」や「社交性」といったような多くの人が共通してもっているパーソナリティ特性を複数設定し，それぞれの量的な違いによって個人を記述しようとするものである。

特性論に関する研究は，オルポート（Allport, G. W., 1961）による研究がその始まりであるといわれている。オルポートは，個人間のパーソナリティの差異の比較や識別に関係する性格特性を「共通特性」と呼び，その人をその人として特徴づける個人内の構造を「個人的傾性」と呼んだ。オルポート自身はこのうちの「個人的傾性」も重視したが，特性論の研究で扱われるのは主に「共通特性」である。

その後，語彙に関する研究や因子分析を用いた研究を中心に，特性論の研究は発展していった。たとえば，オルポートとオドバート（Allport & Odbert, 1936）は，パーソナリティを記述する言語を分類し整理することによって，重要なパーソナリティの次元を見出せると考え，辞書から約18000語の特性語を選出してリストを作り，その分類を試みている。また，キャッテル（Cattell, 1946）はオルポートらが作成したリストから出発して多くの特性語を抽出し，それらについて因子分析を行うことによって16の因子（特性）を見出している。

ビッグ・ファイブ（5因子モデル）　特性論においては，いくつの特性があると仮定してパーソナリティを理解するのかは，重要な論点の1つである。これまでにもさまざまな特性数が提案されてきたが，その中で代表的なモデルの1つがビッグ・ファイブ（Big-Five）もしくは5因子モデルと呼ばれる考え方である。これは，人間のパーソナリティ特性を5つの特性（因子）によって包括的に表現するものであり，近年多くの支持を得ているモデルである。

ここでいう5つの特性とは，①神経症傾向・情緒不安定性（Neuroticism），②外向性（Extraversion），③開放性（Openness to experience），④調和性（Agreeableness），⑤誠実性・勤勉性（Conscientiousness）である（Costa & McCrae, 1985）。この5つの特性は，国や文化が異なっても同様に観察されることが指摘されており，実際日本でも多くの研究が行われている（辻，1998）。

なお，表7-1には，Big-Five に基づいた尺度（和田，1996）の短縮版（Tani et al., 2010）の例を示した。それぞれ「あてはまる」から「あてはまらない」までの5段階で回答することで，5つの特性それぞれの得点を算出できるようになっている。各特性の内容は，上に挙げた特性の名称のみから推測するのではなく，具体的な項目を確認した方が理解しやすいだろう。

特性論は，類型論に比べて数量的な検討に適していることや，類型論では捉えきれなかった個人の違いを要素に分けて細かく記述できることが特長として挙げられる。しかし一方で，細かな記述が可能な分，特性が多くなればなるほどその構造は複雑になり，個人のパーソナリティの全体像を理解するのは難しくなるという側面も指摘できる。

以下の言葉は，それぞれあなたにどの程度あてはまると思いますか。「あてはまる」から「あてはまらない」までの中から1つ選び，数字に○をつけてください。
【選択肢】
1. あてはまらない　2. あまりあてはまらない　3. どちらともいえない
4. ややあてはまる　5. あてはまる

(1) 無口な*	(11) 話好き	(21) 陽気な
(2) いい加減な*	(12) 成り行きまかせ*	(22) 計画性のある
(3) 不安になりやすい	(13) 弱気になる	(23) 憂鬱な
(4) 多才の	(14) 独創的な	(24) 興味の広い
(5) 短気*	(15) 温和な	(25) 自己中心的*
(6) 社交的	(16) 外向的	(26) 軽率な*
(7) ルーズな*	(17) 怠惰な*	(27) 好奇心が強い
(8) 心配性	(18) 緊張しやすい	(28) 親切な
(9) 進歩的	(19) 頭の回転の速い	(29) 几帳面な
(10) 怒りっぽい*	(20) 寛大な	

外向性：(1) (6) (11) (16) (21)，誠実性：(2) (7) (12) (17) (22) (26) (29)
情緒不安定性：(3) (8) (13) (18) (23)，開放性：(4) (9) (14) (19) (24) (27)
調和性：(5) (10) (15) (20) (25) (28)　　＊がついている項目は逆転項目

表7-1　Big-Five 尺度短縮版（和田，1996；Tani et al., 2010）

さまざまなパーソナリティ理論　パーソナリティに関する理論は他にも多く提案されている。たとえば，ケリー（Kelly, G. A.）はパーソナルコンストラクト理論（personal construct theory）と呼ばれる理論を提唱し，特性論や類型論とは異なったアプローチによってパーソナリティの把握を試みている（若林，1992）。ケリーによると，人はさまざまな現象を経験していくなかで，周囲の環境を解釈し，予測するための個人的な枠組みを形成している。そして，この個人が世界を捉える認知的な枠組みのことをコンストラクト（construct）と呼び，このコンストラクトの構造を捉えることが，パーソナリティを理解することであるとしている。また，この個人のコンストラクトの内容や構造を測るために，役割構成概念レパートリーテスト（role construct repertory test）と呼ばれるテストも開発されている。

また，ミッシェル（Mischel, W.）は，安定的で一貫した行動の背景にパーソナリティが存在するという従来の考え方に疑問を呈し，状況を超えた行動の一貫性はほとんど見られないと指摘した。また，特性論で用いられているパーソナリティ特性に関しても，人の行動の法則性や内的構造を表すのではなく，人の外界を系統的に捉えるための記述カテゴリを表すものであると論じた。これらは，一貫性論争と呼ばれる大きな論争を引き起こした（渡邊，2010）。

クロニンジャーら（Cloninger et al., 1993）による理論では，性格と気質が明確に区別され，「自己管理」「協調性」「自己卓越性」という3つの性格と「新奇性追求」「損害回避」「報酬依存」「固執性」の4つの気質による7次元のモデルが提案されている。このうち，気質に関しては，「新奇性追求」がドーパミンと関連し，「損害回避」はセロトニンと関連しているなど，神経伝達物質との関連が想定されている。この理論に基づく尺度（TCI：Temperament and Character Inventory）も開発されている。

パーソナルコンストラクト理論

一貫性論争

TCI

5 自己・パーソナリティの測定

自己やパーソナリティを測定するための試みも，さまざまな形で行われている。この章では，最後にその測定法について見ていく（図11-1（p.131）も参照）。

質問紙法，評定尺度法　**質問紙法**　前頁のBig-Five尺度短縮版（表7-1）のように，紙に印刷された複数の質問に対して回答を行う方法を質問紙法と呼ぶ。「あてはまる」「あてはまらない」などの選択肢から回答を選ぶ形で行われることが多く，質問紙法は実施や採点が比較的容易にでき，集団でも実施しやすいという特徴を備えている。質問紙法によるパーソナリティ検査には主なものにYG（矢田部・ギルフォード）性格検査やMMPI（Minnesota Multiphasic Personality Inventory）などがある。

YG性格検査は，ギルフォード（Guilford, J. P.）が考案した検査をもとに，日本で開発された検査であり，さまざまな場面で多く用いられている。検査は120項目の質問文から構成されており，「はい」「いいえ」「どちらでもない」の3件法によって回答する形式をとっている。結果は，抑うつ性（D）や協調性（Co），攻撃性（Ag）など12の特性の得点によって示されるとともに，それぞれの得点の傾向から平凡型（A型）や不安定積極型（B型）など5つのタイプに被検者を分類し，解釈することもできるようになっている。

また，MMPIとは，ハサウェイ（Hathaway, S. R.）とマッキンリィ（McKinley, J. C.）によって作成された検査である。550項目の質問文から構成されており，回答者はそれらに対して「あてはまる」か「あてはまらない」（もしくは「どちらともいえない」）のいずれかを選ぶように求められる。MMPIには，反応のゆがみや偏りに関する4種類の妥当性尺度と，心気症や抑うつ，ヒステリーなどのパーソナリティ傾向や精神病理に関連する10種類の臨床尺度が用意されており，それらの得点をもとに解釈が行われる。なお，現在は改訂が加えられたMMPI-2が作成されている。MMPI-2は，全部で567項目から構成されており，尺度も3種類の妥当性尺度と10種類の臨床尺度に加えて，尺度の内的整合性も考慮した15個の内容尺度（不安や恐怖，怒り，自尊感情の低さ，社会への不満など），それらを補う18種類の補助尺度が開発されている。

また，この他にも質問紙法による測定は，研究場面を中心に多く用いられている。自尊感情を測定する自尊感情尺度（Rosenberg, 1965）や，Big-Five尺度（和田，1996）などはよく利用される尺度の1つといえるだろう。

投映（投影）法　**投映（投影）法**　投映法とは，多義的で曖昧な刺激を呈示し，被検者に何らかの反応を求める方法である。質問紙法と比べて回答の自由度が高く，本人の意識していない部分も含めて豊富な情報を得られることも多いが，解釈に熟練を要する場合が多く，場合によっては主観的な解釈にも陥りやすいという特徴をもっている。また，心理臨床の現場で用いられることも多い方法である。投映法の心理検査には，ロールシャッハ・テストや文章完成法，描画法などが含まれる。

ロールシャッハ・テストは，ロールシャッハ（Rorschach, 1921）によって作成されたインク・ブロットを用いたテストである。図7-3のような左右対称のインクのしみのような模様が描かれた10枚の図版を用いて，それが何に見えるかを被検者に尋ねていく。分析の方法にはさまざまなものが考案されており，日本でも片口法（片口，1987），包括システム（Exner, 2003），そして精神分析的な

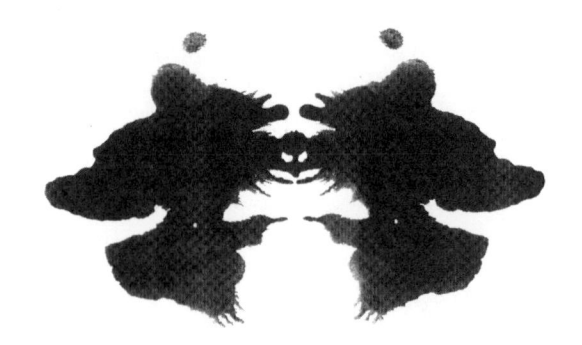

図7-3　ロールシャッハ・テストに似たインク・ブロットの例（黒田, 2003）

視点に基づいた継起分析（馬場, 1999）などがある。

　文章完成法（sentence completion test；SCT）は，「子どもの頃，私は＿＿＿」のような未完成の文が刺激として呈示され，その続きを自由に書いてもらう心理検査である。呈示される刺激文は，種々の対人関係や価値観，自己概念などのさまざまな領域に関する内容から構成されており，それらに対する感情や葛藤が反映されやすいものとなっている。解釈には，書かれた文の長さや反応時間，文法的な誤りなどに注目をする形式的な分析，全体的な印象や書かれた文の内容（どういったカテゴリに入るか）に注目する内容的な分析などがある。

　また，被検者に何らかの絵を描いてもらうことによってパーソナリティを捉えようとする検査を総称して描画法と呼ぶ。描画法には，「実のなる木を描いてください」といった教示をし，樹木の絵を描いてもらうバウム・テストや，家（house），木（tree），人（person）の3つを順にそれぞれ1枚の画用紙に描いてもらうHTPテストなど，描くものなどによってさまざまな種類がある。

　投映法には，この他にも多様な刺激や反応を利用した検査が多く開発されている。たとえば，さまざまな場面が描かれた20枚の絵画を呈示しそれをもとに自由に物語を作ってもらうTAT（主題統覚検査：thematic apperception test）や，欲求不満を喚起させられる場面が描かれたイラストを呈示し，空白の吹き出しの中に登場人物の台詞を自由に書き込んでもらうP-Fスタディ（絵画欲求不満テスト）などは代表的な検査である。

作業検査法　　作業検査法とは，被検者に一定の作業を行ってもらい，そのパフォーマンスによってパーソナリティなどを推測する方法である。主なものには，内田クレペリン作業検査法がある。これは，日本独自に発展した検査であり，1桁の加算作業を繰り返し，その作業成績（作業曲線）からパーソナリティにアプローチするものである。検査は前半15分，休憩5分，後半15分で実施される。その間，隣どうしの数字を足した結果を記入していくという作業を，1分ごとに行を変えながら行っていく。解釈は作業量だけでなく，誤答の多さや曲線の大きな落ち込み，突出の有無などをもとに行われる。

作業検査法

　いずれの測定方法も，それのみで個人の自己やパーソナリティのすべてを把握することは困難である。そのため，個人を理解するためには複数の検査を組み合わせて実施する必要がある。また，検査の背景にある理論などについても十分理解した上で用いることが重要である。

テストバッテリー

主要引用・参考文献

Allport, G. W. (1961). *Pattern and growth in personality*. Holt.（オルポート，G. W.（著）今田　恵（監訳）星野　命・入谷敏男・今田　寛（訳）(1968). 人格心理学　上　誠信書房）

Allport, G. W., & Odbert, H. S. (1936). Trait-names: A Psycholexical study. *Psychological Monographs*, **47**（whole No.211）.

馬場禮子 (1999). 改訂 ロールシャッハ法と精神分析―継起分析入門　岩崎学術出版社

Cattell, R. B. (1946). *The description and measurement of personality*. World Book.

Cloninger, C. R., Svrakic, D. M., & Przybeck, T. R. (1993). A psychobiological model of temperament and character. *Archives of General Psychiatry*, **50**, 975-990.

Costa, P. T. Jr., & McCrae, R. R. (1985). *The NEO Personality Inventory manual*. Psychological Assessment Resources.

Cousins, S. D. (1989). Culture and self-perception in Japan and the United States. *Journal of Personality and Social Psychology*, **56**, 124-131.

榎本博明 (1998).「自己」の心理学―自分探しへの誘い　サイエンス社

Exner, J. E. (2003). *The Rorschach: A comprehensive system*. vol.1. *Basic foundations and principles of interpretation*. 4th ed. John Wiley & Sons.（エクスナー，J. E.（著）中村紀子・野田昌道（監訳）(2009). ロールシャッハ・テスト　包括システムの基礎と解釈の原理　金剛出版）

Festinger, L. (1954). A theory of social comparison processes. *Human Relations*, **7**, 117-140.

Higgins, E. T. (1987). Self-discrepancy: A theory relating self and affect. *Psychological Review*, **94**, 319-340.

James, W. (1892). *Psychology: Briefer course*.（ジェームズ，W.（著）今田　寛（訳）(1992). 心理学（上）　岩波書店）

片口安史 (1987). 改訂 新・心理診断法　ロールシャッハ・テストの解説と研究　金子書房

Kretschmer, E. (1921). *Körperbau und Charakter*.（クレッチメル，E.（著）相場　均（訳）(1960). 体格と性格：体質の問題および気質の学説によせる研究　文光堂）

黒田浩司 (2003). 臨床心理アセスメント (3) 投映法　馬場禮子（編）改訂版　臨床心理学概説　放送大学教育振興会　pp. 78-88.

Markus, H. (1977). Self-schemata and processing information about the self. *Journal of Personality and Social Psychology*, **35**, 63-78.

Markus, H., & Kitayama, S. (1991). Culture and the self: Implications for cognition, emotion, and motivation. *Psychological Review*, **98**, 224-253.

Montemayor, R., & Eisen, M. (1977). The development of self-conceptions from childhood to adolescence. *Developmental Psychology*, **13**, 314-319.

Rogers, C. R. (1951). *Client-centered therapy: Its current practice, implications and theory*. Houghton Mifflin.

Rosenberg, M. (1965). *Society and the adolescent self-image*. Princeton University Press.

Ross, M. (1989). Relation of implicit theories to the construction of personal histories. *Psychological Review*, **96**, 341-357.

Shavelson, R. J., Hubner, J. J., & Stanton, G. C. (1976). Self-concept: Validation of construct interpretations. *Review of Educational Research*, **46**, 407-441.

Sheldon, W. H., & Stevens, S. S. (1942). *The varieties of temperament: A psychology of constitutional differences*. Harper & Brothers.

Tani, I., Namikawa, T., Wakita, T., Kumagai, R., Nakane, A., & Noguchi, H. (2010). Construction of IRT scales for the Five- Factor Personality scale in Japan and examination of the short-form of the scale. *Abstracts of the 27th International Congress of Applied Psychology*, 1429.

Taylor, S. E. (1989). *Positive illusions: Creative self-deception and the healthy mind*. Basic Books.

Tesser, A. (1988). Toward a self-evaluation maintenance model of social behavior. In L. Berkowitz (Ed.), *Advances in experimental social psychology*. Vol. 21. Academic Press. pp.181-227.

辻　平治郎（編）(1998). 5因子性格検査の理論と実際―こころをはかる5つのものさし　北大路書房

和田さゆり (1996). 性格特性用語を用いたBig Five尺度の作成　心理学研究，**67**, 61-67.

若林明雄 (1992). George A. Kellyの個人的構成概念の心理学―パーソナル・コンストラクトの理論と評価　心理学評論，**35**, 31-338.

渡邊芳之 (2010). 性格とはなんだったのか―心理学と日常概念　新曜社

山田ゆかり (1989). 青年期における自己概念の形成過程に関する研究―20答法での自己記述を手がかりとして　心理学研究，**60**, 245-252.

山本真理子・松井　豊・山成由紀子 (1982). 認知された自己の諸側面の構造　教育心理学研究，**30**, 64-68.

感情と動機づけ（感情・動機づけの心理学）

8

1 動機づけ研究の基礎

動機づけとは 動機づけとは行動を一定の方向に向けて生起させ，持続させる過程や機能の全般を指す。動機づけの心理学では人間の行動を，行動する人のうちにある内的要因（欲求あるいは要求，動機，動因など），外にある外的要因（目標・誘因など）に分けて考え，さらにそれらの要因の結びつき（動機づけ）について検討し理解する。これらの用語を区別するとすれば，欲求はやや漠然としたものであるのに対し，動機はより具体的なものを指す（櫻井，2009）。また動機は社会的なものを，動因は生理的なものを指す。しかしそれらを厳密に区別しない場合の方が多い。

_{動機}
_{動因}
_{誘因}

櫻井は動機づけのプロセスを，先行要因（環境，記憶，内的状態など）→欲求→動機あるいは動因（目標あるいは誘因の選択）→行動→目的の達成あるいは誘因の獲得→満足や報酬，という流れで説明している。夕食後，寝るまで時間があり何かする場合を考えてみよう。先行要因として夕食後の空き時間が発生し，何かで遊びたいという欲求が生じる。テレビ，音楽，ゲームの中からゲームを選び（誘因の選択），ゲームをし（動機づけられた行動および誘因の獲得），満足して寝る。ゲームをするという行動が一連の動機づけプロセスの中で説明されるのである。しかし人は夕食後いつもゲームばかりしているわけではない。先行要因の変化として試験が迫っている場合を考えてみよう。その場合，ゲームをがまんして勉強をするだろう。しかし勉強をするのは試験が迫っているという理由だけからは説明できない。なぜなら，試験直前でも勉強しない人がいるからである。勉強をするという行動には，悪い点だと叱られるからとか，試験でいい点を取りたいからという，その人個人の内部にある動機を仮定しないといけないのである。動機づけは，なぜ人はそのように行動するのかという行動の理由を説明する概念であるともいえる。人間の欲求にはさまざまなものがあるが，1次（基本）的欲求と2次（社会）的欲求に分けて考えることができる。

1次的欲求
2次的欲求
ホメオスタシス

1次的欲求 生物学的基礎に基づくホメオスタシス性の欲求には，摂食，摂水，排泄，休息，睡眠，呼吸などのものがあるが，これらは個体の維持に必要な欲求である。

これらの欲求の中で摂食行動について見てみると，視床下部のある部位を刺激すると摂食行動が生じ，別のある部位を刺激すると摂食行動が抑制されることから，視床下部には，満腹中枢と空腹中枢があると推定される。摂食により血糖量が増えると満腹中枢の活動が増加し摂食がとまる。空腹になり血糖量が減ると空腹中枢の活動が高まり摂食行動が引き起こされる。摂食欲求には以上のような生理学的要因が関係するが，それだけではない。人間でも動物でも味覚が摂食行動に大きな役割を果たし，「おいしい」ものに対しては摂食行動が増加し，体重が増える。1次的欲求にはこの他に性的欲求，母性欲求などがある。

2次的欲求 社会的動機としてマレー（Murray, 1938）は，他人の行動に影響を与え方向づけたいという支配動機，無力な者を助けたり援助したりしたいという養護動機など28種類のリストを挙げている。これらの中では，何らかの高い目標を設定し，困難を克服して成し遂げようとする達成動機と，他者に近寄りよろこんで協力したり好意を交換したりしたいという親和動機について比較的

数多く研究がなされている。達成動機は経済的成長との関連を見たマクレランド (McClelland, 1961) による研究が有名である。シャクター (Schachter, 1959) は、親和動機が不安場面で高まることを実験で示した。他の社会的動機の研究は少ないが、これは他の動機が不要であることを意味しない。人間にとってはどの社会的動機も等しく重要であると考えられる。

達成動機

自己実現

欲求階層説　マズロー (Maslow, 1954) は欲求の階層説を唱えている。その説では低次の欲求として摂食、摂水など生きるために必要な生理的欲求がおかれ、順に安全の欲求、所属と愛の欲求、承認の欲求が現れ、最上位には高次の欲求として自己実現の欲求が位置づけられる（図8-1）。マズローは低次の欲求が充足されることで高次の欲求が発現し、優勢となるとした。しかし、高次の欲求充足のために低次の欲求をがまんする場合があるということを否定しているわけではない。彼は、高次の欲求は系統発生的にも個体発生的にも後から発達したものであること、低次から高次になるにつれて満足に対する緊急性は低くなること、そして高次の欲求レベルで生活することがより心理的な健康をもたらすと述べている。

図8-1　マズローの欲求階層説
(Maslow, 1954)

欲求不満　内部に生じた欲求すべてが満たされるわけではなく、われわれの生活では欲求はむしろ満たされないことの方が多い。欲求が生じ行動を起こしたとき、行動に対して妨害や障害が生じ欲求が満たされない場合があるが、この状態を欲求不満状態という。妨害や障害には内的なものと外的なものがあり、たとえば志望校に行けない場合、外的要因としては経済的理由、内的要因としては自分の学力不足などが挙げられよう。

欲求不満

欲求不満を生じさせる形態として葛藤またはコンフリクトと呼ばれるものがある。これは、2つ以上の同じ強さの誘因があって、いずれかを選択しなければならないのだが、一方を選択すると、同時に他方を捨てることになるため欲求不満が生じ、いずれの行動も起こせないというような状態のことである。接近－接近型の葛藤（例：やりたいゲームが2つありどちらを選ぶか）、回避－回避型の葛藤（勉強をするのもいやだが、勉強せずに不合格になるのもいや）、接近－回避型の葛藤（志望校に合格したいが、そのために長時間勉強するのもいや）がある（図8-2）。

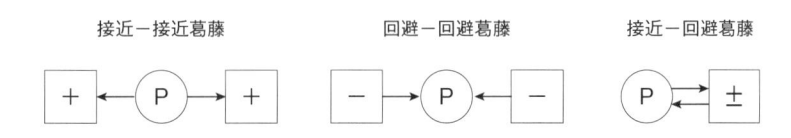

葛藤
コンフリクト

接近－接近葛藤　　　回避－回避葛藤　　　接近－回避葛藤

□は対象、○は人間、←はベクトルを表す。

図8-2　コンフリクトの3つの型

2 動機づけ研究の新しい流れ

内発的動機づけ　夕食後，ゲームと勉強どちらを選ぶかと問われれば，たいていの人はゲームを選ぶだろう。しかし人から言われてではなく，自ら進んで楽しく勉強する人もなかにはいる。このように行動すること自体が目標となっているような動機づけも存在し，内発的動機づけと呼ばれている。それに対し外的な目標のための手段としての動機づけを外発的動機づけという。

内発的動機づけ
外発的動機づけ

私たちの動機づけられた行動は生物学的なホメオスタシスによる規制を受けてはいるが，それだけではない。たとえばハーロウ（Harlow, 1950）は，十分な餌と水を与えられたサルが6つの部品からなるパズルに熱中することを示し，探索すること自体への動機づけが存在することを立証した。マレー（Murray, 1964）は，動因低減説では説明できない動機として，感覚的刺激を求める感性動機，同質で単調な刺激より異質で新奇性のある刺激を求める好奇動機，自ら活動し刺激変化を生み出す操作動機，考えることあるいは知識を得ること自体が快となる認知動機を挙げている。

動因低減説

内発的動機づけと報酬の関係について興味深い実験を行ったのはデシ（Deci, 1971）である。彼は大学生を対象に，実験群と統制群を設け，内発的な動機づけに金銭的な報酬がどのような効果をもつかを検討した。課題としてソマと呼ばれるパズルが用意されたが，このパズルは大学生が内発的に強く動機づけられる課題であることが確認されている（図8-3）。実験は3つのセッションからなり，第1セッションではいずれの群でも普通にパズル解きを行った。第2セッションで，実験群にはパズルが解けるたびに金銭が与えられた。統制群はパズルが解けても何も与えられなかった。第3セッションではどちらも第1セッションと同様にパズル解きを行った。その結果，第1セッションと第3セッションでパズルに従事した時間を比べると，実験群では統計的に有意な低下が見られたのに対し，統制群ではそのような変化は見られなかった。パズル解きの時間は内発的動機づけの指標と考えられることから，この結果は金銭的な報酬が内発的意欲を低下させると解釈された。このように，報酬を与えることによって，もともともっていた内発的動機づけが低下することをアンダーマイニング現象あるいはアンダーマイニング効果という。ドシャーム（deCharms, 1968）によれば，人は自分自身が自らの行動の原因（指し手：origin）であると考えている場合に内発的に動機づけられていると感じ，自分の行動が外的な原因で決められている（将棋の駒：pawn）と考えた場合，外発的に動機づけられていると感じるという。したがって外的報酬により自分の行動が外的に統制されていると感じるため，内発的動機づけが低下すると考えられる。

図8-3　ソマパズル（Deci & Flaste, 1995）
左の小さいブロックをいくつか組み合わせて右の大きい物体を作る。

アンダーマイニング現象
指し手（origin）
将棋の駒（pawn）

自己決定理論　デシとライアン（Deci & Ryan, 2002）は内発−外発という単純な2分法を越えて，ある行動がどれくらい自己決定（自律）的に生じているかという観点から動機づけを整理した自己決定理論を提唱している。最も自己決定的でないのが，やりたいと思わないという無動機づけである。外発的動機づけも自律性の程度により4種類の調整に分類される。内発的動機づけは最も自己決

定が高い動機づけとなる。自己決定理論では外部からの動機づけが次第に自律的な動機づけに変化していくことが重要であると考える。また，この理論では人間は本来積極的で能動的な存在であり，かつ成長と発達を志向する存在であるとして，基本的な欲求が仮定されている。この欲求を充足させることで自律的な動機づけをもつことができるようになるという。

基本的欲求

帰属理論　私たちは出来事や行動について，意識的にせよ無意識的にせよ常に「なぜ」と問い，その原因を推測している。たとえば授業中に居眠りをしている学生を見て，「なぜ彼は居眠りしているのだろう」と思い，「たまたま昨日バイトで寝てないからだろう」「彼はどの授業でも寝ているから不真面目な学生なのだろう」「授業がつまらないから眠くなるのもしょうがない」などと考える。このような原因の推測過程を心理学では帰属過程と呼び，この過程が動機づけに影響を与えることから帰属理論として研究されてきた。

帰属理論

ワイナー（Weiner, 1980）の帰属理論では，人間の行動（特に成功・失敗に関する行動）の説明に用いる原因として能力・努力・課題の困難度・運の4つを抽出した。これらは統制の位置という次元と安定性という次元で整理される。統制の位置とは，その帰属因が行為者の内部にあるか外部にあるかの次元である。安定性は帰属因の時間的安定性・変動性に関する次元である。これらの次元の組合せは表8-1のとおりである。安定性の次元は次の課題に対する期待（主観的確率）に影響を与える。原因の帰属因を安定的な要因に帰属すると次も同じような結果になると期待するだろう。不安定な要因に帰属すると次は努力すれば成績が上がる可能性があると期待することができる。統制の位置次元は自尊心に関係し，内的要因に帰属されたほうが外的要因に帰属された場合よりもより感情が喚起される（成功であればより誇りを感じ，失敗であればより強く恥を感じる）。このように原因帰属の仕方によって次の行動に対する期待や感情が変わり，結果として次の行動に対する動機づけが変化すると考えるのである。

表8-1　ワイナーによる2次元図式（Weiner, 1980）

安定性	統制の位置	
	内　的	外　的
安　定	能力	課題困難度
不安定	努力，ムード 疲労 病気	運

最新の注目すべき動機づけ理論　内発的動機づけのような「楽しみ」に関する動機づけ研究の対象は子どもが中心であったが，チクセントミハイ（Csikszentmihalyi, 1997）は大人の「楽しみ」について研究した。目標が明確で，自分のスキルと目標のバランスが取れていて，迅速なフィードバックがあるとき，人々はフロー状態を経験する。条件が整えば「遊び」であれ「仕事」であれ，どのような活動時でもフローを体験できるという。

フロー

3 感情研究の基礎

感情に関する用語　「知情意」の「情」に対する言葉としては，感情（feeling），情動（emotion），気分（mood），情操（sentiment），情熱（passion）などがある。これらの用語の違いを述べると，感情は広義には経験の情感的あるいは情緒的側面を表す包括的用語であるが，狭義には快－不快を両極としてさまざまな中間層をもつ状態とされる。情動は急激に生じ短時間で終わる比較的強い感情をいう。気分は長時間持続する比較的弱い感情であり，情操は文化的に価値のあることがらを通して獲得される感情，情熱は激しく強い感情を指す。しかし実際にはこれらの用語はそれほど厳密に区別して使用されているわけではない。本章では，包括的用語である感情という用語を主として用いることにする。

感情の側面　感情にはさまざまな側面があるが，まず第1にうれしい，悲しいなどの主観的体験の側面がある。第2に感情表出の側面がある。表出には，言語的表出，非言語的表出，心拍・血圧などの感情性自律反応がある。また第3の側面として，刺激の感情的評価がある。

基本的感情　17世紀の哲学者，デカルト（Descartes, R.）は感情を，驚き，愛，喜び，憎しみ，悲しみ，欲望の6つに分け，他の感情はこれらの複合感情として説明されるとした。スピノザは感情には喜び，悲しみ，欲望の3つしか存在しないとし，軽蔑，愛，憎しみなど他の感情はこの3つの感情から説明できるとした。

心理学的な分類としてはエクマン（Ekman, 1975）によるものが有名である。彼は表情を用いた研究から，驚き，喜び，悲しみ，怒り，恐れ，嫌悪の6つの感情を人間の基本感情とした。フィッシャーら（Fisher et al., 1989）は感情を表す言葉を分類し，それらが，驚き，楽しさ，悲しみ，怒り，恐れ，愛の6つに集約されることを示している。

基本的感情を進化の側面から分類したものにプルチック（Pluchik, 1981）による心理進化説がある。彼はいくつかの行動の原型を挙げ，それぞれの行動に感情と機能を対応づけた。たとえば，逃げるという行動は恐れの感情に対応し，その個体を保護する機能がある。泣くという行動には悲しみという感情が対応し，その機能は他の成員から援助を受けることである。彼はどの感情も適応的な価値をもっていると考えて，結果として恐れ，怒り，喜び，悲しみ，受容，嫌悪，期待，驚きの8つを基本感情として挙げている。これらの感情を，類似した感情が隣接するように円環状に配置したのが構造モデルである（図8-4a）。ここで隣接した感情を組み合わせてみると，たとえば驚きと悲しみからは失望が生じ，悲しみと嫌悪からは後悔が生じるといったように，基本感情から混合感情が形成される。また対極に位置する感情を混合した場合（たとえば喜びと悲しみ）には葛藤が生じる。またこれらを立体的に配置した感情の多次元模型も提唱されており，模型の縦軸は強度の変化を表している（図8-4b）。模型から強度が弱くなるにつれてそれぞれの感情の区別が困難になることがわかる。

感情の機能　遠藤（2005）によれば，感情は古来から理性の対極に位置づけられ人間の判断を乱すもの，非合理的なものと見なされてきた。プラトン（Plato）は，理性というものは魂を正しい方向へ導く端正美麗な賢馬であり，感

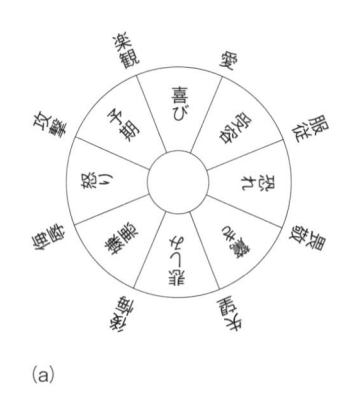

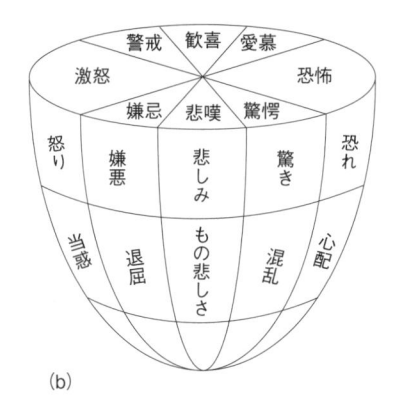

図 8-4　感情の構造モデル（a）と多次元模型（b）（Pluchik, 1981）

情は魂を悪しき方向へ導く胡乱醜悪な悍馬であると考えた。しかし最近では，感情は理性との対立図式で語られるだけでなく，むしろ理性と協調的に結びついていると考えられるようになってきている。

遠藤は感情の機能について次のようにまとめている。まず，緊急時に生じる応急措置的デフォルト反応で，個体の生存のために身体を瞬時に賦活させる機能である。次に，かつて遭った痛い目や甘い汁などに関する記憶を顕在的あるいは潜在的な形で誘発し，それらを現在直面している状況の解決に役立てる機能が考えられる。これはダマシオ（Damasio, 1994）によりソマティック・マーカー仮説と呼ばれている。

ソマティック・マーカー仮説

以上は個人内機能という側面から見た場合であるが，感情を個人間現象の側面から見ると，感情を他者に向かって表出することにより，自分の内的状態を発信したり，他者に同じような感情を誘発させたりする機能がある。さらに，その場そのときだけにはたらく機能だけではなく，社会の中でくらしていく上で生じてくる他者との利害関係を長期的視点から調整する機能がある。私たちは自分一人だけ利益を得ている場合，申し訳ないと感じる。助けたり助けられたりという互恵性の原理が働いているのである。罪，感謝，抑うつ，悲嘆，嫉妬，義憤，公正感などはその場限りの適応ではなく，生涯にわたる適応を目的として進化してきたのではないかと考えられる。

感情の発達　子どもたちは，成長するにつれて感情を分化発達させていくが，さらなる成長の過程では，怒りや悲しみを単に表出するだけでなく，ときによっては表出をがまんしたり，その場にあった別の感情を表出したりすることを学んでいかなければならない（親戚のおじさんからプレゼントをもらったとき，たとえそれが期待はずれのものであったとしても一応笑顔でありがとうという場合など）。このような感情のコントロールにはさまざまな方略があり，それらは発達とともに徐々に身についていくものであるが，その能力には個人差がある。発達的に感情調節能力に影響を及ぼす要因としては，家庭の情動的雰囲気があり，養育者と子どもがネガティブな情動も含め自由に表出する環境が大切である。また，情動についてともに語ること，たとえば，ドッジボールをして「負けて悔しかったけど，楽しかった」なども必要である。このような親や先生の支援および子どもどうしの育ちあいのなかから感情調節能力が形成されていくものと思われる。

感情分化発達説

感情調節

4 感情研究の新しい流れ

感情と末梢活動　感情の一側面として生理的・身体的な変化がある。たとえば山道で熊に出遭うと，驚いて逃げる。財産を失うと，悲しんで泣く。しかし，ジェームズ（James, 1890）は刺激を与える事実の知覚が生理的・身体的変化を引き起こし，この変化を感じることがすなわち感情であるとした。つまり逃げるから驚く，泣くから悲しいというように主観的感情生起のメカニズムを説明したのである。同時期にランゲ（Lange, 1885）も類似の説を唱えたため，この説はジェームズ・ランゲ説あるいは末梢起源説と呼ばれている。

近年，顔面フィードバック仮説の研究などから，身体末梢活動が感情に影響する過程が脚光を浴びている。顔面の表情の変化により，表情筋，顔面の血流，皮膚などに変化が生じ，それらの情報は瞬時に脳へフィードバックされる。このフィードバック情報に応じた感情が生じるとする仮説である。ジェームズの説以降末梢活動の役割が軽視されてきた感があるが，表情に限らず，さまざまな末梢活動が感情と相互に関係し合っていると思われる。

感情と脳　キャノン（Cannon, 1927）は動物実験や人間の脳損傷の知見から，感情が生起するためには末梢の反応は必ずしも必要ではなく，脳の視床が重要であるという中枢起源説を唱えた。キャノンの弟子のバード（Bard, 1928）もこれを実験的に検証したため，この説はキャノン・バード説あるいは中枢起源説と呼ばれている。今日では感情には辺縁系の扁桃体（amygdala）という部位が重要な役割を果たしていることが知られている（図8-5）。扁桃体を電気刺激すると，ネコでは逃避行動あるいは攻撃行動が起きる。ヒトでは怒りや恐れの感情が起こる。扁桃体を破壊するとクリューバー・ビュシー症候群が生じる。これはサルを被験体とした実験から明らかになったもので，たとえば破壊前には強い恐怖反応を示すヘビなどを見せても，まったく恐怖反応を見せなくなり，敵に対してもまったく恐れなく近づいていくといった情動反応の低下が見られる。

最近では，fMRIなどの脳機能画像研究により感情処理と扁桃体の関係が明らかにされてきている（大平，2010）。扁桃体は未知の他者の顔，視線，恐怖・悲しみ・幸福などの表情，感情的な場面の写真や映像など，情動的な刺激に対して活性化する。さらに扁桃体は閾下で呈示された恐怖や怒りの表情にも反応することから，扁桃体機能の自動性・無意識性が示唆されている。このようなことから扁桃体は感情的刺激の評価判断を担っている部位といえよう。

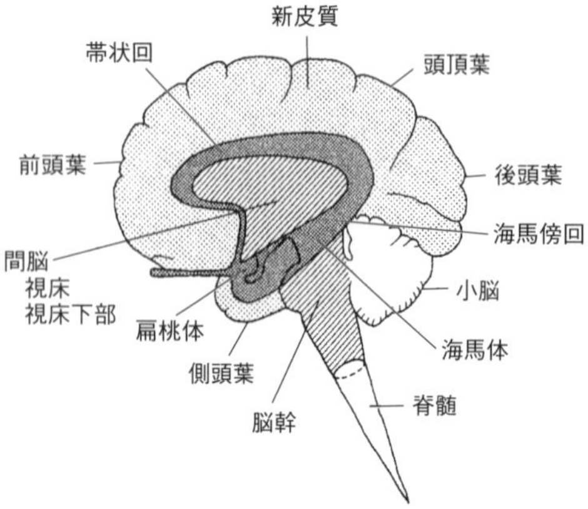

感情には前頭葉も関係している。前頭葉を損傷した症例では，知能や言語機能は変わらないものの，感情面では気分が変わりやすく，場当たり的で衝動的なふるまいが多くなったという。このことから前頭葉は感情の発動にかかわる辺縁系などの機能を抑制していると見ることができる。また前頭葉損傷患者は日常の些細な意思決定ができなくなってしまうことが報告さ

大脳辺縁系
扁桃体

fMRI
前頭前野
クリューバー・ビューシー症候群
フィニアス・ゲージ
（Pheneas Gage）

図8-5　脳の断面図（小野，1994）

れている。ダマシオ（Damasio, 1994）は，人間は日常の何気ない選択のとき，理性のみで判断することは困難で，決断の際は感情が重要な役割を果たしていると考えている。また，大平は脳機能画像研究により意図的に感情をコントロールする際，前頭前野が活性化することを示している。

感情と認知　アーノルド（Arnold, 1960）は，これまでの説では感情の喚起過程について十分な説明がなされていないことを指摘し，また感情は刺激の知覚および有害か有益かの評価の過程を経て喚起されるとし，刺激評価の重要性を強調した。シャクターとジンガー（Schacter & Singer, 1962）は，巧妙な実験により，刺激に対し身体的変化が生じたとき，体内及び外部的状況の文脈から推測してその身体的変化（生理的覚醒反応）に対し認知的解釈を与えることにより感情体験が生じるとする説を唱えた。これは，感情生起には生理的覚醒状態とその認知的解釈という2つの要因が介在しているとする感情の2要因説である。たとえば，ドキドキするといった生理的反応に対し，楽しい環境におかれると「楽しさ」を，周りの人が怒っている状況におかれると「怒り」を感じるというのである。

感情と文化　イヌイットには，怒りという感情が観察されないそうである。タヒチの人々は喪失体験を悲しみとしてではなく，疲労や病気あるいは身体的苦痛の一種として表現するという。彼らの文化では悲しみ，孤独という言語表現が乏しい一方，怒りや恥を表す言語表現が多い。ミクロネシアのある部族では，喜びや楽しみにふけることは他者への配慮に欠けていると解釈され，叱責の対象になる。このように，それぞれの文化によって感情表出の仕方，感情を誘発する事象，感情表現などが異なる。

　また，社会や文化により認識しやすい感情と認識されにくい感情がある。たとえば，甘えという感情は日本文化では広く認知されているが，他の国ではそれに対応する言葉がない。他の文化でも甘えに似た感覚はあるが，その文化の中で低く認知されていて，それに対応する言葉もないと考えられるのである。

　社会や文化は，日常生活上の問題をどう解釈するかという基本的枠組みや暗黙のルールを与えることによって感情に影響を与えている。これは，感情は社会的に構築されるとする立場の考え方である。

感情と自己　授業中に自分のレポートが悪い見本として紹介されたとき誰しも恥ずかしいと感じる。あるいは異性の前で性的体験の話をすることはこの上もなく恥ずかしい。このような恥の感情はなぜ生じるのかと考えた場合，他者の目を意識する（客体的自己意識が高まる）ためとか，理想の自己とのズレを感じたためなど，自己と関係した説明がなされる。このような自己意識や自己評価が関係する感情を自己意識的感情（self-conscious emotions）といい，恥の他にも罪悪感，対人的負債感，屈辱感，後悔，妬み，嫉妬，羨望，同情，誇りなどの感情が挙げられる。自己意識的感情が生起するためには客体的自己意識や認知能力が必要であるが，ルイス（Lewis, 1993）によればそれらが発達してくるのは生後18か月以降であるという。彼は喜び，悲しみ，恐れ，怒りなどを1次的感情，自己と他者との関係の中で獲得されてくる複雑な感情を2次的感情と呼び，区別している。そして彼の自己意識的感情の帰属モデルでは自己意識的感情を成功 − 失敗の評価，全体（全体的な自己） − 部分（特定の行動）への帰属という2つの次元で捉えている。すなわち対象の評価が成功で全体に帰属させると思い上がりや傲慢の感情が生じ，部分に帰属させると誇りを感じる。評価が失敗で全体に帰属させると恥を感じ，部分に帰属させると罪悪感や後悔を感じる。

［欄外注］
表示規則
エクマンの神経文化説
自己意識的感情
1次的感情
2次的感情

5 感情と動機づけ研究の応用

動機づけと感情　これまでは「情意」機能である動機づけと感情を別個に見てきたが、ここでその関係についてまとめておきたい。動機づけられた行動の結果としてさまざまな感情が生じる。反対に驚きや恐怖などの感情は次の行動に対する動機づけの効果をもつ。動機づけられた行動を時系列的に見ると、動機づけと感情はそれぞれのプロセスで密接に絡み合っていることがわかる。

理論的にも両者は深く関係している。動機づけの節で説明したワイナーの原因帰属理論には、「原因帰属の仕方によって喚起される恥や誇りの感情強度が異なり、それが後続の行動に影響を与える」という説明が含まれており、動機づけ理論自体にすでに感情の要因が組み込まれていた。感情の節で取りあげた認知説も、事態の評価の結果として感情が生じると説明するが、その感情に基づいて接近か回避かという次の行動が選択されると考えると、この説は動機づけの方向を説明する理論であるともいえる。理論的に見ても動機づけと感情は不即不離の関係であることがわかる。

学ぶ意欲　　**教育分野での応用**　最近の教育界では「学ぶ意欲」が重要視されている。

学習意欲ややる気については、学習場面における動機づけの応用分野として早くから研究されてきた。たとえばドウェック（Dweck, 1975）は、同じ能力水準でも課題失敗で遂行水準を低下させる子どもと課題失敗でも遂行水準を維持する子どもがいることに疑問をもった。そして、いったん課題に失敗するとその原因を能力不足に帰属して否定的な自己認知となり、感情面では課題への嫌悪、問題への不満、遂行への不安を募らせてしまう無力型の子どもと、失敗場面を肯定的に捉え、一層意欲的になる熟達指向型の子どもがいることを見出した。

達成目標　　これらのことから彼は達成目標を2つに分けた。1つは、新しい知識の習得を目標とするもので学習目標と呼ばれる。もう1つは他者から高く評価してもらう

目標理論　　ことを目標とする遂行目標と呼ばれるものである。ドウェックの目標理論では、達成目標の違いが達成状況における認知の違いをもたらし、その結果後の行動パターンに影響を与えると考えられた。

また彼は、算数の課題を用い、無気力とされた子どもたちを2群に分けて学習意欲に関する実験を行った。成功経験群では合格基準が低く設定されており、毎

再帰属訓練　　回必ず成功を経験する。これに対し、再帰属訓練群ではいくつか失敗するように仕組んであるが、失敗に対し、あとどれだけ解けばよかったかを教え、努力すれば次は成功するという経験が繰り返される。その結果、成功経験群では無力感の改善は見られなかったのに対し、再帰属訓練群では無力感が減少した。単に成功体験をするだけでは無力感は克服されず、努力不足へと認知を変化させるという再帰属が、無力感を減少させ、成績の向上をもたらしたと考えられる。

スポーツ分野での応用　達成目標と動機づけの理論はスポーツ分野においても応用され、広く支持されている。伊藤（2004）によれば、中高生を対象とした研究では、達成目標をもつ者ほど、競技に対する意欲や有能感が高く、また体育に対する動機づけが高いことが示されている。またスポーツは団体で行われる競技が多いが、チームという集団の動機づけ雰囲気（motivational climate）も、個人の目標と動機づけに影響を与える。たとえば、チームの雰囲気を課題志向と

認知している選手の方が，チームへの適応感が高く，しかも達成目標をもつ傾向が高い（したがって動機づけが高まる）ことが示されている。

また伊藤（2007）は，スポーツへの参加と離脱を規定する要因について研究し，「楽しさ」がその重要な要因であるとしている。スポーツにおける楽しさとは，「スポーツ経験における喜び，好み，面白さなどの感情及び／もしくは認知を反映したポジティブな感情反応」である。最近では「ある活動の目的的な実行を引き起こすようなポジティブな感情状態を伴う最適な心理状態」すなわちフロー状態であるという定義もなされている。どのようにすればスポーツにおいてフローを体験しやすいのか，そのような指導法はどうあるべきかなど，フローの視点からの研究がなされてきている。

動機づけと依存　依存（嗜癖）は，動機づけ心理学の観点から見て最も強固な動機づけ行動の1つである。依存には大別して買物依存やギャンブル依存などのプロセス依存，親子・恋愛など人間関係に関する関係依存，および物質依存があるが，ここでは物質依存を中心に説明する。物質依存とは嗜好性のある物質を継続的・周期的に使用した結果，それをやめようとしてもやめられない状態にあることをいい，アルコール依存や薬物依存がある。日常的な摂取だけでは物質依存とはいわないが，薬物を得るために強迫的で破壊的な行動様式が現れるのが特徴である。

> プロセス依存
> 関係依存
> 離脱症状

動物や人間が快を感じているとき，大脳辺縁系中心部のドーパミン系が活性化している。電極によってドーパミン系を活性化することはそれ自体が報酬となるため，レバーを押すと電流が流れ脳内のドーパミン系を活性化させるような装置をつけられた動物はレバー押しを繰り返す。同様に，薬物にも脳の報酬系を活性化する力がある。依存は条件づけ学習のメカニズムで説明できるため，その克服には医学的な治療のみならず心理学的アプローチも必要となろう。

> ドーパミン

感情のコントロール　キレる若者が社会問題になっているが，最近では若者だけでなく大人もキレて問題を起こすことが多くなってきているように思われる。このようなキレに対し感情心理学をどのように応用し，対処すればよいのだろうか。湯川（2008）は怒りの感情そのものを取り除くことはできないので，怒りに対処するためのコントロールの2段階モデルを提唱している。第1のコントロールは短期的・外的・行動的なもので，怒りをそのまま表出することを防ぎ，社会的な規範やルールに沿って怒りを表現することである。第2は長期的・内的・認知的コントロールで，怒りの対象や経験に客観的に向き合い心の中を整理することである。脳のはたらきから見れば怒りの制御には前頭前野がかかわっていることから，その機能である判断力や抑制力を身につければいいことがわかる。キレや怒りを防ぐための対処プログラムにはいくつかあるが，ここでは本田・高野（2009）によるものを挙げておく（表8-2）。

> キレる

なお，感情の調節能力を高めるには，このようなプログラムだけではなく長期的な取り組みも必要であろう。その意味でも本章3節で述べたような幼児期からの発達的な感情調節能力の形成が望まれる。

表8-2　怒りのマネージメントの進め方
（本田・高野，2009）

- 第一課程　気づき
  応急処置の方法を学ぶ，気持ちへのネーミング，行動パターンの理解
- 第二課程　知的理解
  このままだと，どうなるのか？　なぜ，こういう行動になるのかを振り返って分析
- 第三課程　感情的な理解
  ありのままの自分を受容し，自分のよいところを使って，行動緩和
- 第四課程　新しい行動パターンの学習
  怒りを正当に表現するためのキレにくい考え方や問題解決方法を学ぶ
- 第五課程　新しい行動パターンの練習
  日常のストレスマネージメント，ソーシャルスキルの実践
- 新しい行動・考え方・感じ方の定着

主要引用・参考文献

有光興記・菊池章夫（編著）（2009）．自己意識的感情の心理学　北大路書房
Csikszentmihalyi, M. (1997). *Finding flow*. Basic Books.（チクセントミハイ, M.（著）大森　弘（監訳）（2010）．フロー体験入門—楽しみと創造の心理学　世界思想社）
Damasio, A. R. (1994). *Decartes' error*. Putnam.（ダマシオ, A. R.（著）田中光彦（訳）（2000）．生存する脳　講談社）
Deci, E. L. (1971). Effects of externally mediated rewards on intrinsic motivation. *Journal of Personality and Social Psychology*, **18**, 105-115.
Deci, E. L., & Flaste, R. (1995). *Why we do what we do: The dynamics of personal autonomy*. G. P. Putnum's Sons.（デシ, E. L., & フラスト, R.（著）桜井茂男（監訳）（1999）．人を伸ばす力—内発と自律のすすめ　新曜社）
Deci, E. L., & Ryan, R. M. (Eds.) (2002). *Handbook of self-determination research*. University of Rochester Press.
Dweck, C. S. (1975). The role of expectation and attributions in the alleviation of learned helplessness. *Journal of Personality and Social Psychology*, **31**, 674-685.
Dweck, C. S. (1986). Motivation processes affecting learning. *American Psychologist*, **41**, 1040-1048.
Ekman, P., & Friesen, W. V. (1975). *Unmasking the face*. Prentice-Hall.
遠藤利彦（1996）．喜怒哀楽の起源　岩波書店
遠藤利彦（2005）．感情に潜む知られざる機能とは　科学, **75**(6), 700-706.
Fisher, K. W., Shauer, P. R., & Carnochan, P. (1989). A skill approach to emotional development: From basic - to subordinate- category emotions. In W. Daman (Ed.) *Child development today and tomorrow*. Jossay-Bass.
濱　治世・鈴木直人・濱　保久（2001）．感情心理学への招待—感情・情緒へのアプローチ　サイエンス社
Harlow, H. F. (1950). Learning and satiation of response in intrinsically motivatied complex puzzle performance by monkeys. *Journal of Comparative and Physiological Psychology*, **43**, 289-294.
廣中直行（2003）．快楽の脳科学　日本放送出版協会
本田恵子・高野光司（2009）．ネガティブな感情を正しく表現するために　こころの科学, **148**(11), 44-50.
伊藤豊彦（2004）．スポーツへの動機づけ　日本スポーツ心理学会（編）　最新スポーツ心理学—その軌跡と展望　大修館書店　pp.33-44.
伊藤豊彦（2007）．スポーツへの参加と離脱　中込四郎・山本裕二・伊藤豊彦　スポーツ心理学—からだ・運動と心の接点　培風館　pp.145-170.
Izard, C. E. (1991). *The psycholgy of emotions*. Plenum Press.（イザード, C. E.（著）荘厳舜哉（監訳）（1996）．感情心理学　ナカニシヤ出版）
Keller, J. M. (2009). *Motivational design for learning and performance: The ARCS model approach*. Springer.（ケラー, J. M.（著）鈴木克明（監訳）（2010）．学習意欲をデザインする　北大路書房）
Lewis, M., & Haviland, J. M. (Ed.) (1993). *Handbook of emotions*. The Guilford Press.
Maslow, A. H. (1954). *Motivation and personality*. Harper.
宮本美沙子・奈須正裕（1995）．達成動機の理論と展開　金子書房
大平英樹（2010）．神経—生理心理学を活かす　坂本真士・杉山　崇・伊藤絵美　臨床に活かす基礎心理学　東京大学出版会　pp.33-62.
小野武年（1994）．生物学的意味の価値評価と認知　伊藤正男・梅本　守・山鳥　重・小野武年・佳住彰文・池田謙一　認知科学6　情動　岩波書店　pp.72-108.
プルチック, R. (1981). 情緒と人格　浜　治世（編）　現代基礎心理学第8巻　動機・情緒・人格　東京大学出版会　pp.145-161.
櫻井茂男（2009）．自ら学ぶ意欲の心理学—キャリア発達の視点を加えて　有斐閣
Seligman, M. E. P. (1975). *Helplessness: On depression, development, and death*. W. H. Freeman.（セリグマン, M. E. P.（著）平井　久・木村　駿（監訳）（1985）．うつ病の行動学—学習性絶望感とは何か　誠信書房）
上淵　寿（編著）（2004）．動機づけ研究の最前線　北大路書房
内山伊知郎（編）（2010）．感情発達　心理学評論　第53巻　1号
Weiner, B. (1980). *Human motivation*. Holt, Rinehart and Winston.（ワイナー, B.（著）林　保・宮本美沙子（監訳）（1989）．ヒューマン・モチベーション—動機づけの心理学　金子書房）
吉川左紀子・益谷　真・中村　真（編）（1993）．顔と心—顔の心理学入門　サイエンス社
湯川進太郎（2008）．怒りの心理学—怒りとうまくつきあうための理論と方法　有斐閣

ストレスと適応
（健康心理学）

9

1 日常生活におけるストレスとその歴史的経緯

日常生活におけるストレス　日常生活の中で，われわれは友だちに言われた言葉の意味を考えてくよくよしたり，会議で自分の主張をどうすれば通すことができるか悩んだり，通勤・通学の際電車のラッシュアワーでいらいらしたりする。また，若者が，「ムカツク」「キレる」と叫んでいる状況を目にすることがある。それらの状態は一般に，ストレス状態と表現され，現代は「ストレス時代」と言われるように，現代人にとってストレスは大きな課題となっている。

ストレス

　一般に，ストレスというと悪い出来事や有害な刺激を思い浮かべがちなのだが，肯定的にしろ，否定的にしろ，いろいろな反応を引き起こしうるあらゆる出来事はストレスを引き起こすもの（いわゆるストレッサー）なのである。たとえば，結婚，出産，就職などは，一般的には喜ばしい，肯定的な出来事と捉えられているが，生活に大きな変化を引き起こす強いストレッサーでもあり，人によっては（場合によっては）うれしく舞い上がる気持ちを導くし，人によっては（場合によっては）仮面うつ病（masked depression）などの深刻な事態を生じることもある。つまり，出来事それ自体というよりも，その出来事をどのように捉えるのか，ということが適応という面から分岐点になってくることがわかる。その他にも，離婚，死別，失業なども生活に大きな変化を与えるストレッサーであり，そのような長いスパンの時間の流れのなかで起こる人生での出来事はライフイベントと呼ばれる。離婚などは，離婚した当人だけではなく，子どもや周囲の人までもが混乱に陥るということは周知の事実であり，ライフイベントの多くが，精神障害発症のきっかけとなったり，症状の再発を引き起こす可能性が考えられる。また，日常の家族との口論，友だちとの行き違いといった短いスパンの時間の流れの中で起こるストレスは，デイリーハッスルなどと呼ばれる。

ストレッサー

欲求不満
（フラストレーション）

　さらに，人間がストレスにさらされ，効果的に対処できず，欲求の満足や目標達成が先延ばしになっている状態を欲求不満事態という。欲求不満は，行動や身体上のサインとして現れる。怒りや暴力，不安や引きこもりといった心理的・行動的なサインと動悸，嘔吐，発汗，震えといった生理的サインがある。欲求不満が慢性化すると，胃潰瘍や慢性的な疲労といった身体症状や極端な攻撃性や引きこもりといった社会的不適応反応が形成されることがある。

　ここまで，ストレスという言葉を日頃使っているように記述してみたが，実際のところ，ストレスという概念は，あまりにも多用されすぎている。ストレスという言葉は，きわめて便利な言葉であるが，厳密に定義することは難しい。内外の圧力により，主体に反応が生じる。その反応は個人差が大きく，個別的であることが，人間のストレス問題を複雑でわかりにくくしている。

　心理学では，ストレスを「心身の適応能力に課せられる要求（demand），およびその要求によって引き起こされる心身の緊張状態を包括的に表す概念」（岡安，1999）として捉え，前者をストレッサー（stressor），後者をストレス反応（stress response）またはストレイン（strain）と呼ぶ。

ストレス研究の歴史的経緯　ストレスは，「圧力」「圧迫」「苦悩」などを表現する言葉であったのだが，1930年代にカナダの生理学者セリエ（Selye, 1936）が「外界のあらゆる要求によってもたらされる身体の非特異的反応」を表

す概念として提唱し，有名になった。

　ストレスという現象は，このようにセリエによって記述されたが，その起源は，古代ギリシャのヒポクラテス（Hippokratēs, ca. 460-377 B.C.）が述べた「身体を正常な状態に復帰させようと努める身体内部の闘争」において見られる。そして，フランスの生理学者ベルナール（Bernard, 1865）は，「内部環境（milieu intérieur）の恒常性」という概念を提出した。内部環境とは，身体を構成する細胞を取り囲む血液や組織液のことであり，細胞の活動に，水・酸素・温度・栄養物の条件が整えられていることが必要だと考えたのである。このベルナールの発想を発展させたのがキャノン（Cannon, 1929）のホメオスタシス（homeostasis：恒常状態・恒常性ともいう）である。たしかに，オープンシステム（開放系）である生物は，外的・内的環境の絶え間ない変化に応じて，一定の安定した状態を保つ方法をもっている。たとえば，ヒトの体温は外界の温度変化に対して摂氏36度台で一定に保たれているし，血中の酸素濃度，ナトリウム・カリウム・カルシウムの濃度，赤血球の濃度など，身体のメカニズムにおいて，それぞれの調節系が働き，一定の状態が保たれている。このような生体内の環境を安定させようとする働き（あるいは，その状態）をキャノンはホメオスタシスと呼んだのである。このホメオスタシスというシステム（系）は，固定，または，停滞したものではなく，変化を繰り返しながら相対的な定常状態を保とうとするオープンシステムの中のメカニズムなのである。

　　　　　　　　　　　　　　　　　　　　　　　　　　　　　　ホメオスタシス

　ここで私たちが読みとらなければならないことは，前述した体温，血中の酸素濃度などを一定に保とうとするホメオスタシスのメカニズムは，さまざまなストレスから身体を守る役割を果たしているということと同時に，場合によって，ストレスから生じる激しい怒りや恐れの感情は，生命を保つために，ホメオスタシスを壊すこともあるということである。すなわち，情動の変化により，心臓をばくばくさせ，血圧を上げるなどの交感神経系が亢進し，アドレナリン分泌が高まった状態がつくられる。これらの変化は，怒りに伴って起こる攻撃行動や，恐れに伴って起こる逃避行動の準備状態であり，究極的には生存のための手段なのである。キャノンは，これを「闘争－逃走反応（fight or flight reaction）」と名づけた。これは，人間どうし，また，他の生き物との関係の中で形成された，情動と身体運動との連携であり，身体に起こる変化は闘争（または逃走）のための準備状態をあらかじめつくるという適応の1つである。この闘争－逃走反応の概念は，その後，セリエのストレス学説として体系化されることになる。

ストレス反応

闘争-逃走反応

2 GASの発見とそれ以後の展開

1）GASの発見

汎適応症候群（GAS）－「ストレス学説」　セリエ（1936）は，電撃や拘束，寒冷，ホルマリン等々の種類の異なるさまざまな外部刺激をラットに与えても，胃潰瘍の発症，胸腺の委縮，副腎の肥大が同様に起こることを見出した。つまり，この刺激に対しては，この反応が起こるというように，特異的ではなく，非特異的な特徴をもっているのである。これらの三大徴候を中心とする生体の全身性の生理的反応を汎適応症候群（general adaptation syndrome: GAS）と呼び，その変化を警告期（生体にストレッサーが加えられた直後の反応で，ストレッサーによるショックから体温や血圧の低下・神経系統の活動の抑制などが起こるショック相，ならびに，ストレッサーに対処しようとする反応を生体が示す反ショック相がある），抵抗期（当面の持続するストレッサーに対する抵抗力が増し，生体が一定の安定した抵抗を示す），疲憊期（ストレッサーの持続に生体が耐えられなくなり，体温の低下，胸腺やリンパ節の委縮，副腎皮質の機能低下，体重の減少といったさまざまな障害が起こる）の三段階に区分するストレス学説を発表した。

これら一連の生理学的変化は，ストレッサーに対する生体の防御反応であり，下垂体－副腎皮質系を介する糖質コルチゾールの放出による体液性調節と，交感神経－副腎髄質系を介するカテコールアミンの放出による神経性調節が知られている（Tsuda & Tanaka, 1990）。

2）GAS以後のストレス理論

GASの発見から，多様で複雑な心理生物学的ストレス反応システムが特定され，セリエのストレス学説とキャノンの情動－交感神経システム学説を中心に理論的理解が進められてきた。しかし，その後，認知科学などの研究の進展があり，次の諸点が指摘されることとなった。生体が，ストレッサーを統制可能なものと認知したときには，問題焦点型の対処法が選ばれ，それに付随して視床下部－副腎髄質軸の交感神経系の活性化が起きる。それに対して，ストレッサーを統制不可能で不快なものと認知すると，回避－逃避型の対処法が選ばれ，下垂体－副腎皮質軸の内分泌系の活性化が起こることをフランケンホイザー（Frankenhäuser, 1986）は報告している。すなわち，生体がストレス状況をどのように認知的に評価し，ストレッサーへの対処をどのように試みたかによってアドレナリンとコルチゾールの放出のストレス反応のパターンは異なるのである。ここからいえることは，ストレッサーに対する心理生物学的ストレス反応は「非特異的ではない」ということである。

また，セリエがストレスホルモンとして特定した副腎皮質から放出されるコルチゾールは抗炎症作用を示すが，同時に，免疫抑制作用もあわせもっている。もし，ストレッサーへの適応のためにコルチゾールが放出されているのなら，生体の防御メカニズムが抑制されていることになる（Rabin, 1999）。つまり，ストレス反応は「適応的」なものではないのである。

さらに，ストレス反応は，中枢性の変化を基にした二次的な末梢臓器レベルの心理生物学的反応と考えられてきたが，生体内免疫調節物質インターロイキン

1は，ウィルス感染などに対して末梢の器官で放出され，発熱や疲労，食欲減退などを引き起こすが，この現象は，末梢で放出されたインターロイキン1が中枢の視床下部を刺激した結果，生じる（大平，2004）。すなわち，ストレス反応は，認知−行動過程の「付属物」ではないのである。そこから精神神経免疫学的理論の考え方が登場してくる。

精神神経免疫学的理論　精神神経免疫学（psychoneuroimmunology：PNI−脳，行動，免疫系の相互作用を研究する新しい学問）では，心理社会的要因が神経系・内分泌系を介して免疫系に影響すると捉え，ストレッサーを独立変数，血液中や唾液中に含まれる各種免疫指標を従属変数として実験的に研究している。その結果，ストレス反応は，情動，認知，行動，生理システムの4つに統合されており（津田，2001），単一の変化ではなく，主観的に感じられる情動的側面，意識や予期などの認知的側面，回避行動や落ち着きのなさなどの行動的側面，生理的覚醒や内臓反射として自覚される生理的側面など，多面的で複雑な反応を示すことがわかってきた。このことを精神神経免疫学は，心理生物学的ストレス反応は脳と身体を結ぶ双方向的作用によって組織化されており，従来の神経系と内分泌系に免疫系を加えた系が，1つのシステムとして互いにダイナミックに関係し合って総合的に機能しているととらえる。

　従来，精神科学と免疫学は別個に発展してきたのだが，免疫系は，個体が経験するストレッサーを脳機能が処理し対応した結果として自律神経系ならびに神経内分泌系を介してその情報を受け取り反応するし，逆に，免疫系が活性化されると，神経および神経内分泌系がその影響を受ける，といった相互作用がある。精神神経免疫学は，両領域の相互関連性が密接であることが判明してから出現した新しい学問である。うつ病ではリンパ球の機能が低下し，免疫機能の低下によって感染が生じやすいという報告や，統合失調症の一部で血清インターロイキン6が高値である（『医学大辞典　第2版』医学書院，2009）といったことが報告されており，今後の研究が期待される。

　この研究の方向性は，今後の研究のあり方を考えると，複雑系やカオスの話題ともあいまって，非常に合理的なものであろう。この精神神経免疫学的理論は，次に述べる「心理学にかかわるモデル」の前提として知っておきたいものである。

精神神経免疫学

3 心理学にかかわるモデル

トランスアクショナルモデル―心理ストレスモデル　現在，ストレスの特徴を説明するのによく使われている理論が，ラザルスとフォークマン（Lazarus & Folkman, 1984）が提唱したトランスアクショナルモデル（transactional model）である。心理学の立場から研究している2人は，ストレスを「単なる反応でもなく，それを引き起こす刺激でもなく，生体と環境との相互作用的な交渉の中で，ストレスフルなものと認知された関係性とそれに対抗しようとする一連の意識的な対処（コーピング）のプロセス」と考える（図9-1）。

トランスアクショナルモデルでは，ストレスを引き起こす条件は必ずしも絶対的なものではなく，ストレッサーとしての環境からの要請と個人がもっているコーピング資源（リソース）との間の不均衡から生じるとする。すなわち，人間個々人は環境刺激の特徴を自分の安寧が保たれるのか，それとも脅かされるのかという観点からまず識別する（一次的アプレイザル）。そして，脅かされると識別したとき，その環境刺激への対処可能性を評定する（二次的アプレイザル）。そして，対処可能性を見出し，対処した結果を評定するリアプレイザル（全体からの再評定）が行われる。これらの流れが，認知的方略そしてコーピング方略と呼ばれるのであるが，一次的アプレイザルで脅威と識別された環境刺激はストレッサーとなって二次的アプレイザルに入る。無脅威と識別された場合，ならびに，脅威であっても二次的アプレイザルで対処の可能性が期待できると評定される場合には，その刺激はストレッサーとはならない。リアプレイザルは，用いたコーピング方略がストレッサー対処の手段として適当であったかどうかを評定するプロセスである。なお，ラザルスは，アプレイザルが主観的，認知的水準で展開されることを強調し，このプロセスを認知的アプレイザルと呼んでいる。

ストレス－コーピング病気罹患性モデル　ステプトー（Steptoe, 1991）は，心理生物学的ストレス反応から健康→病気の結果につながる経路をモデル化した。そのモデルは，ストレス－コーピング病気罹患性モデル（stress-coping vulnerability model）と呼ばれる。パーソナルコントロールがうまくいかなかったストレス反応は，心理生理的ルートと認知－行動的ルートの2つのプロセスを介して病気への罹患性を左右する。心理生理的ルートでは，特定の反応システムにおける反応性亢進や回復の遅れ（反応亢進性といわれる），免疫システムの低下を介した全身抵抗性の低下（宿主脆弱性），元来もっている基礎疾患の悪化（基礎疾患の変調）などが起こる。認知－行動的ルートでは，怒りや不安など

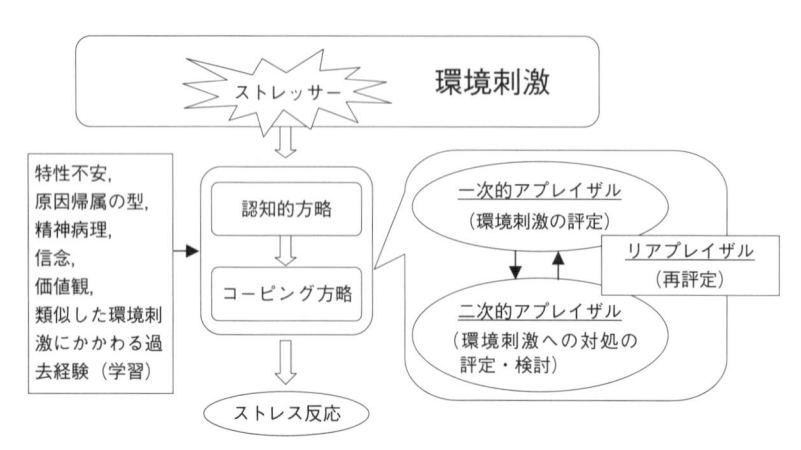

図9-1　ストレスのトランスアクショナルモデル

の情動行動の表出パターンの違い(情動行動)や健康行動の変調(健康リスク行動),医療機関の不適切な利用(症状に対する反応)の3つのプロセスが考えられる。

素因ストレスモデル　素因ストレスモデル(diathesis stress model)は,病気にかかりやすい素因をもっているとストレス脆弱性が高まると考える。この考え方は古くから病気が発症する際の研究にはよく用いられてきた。素因ストレスモデルの始まりである「脆弱性-ストレスモデル」は,身体の脆弱性とストレスとの相互作用により統合失調症が発症するというモデルである。アメリカの精神科医リバーマンら(Liberman et al., 1988)は,脆弱性-ストレスモデルを発展させ,脆弱性-ストレス-対処-力量モデルを提唱し,慢性精神障害者への生活技能訓練(SST)を考案した。

素因ストレスモデル

現代社会の中で,ストレスというとうつ病や抑うつが思い起こされるであろう。ベック(Beck, 1976)の認知療法は,認知と感情障害を結び付け,ストレス関連疾患の治療と病理の理解に大いに貢献している抑うつの素因モデルである。それまで,うつ病の認知障害は感情障害の結果であるとされてきたが,ベックは,抑うつは個人の信念(belief: 言い換えれば,思い込み)の結果であり,個人をとりまく世界のあり方(認知)を反映していると捉える。うつ病患者には,抑うつスキーマ(例:自分は生きていても仕方がない人間だ)という非合理的信念が素因として認められ,その素因と好ましくない出来事が共振することによって,抑うつが発症するととらえる。なお,スキーマ(schema)ならびに抑うつスキーマに関しては,岡林(1995)に詳しい。

自己調節実行機能モデル　これまでのストレスに関する心理学的モデルでは,ストレッサーの認知と対処の選択といった自己(self)に関連した信念や評価の内容を強調しすぎ,情報処理や外界とのダイナミックな相互作用を十分に説明できていない。また,抑うつ素因モデルでは,ストレッサーへのゆがんだ認知過程を素因として重視しすぎ,個人的に関連のある情報を能動的に走査,処理するということを無視しているといった批判から出てきたのが自己調節実行機能(self-regulatory executive function: SREF)モデルであり,ストレッサーを情報処理の観点から捉えている。たとえば,以前パニック発作を経験したのと同じ状況に遭遇し(外界情報),「嫌な記憶が思い出され胸が苦しい」といった身体感覚を知覚すると,活性化された情報は,自律神経系や内分泌系,免疫系などの下位レベル情報処理ユニットで無意識に自動的な処理が生じる。活性化したこの身体情報は,指令系実行システム(これがSREF)に侵入し,「何とかしなくては」という意識的,制御的な情報処理が始まる。その情報処理に応えるために,SREFは,「自分は大丈夫だろうか」「自分はうまく対処できるのだろうか」といった自己注目を促し,自己に関連する情報処理を意識的に行い,さらに,行為のコントロールとその評価を繰り返し,「うまくいっているのか」モニターし,下位レベル情報処理ユニットの活性化を収束させようとする。それと同時に,SREFの活動は,上位の自己知識にも波及し,コーピング過程における自己知識へのアクセスを通じて,「自分は劣っている」と認知すると,「もっと頑張ろう」とか「逃げよう」といった行為のプランが選択され,それがSREFの活動に反映する。ここで,ストレッサーの脅威を過度に意識しすぎ,それに過剰反応するのが問題なのである。SREFモデルでは,ストレスの発現を,ストレッサーの認知的評価の結果というよりも,不合理な信念や解釈,認知の歪曲といった注意の機能不全に基づく不適切なコーピングの結果だと考えるのである。

自己調節実行機能モデル

4 ストレス研究の進展と周辺領域への影響

ストレス研究のターゲット　ストレスに関連する研究は，「ストレッサーとストレス反応の間に介在し，ストレッサーを低減したり，ストレス反応を低下させることのできる要因は何か」ということが課題である．すなわち，セリエが見出したように，寒冷等の物理的刺激（ストレッサー）にさらされれば，ほとんどの人間は免疫系，自律神経系，内分泌系の機能が影響を受け，ストレス状態となり，ストレス反応として病気様症状を発症する．しかし，人間関係等の心理的刺激に出会った場合，誰もがいらいらし，自分は駄目な人間だと思ったり，生きていく価値のない人間だと思う，といった不適応感を感じるとはかぎらない．心理的刺激がストレッサーの場合には，ストレス反応の種類と程度に大きな個人差が見出され，このような個人差がなぜ生じるのかが課題となる．そして，前節で述べたモデル・理論は，現在行われている新しい研究の柱になっている．

前出の理論の進展と統合の視点　トランスアクショナルモデルで注目しておきたいことは，ストレスフルかそうでないかを決定する主要因として，「ストレッサーに対して，個人が適切に対処できるかどうかの感覚」が重要であり（Steptoe & Appels, 1989），同じストレッサーに直面しても，それを統制可能と判断した場合と不可能と判断した場合とでは，ストレッサーに対するコーピングの選択や方略，その随伴的な結果としてのストレス反応が異なるのである．

ストレス－コーピング病気罹患性モデルは，ストレスの役割，心理社会生物学的メカニズムの解明，ストレスマネジメントプログラムの開発などのさまざまな知見を統合する上で，有用な概念的枠組みを提供している．

学習性無力感　素因ストレスモデルを行動学的立場から利用し，抑うつの解釈を試みたのがセリグマン（Seligman, 1975）による学習性無力感（learned helplessness）以降の研究である．学習性無力感は，統制不可能な電撃ストレッサーを経験したイヌが後続の逃避－回避学習に失敗し，統制可能な電撃を受けたイヌではそれが起こらないことを，ストレッサーによる無力感の学習から説明するために提唱された．それを受けて，アブラムソンら（Abramson et al., 1978）は，ストレス体験後の人間の抑うつ発生は，ストレッサーの原因を永続的（例：この失敗はずっと繰り返し続く），普遍的（例：いつも私はこうだ），内的（例：私の責任だ）帰属スタイルによって予測できるとした（改訂学習性無力感理論）．

帰属スタイル　メタルスキーら（Metalsky et al., 1982）は，改訂学習性無力感理論をさらに発展させ，抑うつの素因として，望ましい出来事に対して一時的・特異的・外的な自動思考（無意識のうちに自動化している思考）を行い，望ましくない出来事に対して永続的・普遍的・内的な自動思考を行う特徴をもっているという「抑うつ的帰属スタイル」を提出し，この素因的な帰属スタイルとストレスとの相互作用を重視した．

ウェルズとマシューズ（Wells & Matthews, 1994）は，SREF モデルを使い，いろいろな心理生物学的ストレス反応，そして，不安障害や感情障害などの病理が，ストレッサーの脅威を過度にモニターしすぎ，それに過剰に反応するために起こると捉えた．前述したように，ストレスの発現を，不合理な信念や解釈，認知の歪みといった注意の機能不全に基づく不適切なコーピングの結果だと考えた

のである。

　これらのモデルの提出以後，ストレッサーとストレス反応との間に介在するさまざまな要因（例：ストレスの認知的評価，コーピング，パーソナリティ，ソーシャルサポートといった心理的ストレス過程にかかわるもの）についての研究が盛んになった。新しい研究の方向性として，ストレッサーの経験からストレス反応の表出までのプロセスを統合モデル化することが考えられている。

　周辺領域での心理学理論の進展　もう少し研究のポイントを掘り下げてみよう。アプレイザルプロセスによって脅威と判断された環境刺激は個人の安寧を脅かすことになるので，適切に対処しなければならないが，この対処過程がコーピングである。かつて，コーピングという用語は，精神分析の立場から意識水準での防衛機制（防衛機制は基本的には無意識の水準で発動される）の意味で捉えられてきた。防衛機制は，不安，不快，罪悪感などの体験を無意識化することによって心の主観的安定を保つメカニズムである。健康な人は，いろいろな状況で似通った防衛機制をとる（Spielberger, 1966）ことから，防衛機制はパーソナリティ（性格特性）を特徴づけ，コーピングの手段もパーソナリティがかかわっているのではないかという発想から「特性論的コーピング」研究がなされた（例：タイプA）。しかしながら，後には，特性論的コーピングへの疑問や反論が出現し，状況論的にコーピングを捉えるようになった。すなわち：①個人と環境との相互作用によってコーピングのあり方は変わり，固定的ではない，②認知・行動の両面でのプロセスが重要なのであって，対処の結果が重要なのではない，といわれるようになってきた。

　また，疫学的な観点から，都市環境や住環境の変化による対人関係の希薄化が罹病率を高めることが指摘され，精神医療の観点から，地域社会における一般住民の精神障害者への援助が再発防止に役立つことが指摘された。そのような指摘が，ソーシャルサポート研究を推し進めることになり，心理ストレスに関するソーシャルサポートが話題となった。ここには，2つの仮説がある：①サポートの直接効果仮説（サポートはストレッサーの質量に関係なく，あらゆるストレス反応に直接作用して低減効果をもたらし，その低減効果はサポート量が多いほど高い），②ストレス緩衝効果仮説（サポートはストレッサーのアプレイザルやストレッサーに対するコーピングに作用するので，ストレッサーの質量が大きいほど，その効果は表れやすくなる）。

　諸々の調査研究で，ソーシャルサポートがストレス状態を軽減するという点はおおむね一致しているのだが，上記2つの仮説は，現時点では一定の結論に達していない。さらに，ソーシャルサポートというものの日常生活の中での位置づけが米国と日本では違っており，互恵性という観点からしても，日本人は「他者から何かをしてもらう」というサポートが重荷になっている可能性がある。高齢者の抑うつの関連要因を検証した増地・岸（2001）は，情緒的サポートは期待，実際の受領ともに多いほど抑うつ傾向を示す得点は低く，期待できる手段的サポートについても同様な傾向があったが，実際に受領している手段的サポートが多いほど抑うつ傾向は高いと報告している。返報できる見込みが少ない状況でサポートを受けると自尊心の低下を招く可能性があり，ストレスを軽減するためにサポートしたつもりが，そのサポートによって余計なストレスを生み出すというのでは意味がない。

防衛機制

ソーシャルサポート

5 ストレスとストレスを感じる人間の全体像を動的なシステムとして捉える

　ストレス関連研究は，その原理，メカニズムを研究するだけでなく，どのようにそのストレスに対応するかということを研究する必要がある。ここでは，我が国のストレスの現状と対処，そして今後について見ておこう。

　日本のストレスの現状と対処　　1980年代の校内暴力，1990年代のいじめや不登校など学校における出来事が社会問題化し，その背景として，児童・生徒が日常の学校生活で経験するストレスが注目されるようになった。それに伴い，学校ストレスの客観的理解を目指して，児童・生徒の学校ストレスを測定する尺度が作成されるようになった（たとえば，長根，1991；岡安ら，1992）。そして，学校ストレスのメカニズムを探る基礎的研究は，児童・生徒のストレス反応を軽減し，学校不適応の予防を目的とするようになり，現在，学校教育現場において，健康教育の一環として，ストレスマネジメント教育等が取り入れられたりしている（2010年10月24日の「朝日新聞」教育13版では対人関係を学ぶ小学校の様子が取りあげられている）。

学校ストレス

　職業性ストレスに関する理論的研究からは，いろいろなモデルが提出され，それに基づく尺度が開発されている（たとえば，島津，2001）。米国・国立職業安全保健研究所（National Institute for Occupational Safety and Health: NIOSH）は，仕事の要求度−コントロールに関する包括的モデルを提出し，職場ストレッサーが個人要因（年齢，性，婚姻状況，勤続年数等），職場外要因（家庭内の負担），緩衝要因（ソーシャルサポート）の影響を受け，急性ストレス反応を生起させ，最終的に疾患にいたるというプロセスを考えている（Hurrel & McLaney, 1988）。また，シーグリスト（Siegrist, 1996）の提起する努力−報酬不均衡モデルは，報酬（金銭的報酬，心理的報酬，仕事の安定性や見通し）と，それを得るために個人が費やした努力との不均衡がストレス反応を引き起こすと考えている。

職業性ストレス

　これまでストレスへの対処研究は，学校とか職場とかいうように場面によって，ストレスが引き起こされるという前提で考えられてきた。しかし，近年，社会自体がストレスフルになっているといわれるように，親子関係，友だち関係，同僚・上司関係といったように人間関係全般の問題になってきている。その中で，過敏性腸症候群（IBS: irritable bowel syndrome）という症候群が問題視されている。過敏性腸症候群とは，器質的な異常を伴わず，便秘，下痢，放屁，鼓腸などの消化器症状を呈する（『ステッドマン医学大辞典』メジカルビュー，2008）もので，以前は大腸の機能の異常によって引き起こされる病気ということで「過敏性大腸症候群」と呼ばれていたが，最近では大腸だけではなく小腸にも関係することなどから「過敏性腸症候群」と呼ばれている。慢性的な下痢や便秘，腹痛を繰り返し，日本人の10〜20%が罹患しており，10〜30代に多く，原因は主にストレス（他の原因として生活の乱れがある）だといわれている（www.fuanclinic.com/byouki/gainer.htm 等）。

過敏性腸症候群

　今後に向けて　　私たち人間は，毎日の生活の中で，いろいろな刺激に出会い，その刺激について何かを感じている。すなわち，その刺激について認知的に判断するとともに感情的に捉えているのである。一瞬のうちにその刺激がスト

レッサーだと判断する場合もあるし，しばらくたってからストレッサーだと判断することもある。ストレッサーのことを考え続ける状態になると，その日のムード（気分）が暗くなってくる。暗いムードの中では，同じ刺激もネガティブなものと感じてしまう。このようにして，ストレス状態は定着してくる。これは，ストレス状態が恒常化してくる様子を表現したものであるが，日常的なレベルでの認知と感情が，より長いスパンのムードを作り上げ，さらに，発達レベルでのその人のパーソナリティを形成し，不合理な信念や解釈，認知の歪曲といった思考特徴を自己組織化してしまう。それと同時に，そのパーソナリティによってムードが出現し，日常の認知と感情のあり方が影響を受ける，といった逆方向の流れが起こってくるのである。刻一刻変化する短いスパンの時間（real time と呼ばれる）で起こってくる事象をどの時間レベルでストレスと認識するのか，主観的で相対的だといわれるストレスに対処するためには，年単位といった長いスパンの時間（developmental time と呼ばれる）との双方の視点の中で，悪循環を避ける，ということがストレスから解放される（または，うまく付き合う）には重要であろう。

ダイナミカルシステム
自己組織化

今後，ストレス研究は，「ストレスと心身相関」の問題をより鮮明にするとともに，最近の脳研究の進歩をうけて「ストレスと脳」，さらには，ラザルス（1999）が"Handbook of Cognition and Emotion"の1章で認知‐感情論争を振り返っているが，ストレス反応が出現してくる背景には，認知と感情の相互作用が重要になってくる。認知と感情の相互作用ならびに心身の相互作用，脳とのかかわりを視野に入れたダイナミカルな発想（岡林ら，2008）がこれからのストレス研究には必要であろう。本章で見てきたように，ストレスは人間の生活，人間関係に直結している問題なだけに，その研究はいろいろな方面に広がりながらも，なかなか掘り下げられず拡散している。「ストレスは健康を害する」といわれ，ストレスと健康という課題は，現代人にとって非常に重要なものであるが，これまで健康という言葉は安易に使われてきて，その概念が明確ではなかった。経済の発展，科学技術の進歩により，現代人のライフスタイルは大きく変化してきている。心の健康を維持・増進することを研究対象とした健康心理学（『大国際百科事典』ブリタニカ，2008）をしっかり構築することも重要である。これからのストレス研究は，健康心理学という観点をもちながら，ストレス‐人間のかかわりをホリスティック（holistic：全体的観点：たとえば，北村，2001 参照）から動的（ダイナミカル）なシステムとして捉えていくことが必要になるであろう。

ストレスと心身相関
ストレスと脳
認知‐感情論争

ホリスティック

主要引用・参考文献

Abramson, L. Y., Seligman, M. E. P., & Teasdale, J. D. (1978). Learned helplessness in humans: Critique and reformulation. *Journal of Abnormal Psychology*, **87**, 49-74.
Beck, A. T. (1976). *Cognitive therapy and the emotional disorders*. International University Press. (ベック, T. (著) 大野 裕 (訳) (1990). 認知療法 岩崎学術出版社)
Bernard, C. (1865). *Introduction à l'étude de la médicine expérimentale*. Flammarion. (ベルナール, C. (著) 三浦岱栄 (訳) (1938). 実験医学序説 改訳 (1970). 岩波書店)
Cannon, W. B. (1929). Organization for physiological homeostasis. *Physiological Review*, **9**, 399-431.
Frankenhäuser, M. (1986). A psychobiological framework for research on human stress and coping. In M. H. Appley & R. Trumbull (Eds.), *Dynamics of stress*. Plenum Press. pp.101-116.
Hurrel, J. J., & Mclaney, M. A. (1988). Exposure to job stress: A new psychometric instrument. *Scandinavian Journal of Work, Environment, and Health*, **14** (supplement 1), 27-28.
北村晴朗 (2001). 全人的心理学 東北大学出版会
Lazarus, R. S. (1999). The cognition-emotion debate: A bit of history. In T. Dalgleish & M. Power (Eds.) *Handbook of cognition and emotion*. John Wiley & Sons. pp.3-19.
Lazarus, R. S., & Folkman, S. (1984). *Stress, appraisal, and coping*. Springer.
Liberman, R. P., Jacobs, H., Boone, S., Foy, D., Donahoe, C. P., Falloon, I. R. H., Blackwell, G., & Wallace, S. J. (1988). 精神分裂病患者のための技能訓練 精神医学, **30** (2), 229-239.
増地あゆみ・岸 玲子 (2001). 高齢者の抑うつとその関連要因についての文献的考察：ソーシャルサポート・ネットワークとの関連を中心に 日本公衆衛生雑誌, **48** (6), 435-448.
Metalsky, G. I., Abramson, L. Y., Seligman, M. E. P., Semmel, A., & Peterson, C. (1982). Attribution styles and life events in classroom: Vulnerability and invulnerability to depressive mood reactions. *Journal of Personality and Social Psychology*, **43**, 612-617.
岡安孝弘 (1999). ストレス 中島義明他 (編) 心理学辞典 有斐閣 p.475.
岡林春雄 (1995). 認知心理学入門：その基礎理論と応用 金子書房
岡林春雄・Arrow, H.・Fogel, A.・河合優年・中川正宣・千野直仁・小島康次 (2008). 心理学におけるダイナミカルシステム理論 金子書房
大平英樹 (2004). 健康支援のための精神神経免疫学的アプローチ 津田 彰・馬場園明 (編) 健康支援学 現代のエスプリ 440号 至文堂 pp.195-207.
Rabin, B. S. (1999). *Immune function and health*. Willey-Liss & Sons.
Seligman, M. E. P. (1975). *Helplessness: On depression, development and death*. Freeman.
Selye, H. (1936). Syndrome produced by diverse nocuous agents. *Nature*, **138**, 32.
島津明人 (2001). 職業性ストレス：理論モデルと実証研究 ストレス科学, **16** (3), 133-140.
Siegrist, J. (1996). Adverse health effects of high effort/low reward conditions. *Journal of Occupational Health Psychology*, **1**, 27-41.
Spielberger, C. D. (1966). Theory and research on anxiety. In C. D. Spielberger (Ed.), *Anxiety and behavior* Academic Press. pp.56-60.
Steptoe, A. (1991). The links between stress and illness. *Journal of Psychosomatic Research*, **35**, 633-644.
Steptoe, A., & Appels, A. (1989). *Stress, personal control and health*. Willey. (ステプトー, A. & アペルズ, A. (著) 津田 彰 (監訳) (1995). ストレス, 健康とパーソナル・コントロール 二瓶社)
津田 彰 (2001). 因果関係を探る科学的研究—生理学的研究 下山晴彦・丹野義彦 (編) 講座臨床心理学 2巻 東京大学出版会 pp.261-283.
Tsuda, A., & Tanaka, M. (1990). Neurochemical characteristics of rats exposed to activity stress. *Neurobiology of stress ulcers*, **597**, 146-158.

犯罪・非行の動向と犯罪原因論（犯罪心理学） 10

1 犯罪・非行とその原因

　犯罪は，被害者として直接経験しないまでも，テレビや新聞などのマスメディアが毎日報道することによって，より身近に感じることであろう。ガーブナーとグロス（Gerbner & Gross, 1976）は，テレビの長時間視聴者と短時間視聴者を比較し，警察官や裁判官など法に従事する人の数の評価について質問したところ，長時間視聴者は短時間視聴者よりも法従事者の数を多く評価したことを確認した。暴力場面に出会う確率についても長時間視聴者の方が短時間視聴者よりも高く評価をしていた。テレビの犯罪報道や刑事番組に長時間視聴者が多くふれることによって，認知にバイアスが起こったものと考えられる。この効果を培養効果という。現代人は，テレビのみならず，新聞やインターネットによっても犯罪と遭遇する。犯罪と情報的に接する機会が多いことによって，かえって認知にゆがみが生じてくる。まずは，客観的な事実である犯罪や非行の動向からふれておこう。

培養効果

　犯罪・非行の動向　　刑法犯の認知件数は，2002年に戦後最多を記録し（369万3,928件），2003年からは減少傾向にあり，2008年には253万3,351件まで減少した（平成21年版 犯罪白書）。しかしながら，戦後を通して平成の時代は認知件数は高めに推移している。少年による刑法犯の検挙人員の推移として，1951年（16万6,433人），1964年（23万8,830人），1983年（31万7,438人）をピークとする山があり，1984年以降は増減を繰り返し，2004年から毎年減少しつづけ，2008年は13万4,415人であった（平成21年版 犯罪白書）。ただし，人口比で見ると，第2のピークの1964年と同程度の水準である。少年による刑法犯の検挙人員は減少傾向にあるとはいえ，人口比で見ると，依然，高い水準にあることがわかる。また，メディアをにぎわす凶悪な非行もあり，少年非行については予断を許さない状況である。

　非行の定義は一般にはわかりにくい。ここで，非行の定義を述べておこう（平成21年版 犯罪白書）。少年非行とは，
　(1) 14歳（刑事責任を問える年齢である）以上の少年による犯罪行為
　(2) 14歳未満の少年による触法行為（刑罰法令に触れる行為）
　(3) 少年のぐ犯
　　　[1] 保護者の正当な監督に服しない性癖のあること
　　　[2] 正当な理由がなく家庭に寄り付かないこと
　　　[3] 犯罪性のある人若しくは不道徳な人と交際し，又はいかがわしい場所に出入りすること
　　　[4] 自己又は他人の徳性を害する行為をする性癖のあること
　　　のいずれかの事由があり，その性格又は環境に照らして，将来，罪を犯し，又は触法行為をするおそれがあると認められる行状

のことを指す。非行といっても，相当に幅広い概念ということになる。ぐ犯，すなわち犯罪行為を起こす可能性のある性癖までも含めて非行となる。

　一方，高齢者の犯罪動向を見てみると2008年における65歳以上の高齢者の人口比は1.730（人口1,000人あたり）である（平成21年版 犯罪白書）。年齢層別の人口比の伸び率を見ると2008年の人口比は，1991年との比較で，20〜29歳

が約1.3倍，30〜49歳が約1.3倍，50〜64歳が約2.0倍に上昇したが，高齢者では約3.7倍に上昇している。犯罪白書は，最近の高齢犯罪者の増加率が高齢人口の増加率をはるかに上回ると指摘している。高齢者の一般刑法犯検挙人員の罪名別構成比としては窃盗が最も多い。女子では89.4%が窃盗であり，万引きによる者が81.3%と多い。男子では窃盗は60.2%である。高齢者の検挙人員の増加は近年の景気不況の影響が要因の1つとなっているものと考えられる。

犯罪原因論　犯罪を成立させている原因にはどのようなものが考えられるのであろうか。犯罪原因論という犯罪心理学の分野がある。犯罪原因論には，どのような個人要因が犯罪者を育てていくのか（個人的な特性），またどのような状況が犯罪行動を引き起こすのか（社会的特性）という2つの分野がある。個人的な特性に注目する分野の研究アプローチとしては，双生児法などによる遺伝的な要因を分析する生物学的なアプローチがある。生物学的なアプローチには，犯罪者群と非犯罪者群の脳内遺伝物質の差異，ホルモン物質の差異などを分析する方法もある。心理学的アプローチとして，養育態度，暴力映像・暴力ゲームの効果，虐待経験，パーソナリティ特性などが検討される。社会的な特性に注目する分野の研究アプローチとしては，失業や経済状況の犯罪への影響や，社会の規制の強さによる犯罪への影響など，社会的な状況や環境による影響を検討するものである。

ファリントン（Farrington, 2003）は，犯罪原因について「人はなぜ犯罪者になるのか」または「なぜ犯罪を行うのか」という観点で考察を行っている（影山, 2007）。「なぜ犯罪者になるのか」という点においては，犯罪者としての資質という意味に近い概念として，犯罪ポテンシャルという概念を提出している。一部の者はさまざまな状況において犯罪を行うポテンシャルが高く，一方他の者はなぜ低いのかということを問題としている。「なぜ犯罪を行うのか」という点においては，犯罪実行における個人内の差が問題となる。なぜ犯罪がある時と場所においてこれ以外の条件よりも実行されやすいのかということであり，同じ人でも状況によって犯罪を実行したり，実行しないのはなぜなのかを研究する分野といえる。

縦断研究と横断研究　「なぜ犯罪を行うのか」という観点は，縦断研究によって解明されやすい。リストラなどによって職を失うことがある。無職であることは犯罪を引き起こす原因となるのであろうか。ファリントン（2003）は，ロンドン南部の8歳から48歳までにわたる縦断研究によって男性400人以上を対象に調査を行った。この研究では，有職時よりも無職時の方が利欲目的の犯罪（窃盗，侵入盗，強盗，詐欺）が多いことを確認した。同一人について職のあるときとないときの比較であるため，職がない，すなわちお金がないことが犯罪行動に影響があることを示す結果である。これは，個人間の比較研究において無職男性の方が有職男性よりも犯罪傾向が高いことを示す結果よりも説得力がある。このような研究は横断研究と呼ばれる。横断研究の結果は，無職であることが犯罪行動の1つの原因であることを必ずしも意味しない。無職の者がもつ特徴は単にお金がないだけではなく，反社会的行動傾向を示す場合もあるからである。反社会的行動傾向によって解雇され，無職となる場合もあるからである。したがって，無職であるから犯罪行動をするというよりも反社会的行動傾向が犯罪行動を導いていたと考える方が理解しやすい。縦断研究の場合は，同一人を対象に無職時と有職時の比較研究であるので，職の有無の影響を解明しやすいものとなる。

2 犯罪原因の個人的要因と社会的要因

犯罪心理学は，犯罪原因論のみならず，捜査心理学，被害者心理学，矯正心理学，環境犯罪心理学，裁判心理学など多くの分野を包含している。国内においては，矯正心理学の研究が多いと考えられるが，犯罪原因論に関する研究は過去からの蓄積が多い分野である。本節では，犯罪原因論を中心として主要な研究について見ていこう。

個人的要因　犯罪行動への個人的要因の影響としては，神経伝達物質などの代謝に関する遺伝，精神障害，薬物摂取，パーソナリティの各要因がある。遺伝要因及びパーソナリティ要因として，注目されているのが生理的な低覚醒が犯罪行動に及ぼす影響である。

3つの学校の101人の15歳の男子生徒を対象とした縦断研究がある（Raine et al., 1995）。実験参加者の安静時の心拍，皮膚電位反射，電気定位反射を測定した。15年後に追跡調査を行ったところ，成人して反社会的な行動を示していた34人のうち，17人が29歳までに犯罪をし，残りの17人が犯罪行為をしていなかった。犯罪行為をしていなかった者たちの生理的覚醒が高いということであった。生理的覚醒が低い者は，生理的に覚醒しにくいため，興奮を求め，犯罪を実行するという結論である。

生理的覚醒との関係では，刺激欲求（sensation seeking）が重要な概念となる。刺激欲求は，「多様な刺激，新奇な刺激，複雑な刺激への欲求であり，危険や体験への欲求である」（Zuckerman, 1979）と定義されている。個人の刺激欲求の程度を測定するのがSensation Seeking Scale（SSS）である。SSSの高得点者，すなわち刺激欲求の強い者は低覚醒の傾向にあることがわかっている（Zuckerman, 1979）。

刺激欲求と薬物摂取，飲酒，喫煙との関係も指摘されている。たとえば，モルヒネやLSD，大麻などの薬物使用者は未使用者と比べ，Disinhibition（Dis）の得点が高い（Kopstein et al., 2001）。Disとは社会的な抑制を取り除こう，ストレスを発散させようとする刺激欲求を指す。また，喫煙者は非喫煙者よりもやはりDisの得点が高い（Kopstein et al., 2001）。飲酒に関しても，乱用，依存の傾向にある者のDisの得点が高く（Earleywine & Finn, 1991），薬物摂取，喫煙に関しても，Disが関連する。しかし，ペーダーセン（Pedersen, 1991）のように高校生対象の調査においては，飲酒，薬物の使用，喫煙ではDisだけではなく，Experience Seeking（ES）との関連も示されている。ESは，新奇な経験を求める刺激欲求である。高校生のような年齢の者にとっては，社会的抑圧を解消させるという目的だけではなく，目新しさのような好奇心が，薬物乱用，飲酒，喫煙の動機にもなるのである。成人の場合には，薬物の使用は犯罪行動であり，飲酒の乱用は犯罪行動につながる可能性が高い。未成年者の場合は喫煙や飲酒は非行となるが，刺激欲求がこのような薬物関連の犯罪行動に影響をもつということになる。

社会的要因　人は個人状況と集団状況とでは，行動が大きく異なることがある。犯罪でも同様である。暴動やリンチなど犯罪に影響のある集団の概念として，没個性化がある。

没個性化とは集団の中に埋没し，暗闇など個人が特定しにくいなどによって，自意識が低下することを指す。没個性化が責任感覚の低減を引き起こし，行動の抑制能力を弱め，直接的な手がかりや現在の情動状態に反応することで，反社会的な行動を引き起こすものと考えられる。ジンバルドー（Zimbardo, 1970）の研究では，実験参加者の一方の群はクー・クラックス・クランを連想させる匿名性を高めるフードを着用させられ，他の群は私服を着ていた。実験の間，実験協力者（サクラ）である学習者が出された課題に間違えると，参加者は学習者に電気ショックを与えるよう求められた。この結果，没個性化群の方が電気ショックを与える傾向が高いことが確認された。

クー・クラックス・クラン
(Ku Klux Klan: KKK)

ミュレン（Mullen, 1986）は，アメリカ合衆国の1899年から1946年までの60件のリンチ事件について新聞記事の内容分析を行った。リンチ事件は，集団構成（被害者の数，リンチを行う者の数），残虐行為（首つり，発砲，火をつける，肉体の切り刻み，手足などの切断の有無，リンチを行う時間）にかかわる情報についてコード化された。リンチを行う者，すなわち乱衆の人数が被害者に比較してより多くなったとき，残虐行為が増加したことを結果は示した。乱衆の人数の多さが没個性化に影響を与えると考えられる。ワトソン（Watson, 1973）が，24の文化を比較検討したところによると，戦いに入る前に顔や身体にペイントを施し，自らの素性を隠した闘士が捕虜を殺人したり，拷問したり，手足を切断したりする傾向が，自らを隠さなかった闘士よりも有意に高かった。ペイントを施すことによって，没個性化し，これが残虐な行為を平気で行う要因になったと考えられる。

組織や集団の中の権威が違反行動に影響を与えることがある。まず権威勾配という概念を説明しておこう。権威勾配とは，集団内の上位者と下位者の権威関係である。威張り散らす上司と命令に黙従する部下の関係は権威勾配が急であるといい，経験年数の差が小さく，意見を言い合える関係は権威勾配が緩いということになる。ホフリングら（Hofling et al., 1966）が行った研究によると，医師が電話で看護師に術後の患者への薬剤投与量を間違えて指示した。電話による指示は当該病院では禁止されており，さらに当該薬剤は要注意リストに挙がっていたにもかかわらず，看護師の95%が薬剤を投与しようとした。医師の権威により，看護師が服従した結果である。医師－看護師間の権威勾配が急であることから，このような結果が生起しやすくなったと考えられる。しかし，ホフリングらの手続き内容を看護師や看護学生に伝えて，薬剤投与を行うかを質問した場合には，83%が行わなかっただろうと報告している。上記の研究によって権威という状況のもつ圧力がいかに強力であるかが理解できる。急な権威勾配は，組織や集団のメンバーの意欲を低下させることが確認されている（古澤，2009）。上司の命令を断りにくくなるため，組織的に行われる違反についても上司の命令であれば従ってしまい，犯罪に加担する事例は，多数見られる。2007年にメディアで明らかになった食肉偽装事件は，急な権威勾配の影響による事件であるといえよう。

3 犯罪行動の主要な理論

アノミー　社会構造の転換期に伝統的社会規範のシステムが崩壊し，社会的な連帯感や社会的な統制が崩れ，自殺や犯罪が多く起こるとしたのがデュルケーム（Durkheim, E.）であり，連帯感や統制の喪失のような社会的緊張状態をアノミー（anomie）といい，これを発展させたのがマートン（Merton, R.）である（越智，2005）。マートンは，経済的な成功が人々の目標であり，これを正当な方法で達成できないと感じるとき（アノミー），合法的ではない方法，すなわち犯罪によって達成しようとすると結論した。

ラベリング理論　他者から貼られたラベルによって，そのラベルの特徴に引きずられ，ラベルどおりに行動をすることがある。たとえば，非行少年とラベルを貼られた者が非行少年らしくふるまい，ラベルづけが非行を促進するという理論である（Becker, 1963）。非行少年，犯罪者とラベルを貼られることによって，「どうせ，俺は犯罪者だ」という自己認知が発生し，この自己認知が行動を規定するというものである。

分化的接触理論　他者との相互作用を通して犯罪的な意識を学習するという理論であり，サザーランド（Sutherland, E. H.）によって提唱されたものである（Sutherland & Cressey, 1960）。犯罪行動は逸脱した他者との相互作用によって，学習されるものであり，ある犯罪の技術だけではなく，犯罪の動機までも学習することになる。この理論には9つの基本的な前提条件がある。

①犯罪行動は，学習される。
②犯罪行動は，他者との相互作用を通して学習される。
③犯罪行動の学習の主要な部分は，親しい仲間との関係を通して生起する。
④犯罪行動が学習されるとき，学習には（a）犯罪実行の技術，（b）動機，動因，理由，態度の特定の方向づけが含まれる。
⑤動機づけや動因の特定の方向づけは，周囲の人々が法律を好ましいと考えるか，好ましくないと考えるかということ（周囲の人々の葛藤）から学習する。
⑥人は，法律違反に対して好ましくないとする考えよりも好ましいという考えが勝ったときに非行を行うようになる。
⑦分化的接触は頻度，期間，順序，強度においていろいろに変化する。このことが，犯罪行動への接触の仕方や強度に影響する。
⑧犯罪と反犯罪のパターンへの接触による犯罪行動の学習プロセスは，その他のすべての学習プロセスと同じである。
⑨犯罪行動は，一般的な欲求や価値の表現（結果）であり，非犯罪行動も同様である。したがって，犯罪行動を一般的な欲求や価値で説明できない。

たとえば窃盗は，金を獲得するためであり，一般の労働者も労働によって金を獲得する。この例でわかるように，金獲得の欲求によって犯罪行動は説明できない。

選択理論　犯罪実行において，時間，努力，金銭などのコストと得られる価値，そして目撃可能性や逮捕などのリスクとの関係の中でこれらを考慮して，実行を決定するとする理論である（Cornish & Clarke, 1986）。得られる価値には，金銭や金銭に準じる物質，心理的な価値としてスリルもこれに含まれる。選択理

論は，状況をどのように判断するかによって，犯罪行動が決定されることから，状況要因に犯罪者が影響されるとする理論であるといえよう。

割れ窓理論　犯罪環境心理学による理論である。ある家の窓が割れ，窓の修繕を行わないと，その家の者は壊れた窓を気にしないと周囲から見られ，隣の窓も割られてしまう。それをそのまま放置していると，他の窓も割られ，最終的にはすべての窓が割られてしまうという。ゴミ捨て場を汚いままにしておいたり，落書きをそのままにしておくと，地域の人々はルーズでいい加減であると見られ，さらに防犯意識も低いと思われ，徐々に犯罪者が集まる地域になるという理論である。割れた窓そのものは，比喩であり，住民が地域に関心のないことを示すと，犯罪者が集まり，その地域から引っ越す余裕のない人たちと犯罪者だけの地域となり，頻繁に犯罪が起こるとする。

安倍の社会心理学的理論　安倍（1978）は犯罪行動の発生にかかわる類型論を提出している（越智，2005）。上位としての社会（国家）と下位集団（家族，仲間集団）を類型の基準とし，特に下位集団である所属集団や準拠集団のもつ価値観が社会に対して適応的か否かによって分類を行っている。

　A型：所属・準拠集団の価値観が社会と適応的であるが，その集団（たとえば家族）への反発から，他集団（社会へ不適応的な集団または反社会的集団）へ帰属し，反社会的態度を形成する。

　B型：所属・準拠集団の価値観が社会と不適応的であるため，それを受け入れることによって，反社会的態度を形成する。

　C型：所属・準拠集団の価値観が社会に適応的であったり，不適応的であったりと，一貫しない。そのため，基準が一貫せず，混乱が生じ，他人が監視していなければ何をやってもよいという態度を形成する。

　D型：所属・準拠集団の価値観が社会に適応的ではあるが，所属・準拠集団の価値観に過度に適応することによって状況変化に対応できなくなり，反社会的態度を形成する。

　安倍は犯罪や非行を段階的に変化するものと捉え，非行深度という概念を提案している。これは第Ⅰ深度（アマチュア）から第Ⅱ深度（中間），第Ⅲ深度（プロ的非行・犯罪），第Ⅳ深度（プロの犯罪者）までの犯罪や非行の社会化を示すものである。

　安倍の理論には，粗暴犯，性犯罪など加害者の手口に合う相手（被害者）を積極的にみつけるという「場面形成・調整型」，窃盗など加害者の手口に合う場面の発見をめざす「発見型」，被害者に挑発される場合などの「誘発型」，忍耐の限界を超えることによる「忍耐型」，抑制者がいないときなどに，その場の状況に負けて犯罪に至る「誘因型」，群衆によって抑制力が低下する「群衆型」，非常事態に対応すべき技術をもたない「スキル欠如型」のように状況要因による犯罪の7分類がある。

準拠集団

4 犯罪心理学の新しい視点

環境デザイン

状況論

防犯理論

環境デザインと防犯　環境犯罪心理学は,「物理的環境」の特性を重視し,犯罪は主体と環境の相互作用であるという新しい視点からの研究分野である（羽生，2009）。多くの犯罪は普通の人によって，犯罪を可能にする物理的な環境・機会に行われるとする「状況論」という新しい視点をもつ。犯罪者個人の矯正や犯罪者を生み出す社会環境の改革よりも犯罪を発生させる物理的環境の改善の方が容易とする。建物を含め環境全体のデザインによる防犯理論は複数ある。

「守りやすい空間」理論は，「テリトリアリティ（領域性）」「自然監視」「環境のイメージ」がキーワードとなる。住民・利用者の環境への関心・愛着をベースとし，領域性，すなわちなわばりを意識しやすい構造やしかけをつくり，住民・利用者の防衛力を高め，侵入者が侵入しにくい雰囲気をつくる。周囲から見られているという自然監視を高め，犯罪を実行しにくくさせる。よい環境のイメージをつくることは，3節で指摘した割れ窓理論の考え方の対極となり，防犯につながるものと考える。

CPTED (Crime Prevention Through Environmental Design) は，「アクセス・コントロール」「ターゲット・ハードニング」「監視」をキーワードとする。アクセス・コントロールは違反者を目標物に近づけにくくする施策であり，ターゲット・ハードニングは，防犯力を物理的に強化することである。「ニュー・アーバニズム」は伝統的な街がもつ価値を発見し，新しい街づくりを行う理論である。「人が集まる活気」「混合土地利用」「用途をもつ公共空間」「通過性」をキーワードとする。通過性は通り抜けのよさ（樋野ら，2008）という言葉の方が理解しやすいであろう。「通り抜けのよさ」は，街中の通り抜けやすさを示し，それにより多くの往来があり，自然監視が高まり，防犯につながるとするものである。

環境デザインと防犯に関する調査研究（樋野ら，2008）がある。北米最大の計画的コミュニティであり，全米で最も治安のよいことで評価されるアーバイン市（カリフォルニア州）が対象である。FBI の統計では，2003 年から 2006 年にわたり人口当たりの暴力犯罪の発生数が最少である。市は 30 の「ビレッジ」によって構成され，ビジネス街は意図的にビレッジに近接させており，徒歩や自転車での通勤が可能になっている。調査は設計事務所，警察，HOA（home owners association：住宅所有者により構成される非営利法人の組合組織）に対して行われた。

ウッドブリッジは，1976 年に開発されたアーバイン型空間デザインによるビレッジの1つである。多数の小街区によって構成され，車両アクセス路は限定（ビレッジで 3, 4 ヵ所，小街区で 2, 3 ヵ所）されている。グリーンベルトや池などの共有空間を小街区で囲む配置により，アメニティを介したコミュニティ意識の共有を促進している。室内から街路や共有空間への視線誘導がなされ，公園や共有空間の視線透過性を高めることにより，自然監視を高めるしかけとなっている。

ウッドペリーは，ニュー・アーバニズム型空間デザインとの融合を果たす 2008 年に造成された新しいビレッジである。商業ゾーンと住宅ゾーンの一体的配置がなされ，商業ゾーンと中央公園レクリエーション・ゾーンで形成されるタ

ウンセンターがある。共有空間はストリートに囲まれ監視性の高い構造になっている。従来のアーバインに欠けていた商業施設への歩行性と親密感をつくるためのデザインが特に重視され，商業ゾーンや公園などの歩行目的空間が近接され，歩行行動を促進させる構造になっている。歩行経路の家なみに親近感をもたせるようになっている。親密感を高め，歩行性を高めることによって，自然監視となり，防犯効果が高くなるしくみとなっている。室内からの視線が街路や公園に向く住宅壁面の視線透過性が重視され，これも自然監視の機会を高めている。

恥意識　恥意識が非行的態度を抑制する強力な要因であり，恥意識が親子関係を基盤にして形成されることが最近の一連の研究により明らかにされてきた（中里・松井，2003）。これらの研究から，恥意識が自分恥，他人恥，仲間恥からなることが確認できた。自分恥は，自らの行為が自分で決めた基準に合致しないときに生じる恥であり，他人恥は自分の行為と大人に代表される他者の基準や社会規範との間にズレを感じたときに感じる恥である。仲間恥は特に仲間との関係における恥である。非行的態度の抑制要因として他人恥が自分恥よりも影響が強く，仲間恥は非行を抑制しないという（中村ら，2010）。中村ら（2010）は，親子関係，恥意識，非行や犯罪の許容性について，中学生と高校生を対象に調査を行っている。他人恥は不良行為および犯罪行為に対する許容性を抑制し，自分恥は犯罪許容性をやや抑制，不良行為を抑制しない，仲間恥は犯罪許容性に影響しないが，不良行為の許容性を促進することを報告した。仲間恥は仲間との同調過程における恥意識であるが，社会基準からやや逸脱した行為を「かっこいい」と考える傾向が中高生にはあり，これが結果に反映したものであるとしている。親子関係では両親のしつけの強さが恥意識を強めることを報告している。

刺激欲求　刺激欲求尺度-AE（Sensation Seeking Scale-Abstract Expression：SSS-AE；古澤，1989）は，刺激欲求尺度として世界的に使用されているZuckerman版尺度が若い世代，男性，アメリカ国民が「yes」と回答しやすい質問文となっていることから，バイアスのない質問文の構成をめざして作成された。SSS-AEの下位尺度との関係では，交通違反（Mathews et al., 1999）などのリスク行動とTASと正の相関があった。TASはスリルや刺激を求める刺激欲求である。SSS-AEのトータルの得点が交通違反，危険行為に正の影響を与えるにもかかわらず，事故には影響を与えないことが確認されている（Mathews et al., 1999）。刺激欲求は非行や犯罪のネガティブ行動だけではなく，ポジティブな行動とも関係が見られることから，古澤（2010）は非行・犯罪などのネガティブ行動からポジティブ行動へ転換させる「舵取り要因モデル」を提案している。

5 犯罪心理学の今後

　裁判員制度が 2009 年 5 月に施行された。一般から選出された 6 名の裁判員が，重大事件の刑事裁判に参加し，3 名の裁判官との合議で事実認定を行い，有罪か無罪か及び量刑を判断する。最終決定は多数決により行われる。新たな制度は始まったばかりであり，裁判員裁判の問題点を探り，問題の解決に向けて努力が必要である。本節では，裁判員裁判を中心に述べ，メディアにも多く取りあげられている組織犯罪の問題も取りあげる。

　裁判員裁判　　本間ら（2008）のレビューによると，裁判員裁判の推進派は国民参加で法意識を高める，国民の常識が判決に反映される，諸外国の制度の長所を取り入れた新たな制度であるとしている。懐疑派は司法全体の見直しをしていない，国民の常識とは何か，常識が反映されるか，市民参加は単なるお飾りではないか，としている。最も注目されるのは評議としてのメンバー構成であり，一般市民と法律のプロの裁判官の構成という格差のある集団構成である。異質性が存在する集団でメンバーが自律した個人として対等なコミュニケーションが可能か，あまりに大きな差異は対等な双方向コミュニケーションを可能にするか，直接意思決定に影響を与えるのではないか，多数決は集団の意思決定としてふさわしいか，集団のメンバーの割合・サイズはどうか，という疑問が提起されうる。

　プロの裁判官と一般市民によるメンバー構成は，2 節で述べた権威勾配の影響がかかわるであろう。裁判官の専門性が権威としてはたらき，裁判官の意見に引きずられる形で判断を下すことがないかという疑問が成立する。裁判官自らが，その影響性を自覚しなければならない。集団の合議ということでは，集団極性化という概念がある。集団の意思決定が，個人の最初の意思決定よりも危険を伴った決定にシフトする現象をリスキー・シフトという。集団における議論は必ずしも危険な方向に移行するものばかりではなく，慎重で安全な方向に移行することがある。これをコーシャス・シフトという。はじめの決定よりも危険または慎重な方向の双方に移行するということでこれが集団極性化である。集団の議論において最初に出された平均的な意見が危険なものであれば，後に続く意見はそれを支持しがちであり，危険な方向に意見が偏ることになる。慎重で安全な意見についても同様であり，これが集団極性化を導く要因となる。議論の中での極端化は，裁判官という専門家がいたとしても起こりうることであろう。

　集団討議では隠されたプロファイル効果が指摘されている。討議場面において今必要な情報は共有するが，当面必要のない情報については共有しないままで議論し，バイアスのある結論を下してしまうことをいう。

　裁判では量刑が問題となる。アンカリング効果といって，数量的な判断を行うときに，最初に呈示された数量がアンカー（係留点）となり，アンカーに引きずられた判断が行われることがある。裁判官が量刑を呈示する場合と呈示しない場合で模擬裁判を行うと，呈示条件の実験参加者（裁判員）が非呈示条件の実験参加者よりも呈示された量刑に近い判断を行うことが確認された（本間ら，2008）。すなわち，裁判官の呈示した数量がアンカーとなり，実験参加者が引きずられたことになる。その際，実験参加者はアンカリング効果を意識していないことも確認されている。

係留点

裁判員裁判については，現在の裁判官（3名），裁判員（6名）の各人数と同じにした模擬裁判や罪種，裁判員のメンバー構成を変化させた模擬裁判を行い，どのように結果が変化していくかを検討していく必要があろう。

組織の問題　不健康な組織とはどのような組織であろうか。敵意に満ちている，言葉に表裏がある，変化を受け入れない，決められた時間が守られない，リーダーが強大な権力をもつ（質問も許されない），個性のない物言わぬ群集，暗黙の了解，タブーの存在などを特徴とするのが不健康な組織である。不健康な組織は，個人の創造性が発揮されにくい自由度の少ない組織であり，虚無感，労働意欲の低下が起こり，危機状況への対応に支障が起こり，困難に対処する余力をもたないためスケープゴートをつくることになる。2節で述べた急な権威勾配の組織も不健康な組織の特徴をもつことになる。ランドール（Randall, 1997）は，健康で安全な組織とはいじめのない組織，従業員が心身ともに健康な組織（欠勤が少ないなど），職務満足度の高い組織，顧客をだまさない組織（顧客から信頼される組織）としている。したがって，不健康な組織は，食品偽装のような顧客をだますことを平気で行うことになる。また，不健康な組織の特徴であるいじめそのものが暴力行為や自殺につながり，犯罪となることもある。組織そのものが健康をめざすことが組織の犯罪を防ぐことになる。

健康な組織づくりに必要な要素として，ランドールは①効果的で開かれたコミュニケーションを強調すること，②純粋な配慮を示すこと，③職場環境の健康，安全の確保に関する方針，手続きの作成に従業員を可能な限り参画させること，④スタッフを研修講座に出席させ，役割と責任を自覚させること，⑤加害－被害関係を警告するサインを明らかにすること，⑥経営陣は研修を行うこと，⑦EAPに加盟することを挙げている。組織のトップ自身がいじめを許さない，顧客にウソをつく組織にしないという宣言をし，毅然とした態度が必要になる。トップ自身が不健康な組織を作り上げている場合は特に問題である。悪徳商法に狙われやすい若者や高齢者を守るためにも，どの組織が不健康な程度が高いかを測定するしくみがあれば，従業員の健康や顧客にとっては大きなメリットとなる。測定法については，今後研究が必要であり，健康な組織へ修正するための介入法の研究も必要となる。

／従業員支援プログラム（EAP）

犯罪心理学は，犯罪原因論や矯正心理学など犯罪者，非行少年に焦点を当てた研究が多く行われてきた。本節のように裁判心理学，組織の犯罪心理学，4節の環境犯罪心理学にも焦点を当てた研究が必要である。また，被害者の救済のためにも被害者心理学の研究の進展も望まれる。島田ら（2004）は，居住者の居住地区の無秩序評価（ゴミ捨て，落書き，自転車乗り捨て）が被害不安に影響を与えることを確認した。地域の環境浄化により，被害不安の改善を期待することができる。この結果は，被害者心理学と環境犯罪心理学の融合による成果ということになる。今後，分野を越えた研究が必要であろう。

／被害不安

主要引用・参考文献

安倍淳吉（1978）．犯罪の社会心理学　新曜社
Becker, H. (1963). *Outsiders.* Free Press.（ベッカー，H.（著）村上直之（訳）（1978）．アウトサイダーズ　新泉社）
Cohen, L. E., & Felson, M. (1979). Social change and crime rate trends: A routine activity approach. *American Sociological Review,* **44**(4), 588-608.
Cornish, D. B., & Clarke, R. V. (1986). *The reasoning criminal-rational choice perspectives on offending.* Springer.
Earleywine, M., & Finn, P. R. (1991). Sensation seeking explains the relation between behavioral disinhibition and alcohol consumption. *Addictive Behaviors,* **16**, 123-128.
Farley, F. H. (1986). The big T in personality. *Psychology Today,* May, 44-53.
Farrington, D. P. (2004). Criminological psychology in the twenty-first century. *Criminal Behaviour and Mental Health,* **14**, 152-166.
古澤照幸（1989）．刺激欲求尺度抽象表現項目版（Sensation Seeking Scale-Abstract Expression；SSS-AE）作成の試み　心理学研究, **60**, 180-184.
古澤照幸（2009）．組織・職場の権威勾配　心理学ワールド, **46**, 26-27.
古澤照幸（2010）．刺激欲求特性が社会行動に及ぼす影響　同友館
Gerbner, G., & Gross, L. (1976). Living with television: The violence profile. *Journal of Communication,* **26**(2), 172-199.
羽生和紀（2009）．環境犯罪心理学の視点と都市計画への期待　都市計画, **58**(6), 31-34.
樋野公宏・温井達也・柴田　建・渡和　由（2008）．戸建住宅地の防犯―アーバイン市での調査から　空間デザインとソフト面　家とまちなみ, **57**, 2-10.
Hofling, C. K., Brotzman, E., Dalrymple, S., & Graves, N. (1966). An experimental study of nurse-physician relationships. *Journal of Nervous and Mental Disease,* **141**, 171-180.
本間道子・斉藤真美・舘　瑞恵（2008）．集団意思決定における専門性とアンカー効果：新裁判員制度における評決の量刑判断に関して　日本女子大学紀要（人間社会学部）, **19**, 55-68.
影山任佐（2007）．犯罪成因モデルの構築に向けて：犯罪精神病理学的モデルと犯罪心理学的モデル　犯罪学雑誌, **73**(5), 134-147.
Kopstein, A. N., Crum, R. M., Celentano, D. D., & Martin, S. S. (2001). Sensation seeking needs among 8th and 11th graders: Characteristics associated with cigarette and marijuana use. *Drug and Alcohol Dependence,* **62**, 195-203.
Mathews, G., Tsuda, A., Xin, G., & Ozeki, Y. (1999). Individual differences in driver stress vulnerability in a Japanese sample. *Ergonomics,* **42**(3), 401-415.
Mullen, B. (1986). Atrocity as a function of lynch mob composition: A self attention perspective. *Journal of Personality and Social Psychology,* **12**, 187-197.
中村　真・松井　洋・堀内勝夫・石井隆之（2010）．親子関係と青少年の非行的態度（4）親子関係, 恥意識, 非行的態度の関連性　川村学園大学研究紀要, **21**(1), 167-177.
中里至正・松井　洋（2003）．日本の親の弱点　毎日新聞社
Pedersen, W. (1991). Mental health, sensation seeking and drug use patterns: A longitudinal study. *British Journal of Addiction,* **86**(2), 195-204.
Raine, A., Venables, P. H., & Willams, M. (1995). High autonomic arousal and electrodermal orienting at age 15 years as protective factors against criminal behavior at age 29 years. *American Journal of Psychiatry,* **152**, 1585-1600.
Randall, P. E. (1997). *Adult bullying.* Peter Randall（ピーター・E. ランドール（著）新井郁男（訳）（1998）．人はなぜいじめるのか―地域・職場のいじめと子ども時代の体験　教育開発研究所）
島田貴仁・鈴木　護・原田　豊（2004）．犯罪不安と被害リスク知覚：その構造と形成要因　犯罪社会学研究, **29**, 51-64.
Sutherland, E. H., & Cressey, D. R. (1960). *Principles of criminology.* 6th ed. J. B. Lippincott.
Taylor, M., & Nee, C. (1988). The role of cues in simulated residential burglary: A preliminary investigation. *British Journal of Criminology,* **28**(3), 396-401.
Watson, R. I. (1973). Investigation into deindividuation using a cross-cultural survey technique. *Journal of Personality and Social Psychology,* **25**, 342-345.
Zimbardo, P. G. (1970). The human choice; Individuation, reason, and order versus deindividuation impulse and chaos. In W. J. Arnold & D. Levine (Eds.), *Nebraska symposium on motivation.* University of Nebraska Press. pp.237-307.
Zuckerman, M. (1979). *Sensation seeking: Beyond the optimal level of arousal.* Erlbaum.

11 心の病態(異常心理学)

1 異常とは何か

　大学の授業で、「誰もいないのに人の声が聞こえたとか、あるいは音刺激がないにもかかわらず何か物音が聞こえたという体験のある人は手を挙げてください」と聞いてみると、シーンとして誰も手を挙げない。一人の学生が「それって幻聴ということですか？」と質問するので、「そうです」と答えて、「そのような体験のある人はいませんか？」と尋ねると、教室はざわざわするも挙手する者はいない。75名ほどの受講生なので、「この中に4、5人ほどはいると思うのですが」と話すとお互いに顔を見合わせて、時には騒然となることもある。「地方によっては表現が違うかもしれないが、金縛りという体験のある人は？」と聞くと、5名前後の受講生が手を挙げるのが常である。金縛りがあったと答えてくれた学生にその体験を話してもらうと、身体が硬くなって身動きがとれないとか、動かそうとしても身体が動かないといった体験に加えて、天井から自分を誰かが見ていたとか、車の音が聞こえたという幻覚体験を話す者もいる。金縛り体験を話してくれる学生の多くは、疲れた日の入眠時や中途覚醒時にこのような体験をしているが、これらも幻聴と見なすことのできる体験であると話すと、この種の体験であれば自分にもあったという報告が他にも出てくる。

　上記のエピソードで、当初は静まりかえった教室が、誰しもが経験しそうな金縛り体験の話題になると雰囲気が一変したのはなぜだろうか。幻聴がある人と尋ねられて教室が静まりかえったのは、幻聴が統合失調症の主要な症状であり、異常な体験と見なされていたからではないだろうか。静まりかえったときの異常は、精神疾患としての異常である。しかし金縛り体験のない者にとっては、その種の体験もやはり異常といえるだろう。このように、異常を考えるときは、なんらかの基準に照らし合わせて異常か否かが判断されている。

統計的概念による異常　　私たちは、多くの人たちが示す行動なり考えなりをもって異常ではないと見なしがちである。多くのサラリーマンは背広姿にネクタイをして出勤するだろうし、ほとんどの男性は通常スカートをはくことはない。羽織袴姿で会社に向かえば、周囲からは奇異な目で見られ、異常と見なされるかもしれない。統計的概念による異常とは、平均からの逸脱であり、多数正常、少数異常と考える。「多くは」「みんなが」といった形容が異常の否定の根拠となる。

知能指数　　この種の異常の捉え方として、知能の異常を考えてみよう。身長や体重と同様
正規分布　に、知能検査で計られた知能指数（intelligence quotient: IQ）も正規分布（normal distribution）をすることが知られている。平均を100、標準偏差（σ）を15とした場合、平均であるIQ=100前後の者が最も多く、±1σであるIQが85から115までの範囲に68.2%が属する。±2σであるIQが70以下、及びIQが130
DSM-IV-TR　以上は、それぞれ全体の2.3%に過ぎない（p.50, 図5-1参照）。DSM-IV-TRに
精神遅滞　よれば、IQがおよそ70以下は精神遅滞（mental retardation）と判定され、IQ値によって、軽度（50<IQ<70）、中等度（35<IQ<50）、重度（20<IQ<35）、最重度（IQ<20）の4段階に分類されている。

　このように、統計的概念による異常は、量的な異常と考えることができる。しかし、平均からどの程度の逸脱をもって異常と見なすかは、きわめて操作的である。

文化的価値的概念による異常　　統計的異常が平均からの逸脱であるとすれば、IQが130以上も知的異常と見ることができる。しかし、高い知的機能を有するということは社会的に望ましいことであり、好ましいことである。IQが130以上の人は、天才として周囲から一目置かれるかもしれない。同様に、前述した男性がスカートをはくことや羽織袴姿での出勤も、時代や文化が違えば、異常とは見なされない。スコットランドのバックパイプ演奏者の衣装でわかるように、スカート状のキルトはスコットランドの伝統的な男性の衣装である。また江戸時代に登城する家臣たちの正装は、紋付き羽織袴であった。このように、所属

する社会や文化の価値観や理想といった観点からの逸脱を基準とするのが文化的価値的概念による異常の定義である。統計的概念の量的異常に対して，質的異常と呼ぶことができよう。

　しかし，この種の基準も相対的である。1973年，アメリカ精神医学会は同性愛（homosexuality）を性障害のリストから公式に削除することを決定した。つまり，それ以前はいわば性の異常と見なされていたのが，異常ではないとされたのである。そして，1980年のDSM-Ⅲでは，自らの同性愛傾向に悩む自我異和的同性愛のみを性障害に加えたが，DSM-Ⅳでは同性愛は完全に外されて，身体的性別と心理的性別の相違に悩む性同一性障害（gender identity disorder）が重視されることになった。

　疾病概念による異常　　異常を病気か否かによって考えようとする立場であり，健康は正常と見なされる（normalを健常と訳すことが多いが，これなども健康をどう考えるかという問題はあるものの，疾病概念を含んだ言葉である）。エピソードで述べたように，幻聴は統合失調症の主たる精神症状のため，精神病と診断されることにより，異常と考えるのである。したがって，幻聴があってもそれが金縛りの1つと見なされると，稀なことではあるものの，異常と見なされないことにもなる。病気か否かという基準は，精神面だけでなく，身体面でもいえる。身体に異常があるか否かは，病気か否かと同意義でしばしば用いられる。

　しかし，同性愛の診断基準ですでに見たように，病気か否かの判断は容易ではない。たとえば，頭では汚れはそれほどでもないとわかっていても，手が汚れている気がして何度も手を洗わないと気が済まない洗浄強迫は，その程度によってはきれい好きな人と見なされるかもしれないが，皮膚がただれて痛くなっても洗わないと気がすまず，そのために遅刻が日常的となると，強迫性障害と診断されよう。症状そのものよりも，それによって社会生活に支障をきたしたり，強い不安や恐怖にさいなまされると病気と見なされる。つまり，疾病概念による異常の場合でも，不適応や心理的苦痛の程度が異常の基準となることも稀ではない。

　非日常性概念による異常　　エピソードで述べた金縛り体験のように，普段めったに経験しない非日常的な体験ではあるが，誰しもが経験する可能性をもった心理的体験がこの種の異常にあたる。たとえば，周囲が生気を失った世界に見えたり（現実感喪失），自分の手足の動きが自分の動きでないように感じたり（自己所属感喪失）といった体験をすることがあるが，これらは普段の生活の中で経験することはないものの，熱を出して床に伏せった後などには体験することがある。もっとも疾病概念による異常として捉えた場合には，これらは離人症状（depersonalization）と呼ばれる。また，初めて訪れた土地だと知りながらも昔来たことがあると感じたり，初対面の人にもかかわらず以前に会ったことのある人だと思ったりする体験はデジャ・ヴュ（既視感 déjà vu）と呼ばれているが，多くの人が一度は経験している非日常的な異常体験である。村上（1963）は，夢や催眠状態などの例外的心理状態も異常心理学の研究対象であると指摘している。

　超日常性概念による異常　　普段は体験しないという点では，非日常性概念による異常と同じであるが，現在の科学ではまだ説明しえないような体験で，透視や念力，テレパシー，予知といった特殊な現象を指す。この種の異常に関しては，13章参照のこと。

> 同性愛
> 性障害
> 性同一性障害
> 洗浄強迫
> デジャ・ヴュ

2 知覚の異常

知覚の成立 知覚は，刺激となる対象が外界に存在し，それが私たちの感覚器官で感知されて求心神経系を通じて中枢に伝えられ，知覚が成立する。感覚器官や求心神経系に問題がないにもかかわらず，客観的な刺激がそのものとして知覚されない体験が知覚の異常である。たとえば，○という図形が○として見えれば，知覚（視覚）体験といえよう。しかし，○が△に見えたり，あるいは○という図形がないにもかかわらず，○という図形が見える場合には，知覚の異常といえる。前者のように，刺激と異なって知覚が生じた場合を錯覚（illusion）といい，後者のように，刺激が存在しないにもかかわらず知覚が生じる場合を幻覚（hallucination）という。知覚は，視覚，聴覚，嗅覚，味覚，触覚の5種類の様相（modality）に分けることができるが，錯覚も幻覚もこれらの様相に対応して，錯視や幻視，錯聴，幻聴，錯嗅，幻嗅，錯味，幻味，錯触，幻触と呼ばれている。

錯覚 / 幻覚

錯覚 錯覚とは，「ものを間違って知覚すること」（宮城，1973）である。ミューラー・リヤー錯視や形の恒常現象を考えれば，私たちの知覚する世界は厳密には物理生理的な世界とは違っていることは明らかである。その意味では，知覚はすべて錯覚であるとまで極論できようが，これらの知覚現象は通常多くの人に認める体験であり，なによりも環境への適応という視点からすれば有益である。したがって，知覚の異常としての錯覚には加えていない。

錯覚はその原因から，不注意性錯覚，情動性錯覚，そして力動性錯覚に分けることができる。不注意性錯覚は，眠気などで意識が鮮明でなかったり，注意が散漫であった場合に生じる錯覚である。情動性錯覚は，不安や恐怖感などの強い情動によって引き起こされる錯覚で，「幽霊の正体見たり枯れ尾花」といわれるように，恐怖感のあまり，枯れたススキを幽霊と見間違うようなことである。他方，力動性錯覚は情動性錯覚とも重なるが，感情よりも欲求に左右されての間違いを指す。フロイト（Freud, S.）は，無意識の力による言い間違いや書き間違いといった運動系の間違いを失錯行為（parapraxis）と呼んだが，見間違いなどの感覚系の間違いもこの1つである。なお，生理的状態や情動，欲求とは無関係な錯覚様体験が一般に認められており，パレイドリア（pareidolia）という。「壁のしみが顔に見えてしょうがない」という体験のように，錯覚であるという認識をもちながらも，知覚のゆがみが生じる。

フロイト / 失錯行為 / パレイドリア

幻覚 幻覚とは，「知覚すべき対象のない知覚」（Ey, E.）である。通常は体験されることはないが，非日常性概念の異常ということでいえば，冬山での遭難者の手記とか，深夜の墓地内の恐怖体験などで，刺激がないにもかかわらず知覚が生じたことが語られることが多い（「真っ白な雪の中，遠くから自分を呼ぶ声が聞こえた」とか，「道路の真ん中に若い女性が立ってこちらを見ていた」など）。ポステル（Postel, 1993）は，幻覚が生じる条件として，知覚者の生理的状態，特殊な感情状態，神経系の機能異常，そして精神病の状態という4つを指摘している。1節のエピソードで見たような金縛りなどは入眠時の意識変容状態に伴う幻覚の1つと考えられ，生理的状態のカテゴリに入る。また白一色の雪山遭難では感覚刺激が単一で，いわゆる感覚遮断状態（sensory deprivation）に置かれることになるが，このような場合にも幻覚が生じやすい。極度の情動の高まり

感覚遮断状態

でも幻覚を生じることがあり，宗教的儀式に伴うエクスタシーやトランス状態で報告されている。神経系の機能異常としては，LSD等の幻覚発現薬の摂取によって生じる幻覚などが挙げられる。しかし，幻覚はエピソードで見たように，精神病の症状として理解されていることが多い。そして，精神症状として幻覚を捉えていくと，幻覚の様相によって原疾患が異なる場合が多い。

統合失調症

幻視は意識障害に伴っての出現が多く，たとえばアルコール精神病者はせん妄状態で，「天井に虫が列をなして這っているのが見える」といった幻視体験を述べる。統合失調症者でも幻視体験を述べる者もいるが，色や音などの感覚的性質が強調された要素幻覚よりも，人の姿や話，情景など複雑幻覚の形が多い。また自分が外界に見えるという特殊な幻視は，自己像幻視と呼ばれている。幻聴は，聴覚刺激がないにもかかわらず，聴覚が成立することであるが，聴覚の内容によって感覚性幻聴と言語性幻聴に分けられている。車の音とか金属をこすった音などは感覚性のものであるが，この種の幻聴は意識状態ないし神経系の機能異常に関係している場合が多い。一方，人の話し声が聞こえるといった言語性幻聴は統合失調症の主要な精神症状である場合が多く，会話形式の幻聴，自分の考えが声となって聞こえる考想化声，行為に対して批判的な注釈が聞こえる幻聴の3つは，シュナイダー（Schneider, 1936）によって統合失調症を鑑別する1級症状と見なされている。

要素幻覚
複雑幻覚

感覚性幻聴
言語性幻聴

1級症状

幻嗅は，嗅覚が外界に定位されにくい近傍感覚であるため，明確に自己の外部に位置づけられて体験されることは稀である。しかし，てんかん発作時の前兆（アウラ）として，焦げた臭いがするといった明確な感覚性を帯びた幻嗅も報告されている。体臭やおならなど身体から嫌な臭いを発しているために周囲の人が自分を避けるという訴えは，青年期によく認められ自己臭症と呼ばれているが，感覚性に乏しく，周囲の人のそぶりから臭いが出ているのがわかるという意味づけが多く，幻覚というよりも妄想に近いものが多い。

幻味や幻触は，幻嗅以上に客体化は難しく，変な味がするというとともに毒を盛られたとか，誰かに電気をかけられてピリピリするといったように，被害妄想がらみでの出現が多い。なお，特殊な幻触として，脳が溶けていくとか，内臓が腐った感じがするという内臓器官の感覚異常は体感異常（cenesthopathy）と呼ばれている。

体感異常

その他の異常　　知覚の異常の中には，統計的概念による量的異常のように，疲労時やイライラしているときに音が大きく聞こえるとか，逆に小さく聞こえるといった体験もある。また，対象が大きく見えるとか（巨視），小さく見えるとか（微視）といった体験は，スポーツ選手によって非日常性の体験としてしばしば報告されている。

このように，知覚の異常といっても一般的な知覚とまったくかけ離れたものではない。異常心理は別個の特殊な存在ではなく，私たちの心理に潜む一般的な存在でもある。次節からいくつかの心理的機能別に異常心理の諸相を概観するが，異常心理は普通心理のネガであるといってよい。そのため，異常心理の理解には，各心理的機能の普通心理について理解を深めておくことが有益である。本書の関連の章を参照することによって，心理的機能を立体的に把握することができよう。

3 思考・知能の異常

思考とは 　思考は，外界への適応を意図した内的行動である。人は環境への適応を図るために，外界からの情報とそれまでの経験を手がかりに，問題解決を図ろうと行動する。この試行錯誤的な行動を実際に行うのではなく，頭の中で行うのが思考である。刺激への即時的外的反応ではなく，言語や概念を用いての内的遅延化反応が思考であるとしたジャネ（Janet, P.）やフロイト（Freud, S.）の考えは，この観点に立つものである（なお，思考の普通心理については，3章，5章を参照のこと）。一般に，思考の異常は，思考過程，思考内容，そして思考体験様式という3側面から捉えられる。

思考過程の異常 　思考過程とは，考えや連想が問題の解決に向けてどのように進んでいくかといった，いわば思考の流れを意味している。思考の速さに個人差はあるものの，川の流れのように，円滑に滞りなく流れていくのが好ましい。したがって，思考過程の異常とはこれらの流れが円滑に進まないことを指している。思考の流れが遅くなり，「ぱっぱと考えられない」とか，「考えがなかなか浮かばない」という状態は思考の制止といい，うつ状態に認める。逆に，思考の流れが速く，刺激に対してもさまざまな連想が浮かんでくる体験は観念奔逸といい，躁状態や抑制のはずれたアルコール飲酒時に認める。連想が活発となり，四方八方に流れていくように，語呂合わせで連想が進み（音連合），饒舌となり，話題が次から次へと飛躍していく。周囲の刺激に左右されやすくなり（転導性の高まり），まとまりに欠けてしまう。しかし，観念奔逸が周囲からの刺激ではなく，思考がそれ自体でまったくつながりがなく進行すると，理解が困難となってしまい，支離滅裂と呼ばれる。このような状態になると，無意味な言葉の羅列であったり（言葉のサラダ），自分勝手な概念や言葉を作ったり（言語新作）といった症状を呈することもあり，統合失調症に認める。流れの緩急ではなくて，思考の流れが切れるというか，突然止まってしまうこともあり，「何を考えていたのか，急にわからなくなった」といった訴えは思考の途絶と呼ばれる。思考の途絶の理由として，「考えが誰かに奪われた（思考奪取）」と訴える場合もあり，統合失調症に認める。思考の途絶とは違い，流れが完全に止まったように，同じ考えがいつまでも繰り返されることもあり，思考の保続と呼ばれる。今日は何曜日かと尋ねられて木曜日と答えた後，今日は何月かと聞かれても木曜と答えるように，異なる問いかけに同じ連想を繰り返す現象であり，器質性障害にしばしば認める。完全に止まったまではいかなくても，流れが止まりやすく，末梢的な些細なことに拘泥して肝心の本筋になかなか進まないことは思考の迂遠という。回りくどいといった印象を周囲に与え，てんかん性障害や精神発達遅滞，高齢者に認める。なお，強い不安や想いを抱いて対象から考えが離れられず，思考が留まってしまうことは観念の固着と呼ばれ，常にその考えが浮かんでくることを精神的反芻という。

思考内容の異常 　思考内容とは，考えの中身であり，意味づけである。したがって，思考内容の異常とは，一般に妄想と呼ばれているものにあたる。妄想とは，知的機能や意識に問題がないにもかかわらず，「根拠のない主観的な信念であって，事実の経験や論理によって訂正され得ない考え」（宮城，1973）である。

Margin terms: 思考の制止／観念奔逸／音連合／思考の途絶／思考の迂遠／妄想

すなわち，知的な問題のため，あるいは意識状態が鮮明でないための非現実的な思考は，妄想と呼ばれない。また，迷信や偏見など，集団的な思考のゆがみは妄想と見なされない。主観的で，非論理的で，かつ訂正不可能な個人的な考えが妄想である。

　妄想の内容は多種多様であるが，主として自己過大評価的な内容のもの，自己過小評価的な内容のもの，対人関係に関する内容のもの，自己の身体に関する内容のものに大別される。自己過大評価的なものとして，誇大妄想，血統妄想，発明妄想，宗教妄想などがある。自己過小評価的なものとしては，貧困妄想，罪業妄想，卑小妄想などがある。対人関係に関する内容のものとしては，被害妄想，関係妄想，注察妄想，被愛妄想，嫉妬妄想，好訴妄想などがある。また，身体に関する妄想として，心気妄想，憑依妄想，醜形妄想，妊娠妄想，皮膚寄生虫妄想などが挙げられる。なお，特殊な妄想として，体感幻覚とともに自己の存在を否定した妄想から始まり（虚無妄想），自分は永久に死ぬこともできないといった妄想（不死妄想）に発展するものは，コタール症候群（Cotard's syndrome）と呼ばれている。ヤスパース（Jaspers, 1913）は考えの意味づけが個人の体験などから了解できるものを妄想様観念，了解不能なものを真性妄想と区別したが，ユング（Jung, C. G.）など精神分析学派の一部には一見了解不能な妄想も無意識の機制を考慮することによって了解できると主張する者もいる。なお，妄想の意味づけの異常には，直感的にある考えが閃いたために抱く着想妄想（「その時，自分は救世主だと確信した」），外界の知覚から意味づけしてしまう妄想知覚（「腕を組んだから，私を殺すつもりだ」），極度の不安感や周囲の変容感といった感情から意味づけが行われる妄想気分の3つがある。特に，周囲の変容感から不気味さを感じて，世界が破滅するという訴え（世界没落感）は統合失調症に認められ，思考の内容という点では曖昧なために「妄想観念なき妄想」と呼ばれている。

思考体験様式の異常　思考体験様式とは，思考の主体性の問題である。通常はっきりと意識してはいないものの，自分が考えている，考えているのは自分だと私たちは思っている。しかし，思考体験様式の異常では，自分が考えている，自分が判断しているという意識がなくなり，思考の統制が利かない状態となる。自分では考えまいとするものの，勝手に考えてしまう体験が顕著なのは，強迫観念である。強迫という言葉で示されるように，ある考えを強いられ，それを考えるように迫られるのである。頭では考えないようにと努力するものの，徒労に終わり，激しい無力感や疲労感を覚える。強迫観念には，いろんなことに疑いを抱いてしまう疑惑症や雑念が浮かんできてしまう雑念恐怖などの他に，いわゆる強迫性障害にしばしば認める。思考に対する統制力を完全に失うと，考えさせられているという体験に至り，させられ思考（作為思考）と呼ばれる。考えが他人から吹き込まれたものであるとか（思考吹入），考えが盗まれるとか（思考奪取），考えが漏れて（思考察知）他人に伝わってしまう（思考伝播）といった体験も，いずれも思考の統制を欠いており，自我の能動性の障害である。

知能の異常　思考の基盤となる知能の異常については，統計的概念による異常で言及したように，知能指数の値によって決めていることが多い。知能の定義については5章を参照していただきたいが，操作的には知能検査によって計られたものと定義されており，この観点から上述のように，IQ値が重視されてきている。しかし，知能検査の統計的頑強性に関しての論争もあり，単に数量的に捉えることなく，個人の適応上の問題として絶えず考えていかねばならない。

［欄外］
コタール症候群
ヤスパース
妄想様観念
真性妄想
ユング

強迫観念

作為思考

4　記憶の異常

記憶の成立　記憶とは,「新しい経験をうけいれ,この過去のなごりをたくわえて,それをそのまま再現することではなく,ある期間考えていなかった物事を過去に経験したという意識を伴って認知するとか,過去を定位すること」である（宮城, 1973）。すなわち記憶には,新しい経験を受け入れて覚え（記銘）,そしてその経験を蓄えておき（保持）,かつて経験した内容として必要に応じてそれを認識する（再生と再認）という3つの過程がある。なお,人の記憶を近年発達したコンピュータ機能になぞらえて,記銘を符号化,保持を貯蔵,再生を検索として認知科学の観点からも研究が進められており,これらの最近の研究成果については4章を参照していただきたい。記憶の異常を考える場合,上記の3つの過程に分けて理解していくのが一般的である。

記銘の異常　記銘とは,新しい経験を記憶として保存することであり,ものを覚えることである。したがって記銘の異常とは,覚えることが弱くなったとか,できなくなったことといえる。誰しも加齢とともに,物覚えが弱くなり,記銘力の低下が生じる。しかし,記銘力の低下が著しくなり,たった今体験したことさえも覚えていないといった重度の記銘力の低下は,認知症や器質性障害に認める。とりわけ,著しい記銘力の低下とともに,日時や自分の居る場所がわからなくなり（失見当）,そのために実際の体験と空想を混同した話をする（作話）といった症状が認められる場合,コルサコフ症候群（Korsakow's syndrome）と呼ばれ,慢性アルコール中毒にしばしば生じる。十分な記銘には,意識が明瞭で,注意散漫ではなく,感情が安定していることが必要である。これらの条件が記銘に欠かせない条件であることは,同じことを何度も繰り返して周囲の者を辟易させている飲酒者や強い不安によって何度も聞き返す者など,日常生活でしばしば遭遇する情景からもうかがえる。

> 失見当
> コルサコフ症候群

保持の異常　保持の異常そのものを把握することは,かなり難しい。過去のなごりがしっかりと蓄えられているか否かは,結局,再生や再認を通してしか確認できない。しかしその場合,貯蔵されていなかったために再生ができなかったのか,貯蔵されているにもかかわらず再生そのものに問題があって再生ができないのかを区別することができない。エビングハウス（Ebbinghaus, H.）の忘却曲線から明らかなように,通常は時間の経過とともに保持量は減少し,その内容も変化する。しかし,高齢者ではしばしば最近の体験を忘れているにもかかわらず,遠い過去の体験を鮮明に記憶していて,再生することができる場合がある。これは時間の経過とともに忘却が進むという指摘に反しており,リボー（Ribot, Th.）の法則と呼ばれている。すなわち,新しく,単純で,感情的負荷のない出来事は,古くて,複雑で,感情的負荷のある出来事よりも忘却されやすい。

> エビングハウス
> 忘却曲線

> リボーの法則

再生・再認の異常　前述したように時間の経過とともに体験されたことは忘れ去られていくのであるが,保持されていると考えられる一定期間の体験や特定の体験を思い出せなかったり,指摘されても認めることができないのが再生・再認の異常であり,健忘（amnesia）と呼ばれている。健忘は,逆向性と前向性を区別することができる。逆向性健忘とはある障害を受けた時点よりも前の体験の記憶喪失を指し,後の体験の記憶喪失を前向性健忘という。また,その原因か

> 健忘

ら，意識障害を伴った器質性健忘と，精神的外傷体験などによる心因性健忘にも分けられている。心因性健忘では，特に過去の体験のみならず，自己を同定する情報（氏名や生年月日，出生地や現住所等）の記憶を失い，自分が誰だかわからなくなることがあり，全生活史健忘と呼ばれ，これまで多くの映画や小説のテーマとして取りあげられてきている。なお，フロイト（Freud, 1899）は広く一般に4歳以前の記憶が失われていることに注目し，心理・性的発達の観点から重視して『幼児と隠蔽記憶』という論文にまとめているが，この現象は小児健忘と呼ばれている。　　　　　　　　　　　　　　　　　　　　　　　　全生活史健忘

　心因性健忘の多くは特定の人物や出来事の記憶喪失という選択的部分健忘が多く，不安や恐怖，抑うつなどの強い感情による場合がほとんどで，情緒的健忘とも呼ばれている。最近，いじめや虐待に伴う解離性障害（dissociative　解離性障害
disorder）が多く報告されるとともに，心因性健忘も注目を浴びてきている。アメリカ精神医学会の診断基準であるDSM-Ⅳ-TR（APA, 2004）では，解離性障害として，解離性健忘，解離性とん走，解離性同一性障害，離人症性障害を挙げているが，離人症性障害以外の障害に健忘が診断基準として採用されている。なお，解離性同一性障害はかつて二重人格や多重人格と呼ばれた障害であるが，人格間につながりがなく，ある人格に他の人格の記憶がない場合，周期性健忘と呼ばれることもある。

　再生が活発になり，過去の経験が湧き出るように思い出されるという現象もしばしば報告されており，記憶過剰（hypermnesia）と呼ばれている。病的異常とは限らず，死の瀬戸際に自分の人生が走馬燈のように思い出されたという非日常的な体験として描かれることもある。また，一部の薬物摂取によっても再生の過剰を認めるが，一般の再生と異なり，自動的でまとまりがなく，夢と類似してもいる。なお，特殊な記銘力として，パソコンの記憶のように駅名をすべて順序通りに記憶するといった機械的記憶があり，精神遅滞や自閉症で認める。過去に経　機械的記憶
験したことでない出来事があたかも経験したかのように感じられることを，記憶　記憶錯誤
錯誤（paramnesia）と呼ぶ。1節で述べたデジャ・ヴュ（既視感）はこの記憶錯　デジャ・ヴュ
誤であるが，記憶錯誤はコルサコフ症候群の作話や空想性虚言症などでも認める。

　人の記憶は過去の正確な再生ではなく記憶内容は変容するが，精神分析学ではこの変容を重視している。変容するという表現よりも，積極的に変容を受けるといった方が適切である。フロイト（Freud, 1901）の考えによれば，忘却は偶然　フロイト
に起きるものではなく，ある意味や意義を有している。感情負荷の高い経験は抑圧されて意識野から排除され，その結果忘却が生じる。しかし，忘却が生じるばかりではなく，記憶内容が変容を受けて再生されると考えられている。したがって，精神分析療法の目的の1つは，この変容の解明である。この変容を行う心的装置は自我（ego）と呼ばれており，抑圧の担い手である。人とICレコーダーのような記録機器による記憶を比べるとき，この自我の存在がより明らかである。　自我

　ここまで異常心理の諸相として，知覚，思考，記憶の心理的機能の異常について概観してきたが，他の感情や欲求，人格といった心理的機能については紙数の関係でふれることができなかった。これらについては，文献として挙げた成書を参照されたい。前述したように，異常心理の理解は，決して異常の理解だけではない。リボー（Ribot, Th.）を始めとするフランス心理学者たちが強調したように，異常心理は普通心理をより鮮明に露わにしてくれるものだからである。

5 異常心理の理解

心理診断法 　　**心理アセスメント**　　異常心理を理解するための方法は，従来心理診断法（psychodiagnostics）と呼ばれていた。しかし，診断という言葉が医学用語であり，その意味するところが病気か否かといった二者択一的であることから，心理的機能を連続体上に位置づける心理学の立場と異なるとして，心理アセスメント

心理アセスメント （psychological assessment）という用語が採用されるようになった。アセスメント（査定）とは，本来課税対象への見積もりを意味しており，連続体上に個人の心理的特性を位置づけるもので，必ずしも疾病や不適応と一義的に結びつく言葉ではないことから，心理診断という意味も含めて広く臨床心理学の分野で用い

アセスメント面接 られることとなった。心理アセスメントの方法には2種類ある。1つはアセスメ

心理検査 ント面接（assessment interview）であり，もう1つは心理検査（psychological test）である。アセスメント面接は，面接を通して異常心理を把握しようとするもので，精神医学でいうところの問診（psychiatric interview）である。会話を通して相手の心理的機能を理解し，面接時の行動観察なども含めて総合的に把握する。いわば，面接者がアセスメントの道具であり，理解の精度を大きく左右する。シュナイダー（Schneider, 1936）は精神医学的診断に「症状による診断」「経過による診断」「関係による診断」という3種類の診断法を挙げているが，最後の「関係による診断」こそ，アセスメント面接にほかならない。アセスメント

評定者間信頼性 面接は，面接者によって判断が異なることも稀ではなく，いわゆる評定者間信頼性（inter-rater reliability）に欠けるという批判もある。そのためこの欠点を補うために，構造化面接や半構造化面接といった方法が開発されている。また，面接時に各種心理的機能の異常を把握するために，現在症診察表（Present State Examination）をはじめとして，多くの症状チェックリストが発表されている。

　　心理検査は，心理的な個人差を把握するための道具である。アセスメント面接が面接者の主観を排除しきれないのに対して，より客観的なデータの収集のた

信頼性 めに用いられる。したがって，信頼性（reliability）や妥当性（validity）などの

妥当性 心理測定論的頑強性のあることが好ましいが，今日心理臨床の場で採用されている心理検査の多くは必ずしも満足のいく頑強性を有しているとは限らない。とりわけ，投映法は信頼性に欠けるという批判も多い。心理測定論的頑強性が主とし

投映法 て質問紙法に適した統計的概念であり，その意味で投映法を検査と考えず，技法

質問紙法 （technique）とか，方法（method）と呼ぼうという提唱もなされている。たとえば，投映法の代表的検査であるロールシャッハ・テストは，ロールシャッハ技法（Rorschach technique）とか，ロールシャッハ・インクブロット法（Rorschach Inkblot Method, RIM）と呼ばれる。

　　さまざまな心理検査　　心理検査は，何を測定しているかによって，知能検査，人格検査，神経心理学的検査に分けることができる（図11-1）。さらに，知能検査や人格検査は，どのようにして測定するかによって形式が異なる。知能の

ビネー式知能検査 異常の測定にはビネー式知能検査が有用であるが，思考の異常の把握にはウェ

ウェクスラー式知能検査 クスラー式知能検査が力を発揮する。成人用知能検査である WAIS（Wechsler Adult Intelligence Scale），児童用知能検査である WISC（Wechsler Intelligence Scale for Children）のいずれも，言語性と動作性の2種類のIQが算出できるだ

けでなく，知識や理解，絵画完成や積木といった下位検査のプロフィールを得ることができるように構成されている。そのために，言語性と動作性間の IQ の差や，下位検査の特徴を調べることによって，思考障害の手がかりを得ることができる。また，ロールシャッハ法は認知のゆがみを通して自我機能を調べることができるとされており，現実検討力（reality testing）の低下は自我が十分に機能していないことを表しており，容易に思考障害を引き起こしかねない。質問紙法では，ミネソタ多面人格目録（Minnesota Multiphasic Personality Inventory, MMPI）の妥当性尺度の F 尺度，臨床尺度の Pa（パラノイア）尺度や Sc（統合失調症）尺度から思考障害の手がかりを得ることができる。

現実検討力

MMPI

　記憶の異常の測定には，知能検査も有用であるが，通常は神経心理学的検査が多く採用されている。とりわけ，ウェクスラー記銘力検査（Wechsler Memory Scale, WMS），ベントン視覚記銘力検査（Benton Visual Retention Test）が用いられている。また，被検者の学歴とは一致しない WAIS での IQ の低下や，数唱問題や算数問題での著しい低得点といった結果は，不安など感情に左右された記銘力の低下を示唆している。

ウェクスラー記銘力検査

　知覚の異常である幻覚や錯覚は，主としてアセスメント面接の中で語られることが多く，心理検査で知覚の異常を捉えることはなかなか困難である。しかし，認知を通して自我機能を調べるロールシャッハ法は，そのマニュアルである『精神診断学（Psychodiagnositik）』の副題としてロールシャッハ（Rorschach, 1921）が『知覚診断的実験の方法と結果』と記したように，知覚や認知を重視した検査であり，曖昧なインクブロットが何に見えるかという課題そのものが一種の錯覚といえなくもない。

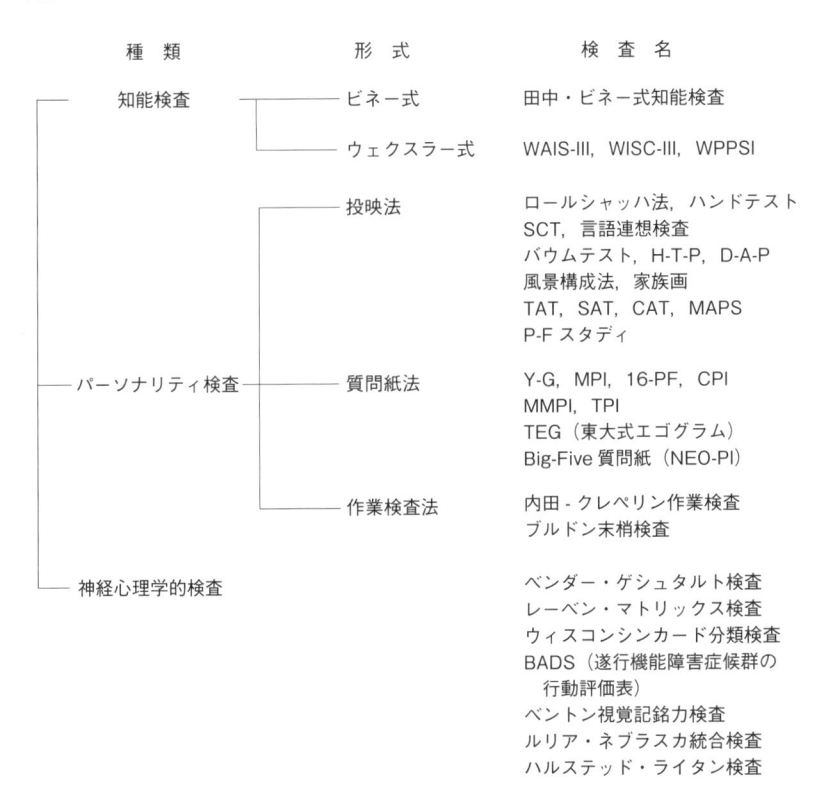

種　類	形　式	検　査　名
知能検査	ビネー式	田中・ビネー式知能検査
	ウェクスラー式	WAIS-III，WISC-III，WPPSI
パーソナリティ検査	投映法	ロールシャッハ法，ハンドテスト SCT，言語連想検査 バウムテスト，H-T-P，D-A-P 風景構成法，家族画 TAT，SAT，CAT，MAPS P-F スタディ
	質問紙法	Y-G，MPI，16-PF，CPI MMPI，TPI TEG（東大式エゴグラム） Big-Five 質問紙（NEO-PI）
	作業検査法	内田 - クレペリン作業検査 ブルドン末梢検査
神経心理学的検査		ベンダー・ゲシュタルト検査 レーベン・マトリックス検査 ウィスコンシンカード分類検査 BADS（遂行機能障害症候群の行動評価表） ベントン視覚記銘力検査 ルリア・ネブラスカ統合検査 ハルステッド・ライタン検査

図 11-1　心理検査の種類と形式

主要引用・参考文献

秋山誠一郎・加藤雄司（1982）．双書心理学 9　異常心理学　有斐閣

American Psychiatric Association (2000). *Diagnostic and statistical manual of mental disorders.* 4th ed. *Text Revision.* American Psychiatric Association.（高橋三郎・大野　裕・染谷俊幸（訳）（2004）．DSM-IV-TR 精神疾患の診断・統計マニュアル　医学書院）

Freud, S. (1899). Über Deckerinnerungen. *Monatsschrift für Psychiatrie und Neurologie*, Bd.VI, Heft 3, 215-230.（フロイト，S.（著）小此木啓吾（訳）（1970）．隠蔽記憶について　井村恒郎ほか（編）　フロイト著作集　第 6 巻　自我論・不安本能論　人文書院　pp.18-35.）

Freud, S. (1901). Zur psychopathologie des Alltagslebens. *Monatsschrift für Psychiatrie und Neurologie*, Bd.X, Heft 1, 1-32 und 2, 95-143.（フロイト，S.（著）池見酉次郎・高橋義孝（訳）（1970）．日常生活の精神病理学　井村恒郎ほか（編）　フロイト著作集　第 4 巻　日常生活の精神病理学　他　人文書院　pp.5-236.）

濱田秀伯（1994）．精神症候学　弘文堂

Jaspers, K. (1913). *Allgemeine Psychopathologie: Für Studierende, Ärzte, und Psychologen.* Julius Springer.（ヤスパース，K.（著）西丸四方（訳）（1977）．精神病理学原論　みすず書房）

北村俊則（2003）．精神・心理症状ハンドブック（第 2 版）　日本評論社

宮城音弥（1973）．岩波小辞典　心理学（第 3 版）　岩波書店

村上　仁（1963）．異常心理学（改訂版）　岩波書店

Postel, J. (Ed.) (1993). *Dictionnaire de psychiatrie et de psychopathologie clinique.* Larousse.

Rorschach, H. (1921). *Psychodiagnostik.* Hans Huber.（ロールシャッハ，H.（著）鈴木睦夫（訳）（1998）．新・完訳精神診断学　金子書房）

Schneider, K. (1936). *Psychiatrische Vorlesungen für Ärzte.* Georg Thieme Verlag.（シュナイダー，K.（著）西丸四方（訳）（1977）．臨床精神病理学序説　みすず書房）

Smith, E. E., Nolen-Hoeksema, S., Fredrickson, B. L., & Loftus, G. R. (2003). *Atkinson & Hilgard's introduction to psychology.* 14th ed. Wadsworth.（スミス，E. E., ノーレン＝ホークセマ，S., フレドリクソン，B. L., & ロフタス，G. R.（著）内田一成（監訳）（2010）．ヒルガードの心理学　第 14 版　おうふう）

心の治療（臨床心理学） 12

1 臨床心理学とは

1）臨床心理学の独自性

「こころ」の不調は，当人には直接五感では捉えられないものであり，人類の歴史上未知の領域となっていた。たとえば，身体の不調であれば「○○が痛い」とその部位とともに痛みを訴えることができる。しかしながら，「こころ」はその在処すら定かではなく，必ずしも痛みによって表現されるわけではない。こうした対象も所在も明らかでない現象に対して，人類はその土地の文化を背景に「悪魔や悪霊が取り憑いた」とか「魂が抜け出た」といった説明を試みることによって理解しようとしてきたのである。したがって，この現象と宗教とは不可分な関係を構築していったことは想像に難くないであろう。カトリック圏では悪魔払い（エクソシズム）がなされ，土着の信仰体系のもとではシャーマニズムの儀式が，今でいう医療行為に相当するものとして広く行われていたのである。シャーマンがしばしば医師の原型とされるゆえんである。

臨床心理学（clinical psychology）という用語の使用はアメリカの心理学者ウィトマー（Witmer, L.）をもって嚆矢とされる。しかしながら，臨床心理学は，ヴント（Wundt, W.）に始まる自然科学志向の心理学を基礎に発展しつつも，ヨーロッパの異常心理学・精神医学分野からさまざまな影響を受けてきたといえる。したがって，研究というアカデミックな心理学の要素を保ちつつも，実践の学として広範な領域を開拓してきたのである。哲学者ヴィンデルバント（Windelband, W.）は学問を法則定立的（nomothetisch）と個性記述的（idiographisch）とに分けて論じたが，心理学全般が前者に分類されるのに対し，臨床心理学はこの両者を架橋するものなのである。わが国では英語表記は同じでも，実践的側面をやや強調した心理臨床（学）という用語も用いられており，個性記述的側面を重要視する立場もある。

この「臨床」とは（病の）床に臨むと書く。これはベッド・サイドという意味であり，英語の clinical はベッドという意味のクリネー（ἡ κλίνη）というギリシャ語に由来する。つまり，病床の，あるいは臨終の人の傍に付き添うという意味である。病や悩みによって苦しんでいる人に対して，その苦しみに付き添う，あるいはそれを感じている人に付き添うということになろうか。ここに，心理臨床の本質が見てとれる。つまり，その苦しみを取り除こうと積極的に何かをするわけでもなく，ただ傍にいるのである。そして，この苦しみの原因を明らかにし，その苦しみを取り除くための実践と理論とを作り上げることが臨床心理学の使命といえる。こうした営みをときには客観的にときには主観的に吟味し，心病んでいる人々を援助することを心理療法（psychotherapy）と呼んでいる。わが国では，井上円了（1894）が妖怪学講義第三巻療法篇の中で，おそらくはじめて心理療法という言葉を用いた。また，カウンセリング（counseling）という類似の概念もあり，これは相談するという意味のラテン語コンスレレ（consulere）から派生しているが，わが国では両者をほぼ同義に用いることが多い。厳密には，禁忌という概念が心理療法にはあることがその差異として挙げられよう。今日ではさまざまな流派が，それぞれ独自の発展を示している。

ヴント

禁忌

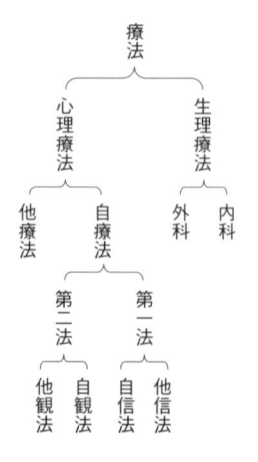

図12-1 井上円了による療法の分類（井上，1894/1999）

2）臨床心理学研究

　臨床心理学は，悩める人々の背景特性としての精神病理の性質，知的能力及びパーソナリティの個人差や実際に行われた治療の意義やその効果などを研究対象としているが，方法論としては以下のように大別される。また，実施に際し，研究協力者の人権を守るなど倫理的配慮が当然必要である。

　調査・実験による研究　いわゆるアカデミックな心理学の研究方法に準ずるアプローチである。心理尺度や検査等を用いて，あるいは実験手続きにより，数量化されたデータを通して仮説検証を行う方法である。ここでは，パラメトリック検定や多変量解析といった統計的手法が用いられる。臨床群を対象とした場合には，十分なサンプル数が確保できないなどの理由でノン・パラメトリック検定を採用する場合もある。領域としては，不安や自己愛傾向といったパーソナリティ特性の青年期における個人差を比較したり，神経心理学検査の成績を臨床群と健常群とで比較するなど，心理学の他領域との関連から検討するものもある。同様に，ストレス研究における課題遂行時の脳波の変化など生理指標を用いた研究や問題解決課題を使用した認知心理学的アプローチなどの実験的手法も含まれる。あるいは，偏見というテーマで「精神病の名称が人々に与えるイメージ」のように社会心理学に近い方法を用いた研究もなされている。

〔神経心理学〕

　事例研究　臨床ケースの一例を深く掘り下げ，その個別性を重視しつつも，そこに何らかの普遍性を探ろうとする質的アプローチである。医学が事例の積み重ねによって進歩したことを想起すればわかりやすい。この方法では患者と治療者といった二者関係における関係性やその両者で交わされる意識的・無意識的相互作用，治療的介入の意義などの検討を，両者の具体的なやりとり（主として言語による）を通して行うもので，統計的手法は用いられない。しかし，数量化可能な行動指標を基に介入の前後でその変化を検討するような一事例研究（single case design）もある。

〔一事例研究〕

　効果研究　これは，実際の治療的介入の有無やその種類などを統計的に比較することで治療効果を検証するものである。たとえば，うつ病（大うつ病性障害）に対して，①Ａ療法のみ，②Ｂ療法のみ，③Ａ療法＋Ｂ療法，④治療開始前（未治療）といった条件間で，いずれが最も効果があるのか，ＡとＢではいずれがより効果的かなどを検証するものである。実際の医療場面では，治療の対費用効果を検証するためにますます重要視されている研究領域である。

　アナログ研究　臨床群ではなく一般の健常群（非臨床群）を用いて，症状の発生のメカニズムなどについて研究するものを指す。たとえば，健常者の抑うつ傾向を研究対象とすることで，うつ病の理解に寄与することを目的としている。この方法は，臨床群よりも多くのデータが得られ統計的検討が可能であるという利点もあるが，健常者のデータを，質的に異なる臨床群に即座に適用できないという限界も存在する。

〔アナログ研究〕

2 心理療法のプロセス（1）

　物事に始めと終わりがあるように，心理療法にも開始時期を含む初期と実際に心理療法の核となる中期，そして終結期がある。なお，心理療法においては，医療における患者に相当する呼称として，来談者もしくはクライエント（client）と呼ぶことが多い。他方，心理療法を行う者は，クライエント（以下，Cl.）に対してセラピスト（therapist：以下，Th.）や治療者と呼ばれている。また，カウンセリングの場合はカウンセラー（counselor）という。わが国では臨床心理士という名称で知られており，治療プロセスを概略した後にその特徴について述べる。

　初　　期　心理療法の開始は，Cl. の申込みから始まる。思い悩んだすえに専門家の援助を求めるのである。この求める気持ち，つまり来談ないし治療意欲は，その後の進展を左右するものである。

　初回での出会いはきわめて重要であり，Th. は多くの作業を必要とする。まず，Cl. は何らかの悩みを抱えてやって来るが，同時に「自分のことをわかってくれるだろうか」とか「担当者にこんなこと話していいのだろうか」とか，来談すること自体が不安のきっかけとなることもしばしばである。そうしたことを理解した上で，Th. は Cl. を出迎えるべきである。そして，話された内容が Cl. の許可なく外部に漏れることはない（守秘義務），ということを伝える。そして，ようやく本題に入り，何が Cl. を心理療法へ駆り立てたのかについて語られ始める。その悩みは多種多様で，症状を伴い医療の対象となりえるものや対人関係の問題，さらには生き方や宗教上の問題，子育て上の苦悩など，何でもありうる。これらはすべて，主訴といわれる。Th. は，主訴を丁寧に聞き，主訴の背後にあるさまざまな要因を検討していく。

　どのような内容の主訴であっても丁寧に聞き，Cl. のつらい気持ちを受け止めつつ，アセスメント（assessment）を行う。アセスメントとは（裁判官の）横に座るという意味をもつアッシデーレ（assidēre）というラテン語に由来し，なぜ Cl. が苦悩を訴えるに至ったのか，あるとすればどのような原因が考えられるのか，どのような治療もしくは支援アプローチが好ましいのか，薬物療法の必要性など医療との連携を考えた方がよいのかなどを検討することを指す。同時に，Cl. はどの程度，考えや気持ちを言葉にするのがうまいのか，主訴に関して自身ではこれまでどのように取り組んでいてどの程度まで功を奏してきたのか，自己を見つめる力やこの問題に取り組む姿勢の強さなどがどれくらいあるか，なども検討せねばならない。また，話を聞いている間の Cl. の行動などの観察所見も重要な情報となる。

　このような判断を Th. が多角的に総合的に行うのがアセスメントであり（医師であれば，診断と治療方針に相当する），査定とか見立てとも呼ばれているが，最近ではケース・フォーミュレーション（case formulation）とも呼ばれることがある。そして，アセスメントを終えたあとには，Cl. と Th. との間で交わす約束事や確認作業を行う。まず，心理療法の目標の確認である。Cl. は何を求めているのかを明確にする作業であると同時に，どのような状態になることをめざして，2人は協働作業を行うかということの確認である。また，料金設定や心理療法を行う部屋，来談の頻度ならびに日時を決めることも重要な約束事である。一

（欄外）守秘義務
ケース・フォーミュレーション

見何でもないことのようであるが，多くの流派で来談場所（部屋），来談曜日と時間を固定する傾向にあり，心理療法の成否を左右する重要な要因と認識されている。

　心理療法とは，設定された目標に向かって双方が努力を惜しまないというのが前提であり，Cl. の諸特徴を加味して，その目標に対しては○○というアプローチが好ましいと Th. は提案し，通うべき相談機関のルールに則って，約束された日時に約束どおりに来談するということを Cl. が同意してはじめて，心理療法が開始される。この約束を治療契約と呼ぶことがある。また，このときの一連のTh. 側の説明や話し合い，それに関する確認作業をインフォームド・コンセント（informed consent）といい，これらアセスメントを含めた初回のやりとりを初回面接やインテーク面接という。

　ただし，このアセスメントは必ずしも一回限りというものではなく，厳密には継続される。心理療法が進めば新たな事実が語られることもあり，そうなれば必然的にアセスメントも変化するからである（アセスメント上の変化が大きければ治療契約を変更すればよい）。また，たとえば，初回面接で知的な問題が考えられれば次回の面接で知能検査を行うというプランは妥当であり，アセスメント期間は継続される。このように，各種心理検査を導入する場合もある。初回でおおよそのアセスメントがなされるにこしたことはないが，絶対というわけではない。数週間にわたって予備面接というアセスメント期間を設ける流派もあるくらいである。いずれにせよ，治療契約がなされなければ，心理療法は始まらないのである。

　Cl. の態度は2通りに分けることができる。Th. に治してもらおうとするタイプと自ら治ろうとするタイプである。前者においては Th. にアドバイスを強く求め続けるなどの態度が見られる。アドバイスを与えることもあるが，こうした態度は修正されねばならず，上述した初期の対応が重要となる。後者は心理療法に適った態度といえる。というのも本来，心理療法は Th. との相互作用の中で，Cl. 自らが新たな自己を見出し，あるいは治っていく過程だからである。したがって，心理療法が進展するということは，症状の軽減などのポジティブな面だけではなく，自己を見つめる際に生じる苦難を味わうという面も有している。一般に，心理療法が始まれば楽になると思われがちだが，今まで気づかなかったあるいは気づきたくなかった自分との出会いを果たすことは苦しさを伴うものである。

> 第1段階：問題の明確化
> ・問題についてクライエントや関係者に語ってもらい情報収集する
> ・得られた情報から問題を特定化する
> ・クライエントが援助に何を求めているかを明らかにする
>
> 第2段階：仮説の探索
> ・問題の原因と維持について仮説を立てる
> ・多元的にアセスメントを行い，仮説を検証するためのさらなるデータを収集する（認知面・行動面・生態面）
>
> 第3段階：フォーミュレーション
> ・問題全体と介入に関する仮説を確立する
> ・クライエントと話し合い目標の再確認を行う
> ・仮説の妥当性を検討し修正する

図12-2　ケース・フォーミュレーションのプロセス（榎本，2009）

［欄外］治療契約／インフォームド・コンセント／心理検査

3 心理療法のプロセス（2）

中期 中期に入ると主訴にまつわる核心に近づいてくる。選択されたアプローチに基づいて，より積極的な介入がなされることが多い。この介入は，背景となる理論や技法によって異なり，次節で述べるようにさまざまな形式をとりうるが，Cl. と Th. との関係性の中でそうした介入が行われる点では共通しており，この関係性を重視することが肝要である。たとえば，心理療法が進むにつれ，苦しくなって Cl. が「もうやめたい」と言い出すかもしれないし（「お陰さまでよくなりましたので」という場合もある），重要な話題を回避したり，同じことばかり繰り返したりするかもしれない。また，こんなにも自分の話を聞いてくれる Th. に恋愛などの特別な感情を抱く場合もあり，逆に自分だけを特別視してほしくてわがままをいうようになるかもしれない。Cl. からの Th. に対する過剰な期待や要求が満たされることはまずないが，Cl. はそれに対して反応を示すことが多い。約束の時間に来ない，Th. を罵倒する，自らを傷つけるなどが見られる。心理療法の進展を妨げるこうした行為の多くは抵抗（resistance）と呼ばれている。これらは必然的に生じてくるともいえるが，Th. はこの抵抗に冷静に対処しなければならない。また，なぜそのような反応をするに至ったのかを検討することはきわめて治療的であって，逆説的ながら Cl. の成長の好機でもありうるのである。もし，Cl. の主張が非現実的であったり強硬であったりする場合には，治療契約という原点に立ち戻って，両者の関係性を検討することが求められることになろう。こうした困難を一つひとつ乗り越えていくことが大切なのである。

抵抗

終結期 心理療法にどのくらいの期間を必要とするかは，ケースバイケースである。初期に設定した治療目標の達成がひとつの指針となろうが，心理療法とは刻々と変化する性質を有しているので進展中に目標の細かい点が変化したりして，その達成を厳密に判断するのは難しい。ひとつの観点は，Cl. と Th. の双方にとって心理療法による一定の進展や改善が認められたか否かであろう。もし，それが認められれば真の終結に向かって，これまで歩んできた Cl. にとっての心理療法の意味を振り返り，今後 Cl. 自身が独力で適応を維持できることを確認しつつ終結を迎えることが理想であろう。その際，最終日を迎えるまでの期間や頻度を再設定（たとえば，1 か月後など，毎週の頻度を隔週にするなど）してもよい。

他方，まったく効果が見られなかったり，Th. 側の都合（転勤，出産，訓練期間の満了など）や先に述べた抵抗としての Cl. からの終結の申し出など，残念ながら終結となる場合もある。このような終結の場合でも，Cl. の思いを大切にすることが肝要である。また，十分に終結の要件を満たしているにもかかわらず通い続けることを希望する場合もあろう。これは，心理療法もしくは Th. に依存しすぎているのであり，Cl. の真の自立に向かって対処していく姿勢が必要となるのである。

臨床心理士とその職域 以上見てきたように，心理療法をはじめ臨床心理学の実践・研究に携わる者を米国ではクリニカル・サイコロジスト（clinical psychologist）と呼び，科学者−実践家モデル（scientist-practitioner model）に基づいて養成が行われている。しかし，日本では実践の学という色彩が強く，研究者よりも実践家が多く輩出されている。現在，社会的に認知されている専門資

格に「臨床心理士」がある。これは，文部科学省が認可した（財）日本臨床心理士資格認定協会による認定資格である。この資格をめざす者は，この協会が認定している修士課程の指定大学院もしくは専門職大学院修了（現在では学部段階での専攻は問われない）もしくは医師免許取得が第一の要件である。その後，この要件を満たした者のみが受験資格を与えられ，資格試験に合格してはじめて「臨床心理士」の資格を得る。資格取得後は5年ごとに資格更新がなされ，その間の自己研鑽の程度が問われることになる。

臨床心理士

臨床心理士はこころの治療の担い手であるが，その職域は広範である。医療現場では，精神神経科や小児科をはじめ，病院，クリニック等に勤務しており，診療科をまたいでのコンサルテーションやターミナルケアにも参画している。教育現場ではスクール・カウンセラー（学校臨床心理士）として各学校の児童・生徒のメンタルヘルスに従事しており，最近では特別支援教育に対するニーズの高まりを見せている。また，大学や専門学校，幼稚園等にカウンセラーを配置しているところもある。福祉領域としては，児童相談所等で障害の判定業務や虐待事例の対応などを行い，高齢者福祉施設等に勤務する者もいる。司法関連領域では，法務技官や法務教官によるアセスメント業務や再教育，外部カウンセラーによる受刑者に対するカウンセリングも行われている。また，家庭裁判所調査官なども臨床心理士である場合が多い。各警察署等に犯罪被害者相談窓口が設置され，その相談業務に携わっていたり，少年犯罪や刑事事件等においては精神鑑定に何らかのかたちでかかわることもある。その他，企業内で社員の健康管理に従事する者，ハローワーク等で就職の相談に乗ったり就職活動支援を行う者，個人で開業する者など多岐にわたっている。

コンサルテーション
ターミナルケア

さらに，臨床心理士は資格取得後も社会的使命と高い倫理観のもとに，各種研修やスーパーヴィジョンによる研鑽への努力と教育や医学，ソーシャル・ワーク等の関連領域への理解と柔軟な対応が求められるのである。

スーパーヴィジョン

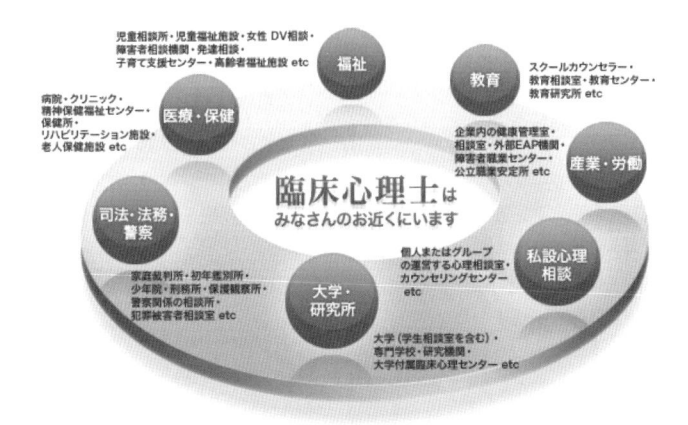

図12-3　臨床心理士の職域（一般社団法人　臨床心理士会ホームページ）

4 フロイトとユング

フロイトとユングは，心理療法の歴史の初期に大きな貢献をなした人物である。彼らは，「無意識」といった仮説構成概念をもとに病因論を展開し，治療技法を発展させていった。このような立場は広く「精神力動的アプローチ」と呼ばれる。

1） フロイトの精神分析学

ヒステリー

19世紀に神経科医として出発したフロイト（Freud, S.）が，ヒステリーの治療から創始した神経症に関する理論と治療法であり，複雑な概念を駆使して治療論を展開していった。彼は人間の根源的エネルギーをリビドー（libido）と呼び，性的エネルギーであると考えた。また，意識（Bewußtsein, consciousness），前意識（Vorbewußte, pre-consciousness），無意識（das Unbewußtes, unconsciousness）というこころの水準を考え（第一局所論），患者本人が認めたがらない複雑な

エディプス・コンプレックス

欲求や感情などをコンプレックス（Komplex, complex）と呼び，それらは無意識に抑圧（Verdrängung, repression）され，その結果症状が現れると考えたのである。また，この抑圧する主体のもつ精神内界の場を自我（das Ich, ego）と呼んだ。さらに「～してはならない」「～すべき」といった禁止命令や道徳的理念を司る超自我（Über-Ich, super ego）と「～したい」という快楽・欲求を司るエス（Es, id）との間にあって，自我は現実世界を認識しながらさまざまな不安や困難に対処しなければならないものと考えたのである（第二局所論）。その際，用いるのが抑圧などの防衛機制であり，その防衛機制のありようを患者に自覚させ，抑圧されていた内容を意識化（無意識から意識へ移すこと）することによって，つまり語れなかったことが語れるようになることによって症状が除去されると考えたのである。

当初，催眠を用いて意識化を試みていたが，やがてそれを放棄し，自由連想法を編み出していった。これは寝椅子に患者を寝かせ，思いついた考えをありのまま話してもら

表 12-1 主な自我防衛機制とその発達 (前田, 1994)

	防衛機制	方法
基本	固着	特定の発達段階で停滞する（発達の足ぶみ）
	（退行）	より早期へのあともどり――幼児返り
	（抑圧）	意識から締め出す――（幼児期健忘）
	（分裂）	「よいもの」と「わるいもの」を切り離す
1歳	取り入れ	対象を取り込む
	同一視	対象を取り込んで，自分と同一化する
	投影	対象へ向かう欲求や感情を，相手が自分へ向けているものと思いこむ
	否認	現実を認めないで無視する（分裂した一つの面しかみない）
	原始的同一化	対象と合体する（融合：一体化）
	投影同一視	対象に投影したものに同一化する：相手を利用して自分自身のある側面を体験し，それを内包しようとするもの。そこに交互作用が行われ，相手から投影された空想や感情と類似した形で感じたり，考えさせられる圧力を感じる（自分が感じる代わりに相手におしつける形で感じさせる）
	原始的理想化	対象を「すべてよいもの」とみる（値引き）
	躁的防衛	抑うつの悲哀や罪悪感を意気高揚・過剰な活動化で回避する
3歳	反動形成	本心と逆のことを言ったり，したりする
	逆転	感情や欲求を反対のものに変更する
	取り消し	不安や罪悪感が消えるまでやり直す
	隔離	思考と感情，感情と行動や態度を切り離す
	自己への反転	対象へ向かう感情を自己へ向けかえる
5歳～	置き換え	妥協して代用満足する
	昇華	欲動を美化し，社会化して表現する
	合理化	責任を他へ転嫁する
	知性化	感情を知的な観念にずらす
50歳～	諦観	自他の限界を知って放念する（断念）

い，Th.（本来は分析家という）は患者の視野外に身を置きつつ，患者の連想に耳を傾けるというものであった。その連想や報告される夢の内容（夢判断）からTh.が理解したことを患者に伝えること（解釈）が治療の核となる。また，分析中には患者はTh.に特別な感情を抱くこと（転移）があるが，これは本来患者の両親に向けられたものであって，そのことを解釈すること（転移解釈）が治療上重要であると考えられていた。さらに，Th.自身が患者に対して抱く感情（逆転移）を理解していくことが必要とされ，Th.の態度は中立性を保つべきとする考えやTh.自身が精神分析を受けて（教育分析）治療者となるべきとする，今日では心理療法の基礎をなす概念と結びついていった。

転移
　陽性転移
　陰性転移

彼はまた，治療法と並行してパーソナリティに基づく病因論も展開していった。彼は，性的快楽を感じる場（性感帯）の変容を軸に，口唇期（0-1.5歳），肛門期（1.5-3歳），エディプス期（3-6歳），潜伏期（6-12歳），性器期（12歳以降）という分類を試みた。通常の発達では順次シフトしていくのであるが，問題が生じると固着が生じ，神経症を基礎づけることになると考えたのである。たとえば，エディプス期では，男の子は，母親を愛していることへの罰として父親によってペニスを切られるのではないかという幻想にさいなまれる（エディプス・コンプレックス）。この不安に耐えることがこの時期の課題であり，それに失敗すると，成人になった際に再びこの不安が刺激された事態に遭遇したときに不安神経症を発症するというものである。また，この発達段階は，自我が選択しうる防衛機制の種類との対応が考えられているのが特徴であり，治療論と不可分な関係にある。

元型
箱庭療法

2）ユングの分析心理学

ユング（Jung, C. G.）の行った治療実践ならびに研究の総称である。彼ははじめフロイトの弟子であったが，後に訣別し独自の実践論を展開した。ユングは，主に精神病者を診ていたこと，無意識を個人的無意識と普遍的無意識から成ると考えたこと，リビドーを性的なエネルギーに限定せずに捉えたこと，夢の解釈内容よりもその動きを重視したこと，Cl.とのかかわりを治療というよりもCl.の個性化過程と考えたこと，Cl.-Th.関係をより相互作用的に捉えた点など，多くの点でフロイトとは対照的であった。さらに，夢や元型（archetype）の概念，神話研究に見られるようなイメージを重視する姿勢は，わが国において，河合隼雄が導入した箱庭療法や描画等を用いたアプローチなどにも受け継がれている。

また，彼の功績の1つにタイプ論が挙げられる。これは，第一に心的エネルギーの方向性によって外向と内向とに分類するものであるが，変動しうるものとして捉える点に特徴がある。第二に心の基本機能を思考－感情の対と直観－感覚の対の計4つの機能を考え，対の中ではお互いが相補的に機能すると考えた。この4機能と内向／外向の組合せによる計8種類のタイプを提唱したのである。

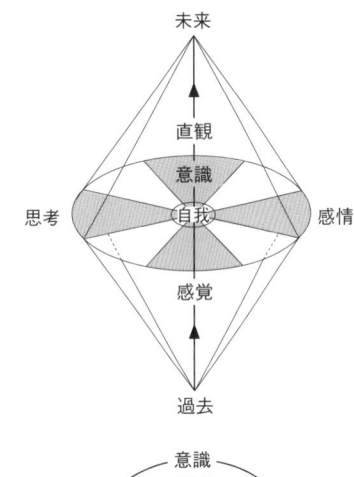

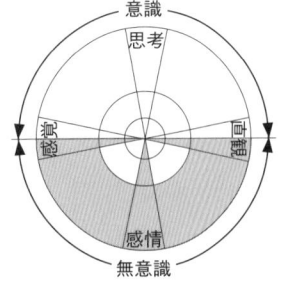

1925年の分析心理学に関するセミナーで，ユングはいくつか図を使ってタイプ論の説明を行っている。上図は，個人が静的な存在ではなく，時空間のなかで動的，立体的な存在であることを，下図は無意識の要因を考慮に入れて示そうとしたものである。

図12-4　ユングがセミナーで示した4タイプの説明図

5 さまざまな理論と技法

1) 自我心理学と対象関係論

自我心理学はフロイトの自我の概念を継承したものであるが、発達論の観点から、①自我機能と自我防衛機制の概念を拡大深化させたこと、②エリクソン（Erikson, E. H.）に代表されるように、自我同一性（ego identity）形成という概念を生み出したこと、③児童を対象とした精神分析に道を開いたこと（アンナ・フロイト Freud, A.）がその大きな意義であった。

さらに、より早期の母子関係を重視する対象関係論が発展していった。クライン（Klein, 1935）は、子どもを対象とした精神分析の実践から、乳児は母親の乳房を、ときには満足を与えてくれるよい乳房として、ときにはそれを与えてくれない悪い乳房として捉え、同一対象という感覚のないまま、悪い乳房に対してはまず被害感が優勢で攻撃／破壊衝動の高まるスキゾイド・ポジション（schizoid position）という状態となると考えていた。その後、徐々に両乳房は同一であった（そして、両極端であった自分も1つである）と感じ始めるにつれ、かつての攻撃性がよい乳房をも破壊したのではないかという幻想にとらわれ喪失感や抑うつ不安を抱く、抑うつポジション（depressive position）に移行すると考えていた。こうした口唇期以前の情緒的発達とその病理を考察し、境界性パーソナリティ障害のような、より重篤なケースについての理論と治療に貢献した。

ビオン（Bion, 1977）も精神病者を対象とした実践から、クラインの考えを発展させ、コンテイン／コンテイナー（contain/container）という概念を導入した。つまり、未熟な乳児は、不安などの生の情緒体験に耐えられないとそれを母親へと投影する。そして母親はそれをコンテインし（包み込み）、乳児が耐えられる形にして返していく。このときの母親の機能をコンテイナーという。このことによって、乳児は情緒体験の耐性を得て、それらを意味あるものとして思考できるようになり（α機能）、発達していくのである。このことを Cl.-Th. 関係になぞらえ、精神病レベルのパーソナリティ患者の治療に適用していった。今日、対象関係論は精神力動的アプローチの主流になりつつある。

2) 人間的アプローチ

人間のもつ成長可能性と「今、ここ」で感じている体験そのものを重視するという特徴が見られ、心理療法の共通原理としても見なしうる性質を有している。

クライエント中心療法（後にパーソン中心療法と変更） ロジャーズ（Rogers, C. R.）の創始した方法で、Cl. の前で率直な"感じ"を抱き続ける「自己一致」、Cl. をありのまま受け止める「無条件の肯定的関心」、Cl. の内的な準拠枠に限りなく近づこうとする「共感的理解」を Th. の態度として挙げている（カウンセラーの3条件）。Cl. に寄り添い、「受容」し、「つらかったのですね」のような「感情の反射」が介入として見られるが、これは技法というよりもむしろ態度として重要である。

個人を対象とした貢献以外にも、上述の理念を集団に適用したベーシック・エンカウンター・グループ（basic encounter group）も大きな功績の1つである。また、心理療法の効果研究に先鞭をつけたことでも知られており、たとえば、精神病患者への本法の適用がさほど効果がないことを自ら実証している。人間的で

あると同時に科学的態度を有した人物である。なお，同じ流れを汲むものにジェンドリン（Gendlin, 1981）のフォーカシング（focusing）がある。

3) 認知／行動的アプローチ

学習理論，モデリング，認知心理学や行動分析学などを背景としたアプローチであり，これらの技法の総体である。症状などの不適応行動の因果関係を検討する際に具体的な行動（広義の）を重視する。

行動療法　不適応行動は誤った学習の結果によるものと考え，それらを消去する手続きを行う。ウォルピ（Wolpe, 1958）の系統的脱感作法（systematic desensitization）などが代表的な技法である。　　　　　　　　　　　系統的脱感作法

認知療法　ベック（Beck, 1976）のうつの治療実践に由来する方法である。うつは個人の不合理な信念（スキーマ）によって事態をゆがんで解釈するために生ずると考え，この認知のゆがみを適切なものへと変化させるという介入を行う方法である。

認知行動療法　上記2つの療法を統合し，より精緻なアプローチへと進展したものである。ある刺激（きっかけ）から症状や不適応行動などの結果が生じたと考え，それらを媒介するものとしての個人内部の特性を含め，その結果を維持しているメカニズムをアルゴリズムのように論理的に考えていくという観点に役立っている（機能分析）。具体的な介入としては，エクスポージャー（exposure）　　エクスポージャー
などさまざまな技法を組み合わせて用い，ターゲットとなる行動へとアプローチするのである。また，対象とされる行動が変数として扱われるので，治療効果を具体的に示しやすい。

2000年以降，認知面における言語行動を重視し，Th.側の言語的介入も視野に入れた，体験や文脈をより重視して問題行動を検討するアプローチが盛んになってきている。アクセプタンス・アンド・コミットメント・セラピー（acceptance and commitment therapy）などがその代表例である。

4) 心理療法の発展

その他にも多くの心理療法が存在する。家族を1つのシステムと見なし，直線的因果関係ではなく，循環型の円環モデル（原因追及をしない）に基づき相互のコミュニケーションのあり方を重視する家族療法や，本人のパーソナリティではなく，他者との関係性にのみ焦点づけた，短期の対人関係療法などがある。また，わが国独自の心理療法として，内観療法（吉本伊信），森田療法（森田正馬），動作法（成瀬悟策）などが挙げられ，各文化を背景に多くの心理療法が発展を見ている。

主要引用・参考文献

Beck, A. T. (1976). *Cognitive therapy and the emotional disorders.* International University Press. (ベック, A. T. (著) 大野　裕 (訳) (1990). 認知療法：精神療法の新しい発展　岩崎学術出版社)

Bellack, A. S., & Hersen, M. (Eds.) (1985). *Dictionary of behavior therapy techniques.* Pergamon Press. (ベラック, A. S., & ハーセン, M. (編) 山上敏子 (監訳) (1987). 行動療法事典　岩崎学術出版社)

Bion, W. R. (1977). *Seven servants: Transformations.* Attention & Interpretation. Jason Aronson. (ビオン, W. R. (著) 福本　修・平井正三 (訳) (2002). 精神分析の方法Ⅱ＜セブン・サーヴァンツ＞　法政大学出版局)

Eysenck, H. J., & Rachman, S. (1965). *The causes and cures of neurosis.* Routledge & Kegan Paul. (アイゼンク, H. J., & ラックマン, S. (著) 黒田実郎 (訳) (1967). 神経症　岩崎学術出版社)

Freud, S. (1923). *Das Ich und das Es.* Internationaler psychoanalytischer Verlag. (フロイト, S. (著) 井村恒郎・小此木啓吾他 (訳) (1970). 自我とエス　フロイト著作集6　自我論・不安本能論　人文書院)

Freud, S. (1940). *Abriß der Psychoanalyse.* Internationalen Zeitschrift für Psychoanalyse und Imago, **25** (1). (フロイト, S. (著) 井村恒郎・小此木啓吾他 (訳) (1983). 精神分析概説　フロイト著作集9　技法／症例篇　人文書院)

井上円了 (1894/1999). 妖怪学全集　第一巻　柏書房

Gendlin, E. T. (1981). *Focusing.* 2nd ed. Bantam books. (ジェンドリン, E. T. (著) 村山正治・都留春夫・村瀬孝雄 (訳) (1982). フォーカシング　福村書店)

Jung, C. G. (1931). *Probleme der modernen psychotherapie.* Seelenprobleme der Gegenwart. Rascher Verlag. (ユング, C. G. (著) 高橋義孝・江野専次郎 (訳) (1970). 近代精神治療学の諸問題　ユング著作集2　現代人のたましい　日本教文社)

Jung, C. G. (1921/1960). *Psychologischen Typen.* Rascher Verlag. (ユング, C. G. (著) 林　道義 (訳) (1986, 1987). 心理学的類型ⅠⅡ　人文書院)

Jung, C. G., & Kerényi, K. (1951). *Einfürung das Wesen der Mythologie.–Das göttliche Kind / Das göttliche Mädchen.* Rhein-Verlag. (ユング, C. G., & ケレーニイ, K. (著) 杉浦忠夫 (訳) (1975). 神話学入門　晶文社)

Klein, M. (1935/1975). *A contribution to the psychogenesis of manic-depressive states. The writings of Melanie Klein.* Vol. 1. *Love, Guilt and reparation, and other works.* Melanie Klein Trust. (クライン, M. (著) 西園昌久・牛島定信 (責任編集) (1983). 躁うつ病の心因論に関する寄与メラニークライン著作集3　愛，罪そして償い　誠信書房)

前田重治 (1994). 続　臨床精神分析学　誠信書房

武藤　崇 (2006). アクセプタンス＆コミットメント・セラピーの文脈　ブレーン出版

Reisman, J. M. (1976). *A history of clinical psychology.* Halsted press. (ライスマン, J. M. (著) 茨木俊夫 (訳) (1976/1982). 臨床心理学の歴史　誠信書房)

Rogers, C. R. (1967). *The therapeutic relationship and its impact: A study of psychotherapy with schizophrenics.* The University of Wisconsin Press. (ロジャース, C. R. (著) 友田不二男 (編) (1972). ロジャーズ全集別巻1　サイコセラピィの研究　岩崎学術出版社)

Salkovskis, P. M. (1996). *Trends in cognitive and behavioural therapies.* John Wiley & Sons. (サルコフスキス, P. M. (著) 坂野雄二・岩本隆茂 (監訳) (1996/1998). 認知行動療法　臨床と研究の発展　金子書房)

Samuels, A., Shorter, B., & Plaut, F. (1986). *A critical dictionary of Jungian analysis.* Routledge & Kegan Paul. (サミュエルズ, A., ショーター, B., & プラウト, F. (著) 山中康裕 (監修) (1993). ユング心理学辞典　創元社)

下山晴彦 (編) (2009). 改訂新版よくわかる臨床心理学　ミネルヴァ書房

Stricker, G., & Widiger, T. A. (2003). *Handbook of psychology.* Vol. 8. *Clinical psychology.* John Wiley & Sons.

氏原　寛・亀口憲治・成田善弘・東山紘久・山中康裕 (共編)　改訂版　心理臨床大事典　培風館

Weiner, I. B., & Bornstein, R. F. (2009). *Principles of psychotherapy.* 3rd ed. John Wiley & Sons.

Wolpe, J. (1958). *Psychotherapy by reciprocal inhibition.* Stanford University press. (ウォルピ, J. (著) 金久卓也 (訳) (1977). 逆制止による心理療法　誠信書房)

不思議現象の探究（超心理学） 13

1 不思議現象 —信じる前に研究しよう—

あなたは「正夢」を見たことがあるだろうか。大きな橋が崩れ落ちる大惨事を夢に見て，汗ばんだ状態で朝起きる。そうしたら午後のニュースで，その日の昼頃に橋の崩壊事故が起きたと報道されるのだ。こうした不思議な体験をすると，自分に「予知能力」があるなどと思いがちになる。

残念ながら，不思議な能力があるという感覚のほとんどは「誤信念」である。正夢の例でいえば，夢の内容と現実の事故の一致は偶然だったのである。私たちには，そうした偶然の一致をきわだって強く認識する認知的傾向（3章）がある。正夢にならなかった夢は忘れてしまうし，他の事件の正夢を見ていないという事実も忘れがちである（菊池ら，1995；菊池・木下，1997）。

表 13-1 正夢判定のための四分割表

A. 事故の夢を見た。その事故が起きた。	B. 事故の夢を見た。その事故は起きなかった。
C. 事故の夢を見なかった。事故が起きた。	D. 事故の夢を見なかった。事故は起きなかった。

四分割表　　正夢という不思議な現象が確かにあるということを示すには，表 13-1 の四分割表にある項目のうち，AとDの回数が多く，それに対してBとCの回数は少ないことを統計で明らかにしなければならない（16章のカイ2乗検定）。ところが，B，C，Dの回数を数えるのは至難のわざである。私たちは，正夢になったときに限り，その夢を思い出しやすいからである。

自己成就予言　　また，仮にAとDの回数が統計的に多いことが判明したとしても，正夢になった事件が自分に関することばかりであれば，予知とは認められない。たとえば，自分が街角でスカウトされる夢を見て，げんにそうなったとしても，「夢が現実になるのではないか」という気持ちから，自分でスカウトされやすいように街角を歩いていたのかもしれない。これは自己成就予言である。

超心理学とは　　以上のように正夢の体験事例から，人間に不思議な能力が備わっていると結論するのは，事実上不可能である。研究を進めるためには，実験室で厳密な実験を重ねて，人間に不思議な能力があるかどうか，あるとしたらどのような性質なのかを，地道に調べる必要がある。この学問分野が「超心理学（parapsychology）」である（笠原，2000）。

超心理学の中心的な研究対象は，ESP（extra-sensory perception: 超感覚的知覚），PK（psychokinesis: 念力），ヒーリング（psychic healing: 心霊治療）である。また，こうした物理的には説明のつかない未知能力のように見える現象を，超心理現象（psi phenomena），あるいは単純に「サイ（psi）」と呼ぶ。

ESP　　五感などの感覚器官をいっさい通すことなく，外的情報を知覚する現象である。遠くにいる他者の内的想像を直感できる「テレパシー」，隠された物体や画像がどんなものかわかる「透視」，未来の出来事が感知できる「予知」などが含まれる。しかし，「テレパシー」に見えても脳の中を「透視」しているのかもしれないし，「予知」といっても将来を「透視」しているのかもしれない。

そこで，現在の超心理学分野では，まとめて ESP と呼ぶことが多くなっている。

PK 心のはたらきが身体や道具を介さず，外的物体へと直接的に影響が及ぶ現象であり，マクロ PK とミクロ PK に大別される。マクロ PK とは，手を触れない物体移動や金属曲げ，フィルムに像を感光させる念写など，原理的には 1 回の厳密な実験で不思議な能力を実証できる現象である。ミクロ PK とは，サイコロで念じた目を出す，ルーレットで特定の位置に球を止めるなど，多数の試行を繰り返して統計的にのみ実証可能な現象である。

ヒーリング ヒーラー（施術者）の技術によって，患者が抱える心身の疾患が癒される超心理現象である。ESP のかたちで患者の心理に影響して治癒を早める可能性と，PK のかたちで身体に物理的影響を及ぼす可能性とが指摘される。

超心理学の現状 超心理学は科学的な研究方法にのっとった厳密な科学研究であり，オカルトではない。そのため管理した実験状況のもとで現象が安定して再現できること，公共性のあるかたちで社会に示せることを目標としている。その目標に照らして，ESP の存在はかなり明らかになっている。実験室の厳密な実験で認められる ESP 効果の大きさは，特に後述のガンツフェルト実験などの場合，心理学や社会学で取り扱う小規模現象と中規模現象のあいだ程度の，無視できない大きさで検出されている（Utts, 1995）。

オカルト

またミクロ PK についても存在は明らかになっていると，超心理学者たちは主張している。しかし，その効果の大きさは，サイコロを何万回も振らないと判別できないほど小さいものであり，成果を広く一般に向かって公言できる段階まで至っていない。だが，最新の電子技術で，何千回ものコイン投げに相当する操作を 1 秒間にできる物理乱数発生器が開発されており，今後の研究の発展が期待できる（Shimizu & Ishikawa, 2010）。また，世界中の物理乱数発生器をインターネットでつないで，乱数の地球規模の特異的挙動を見る地球意識プロジェクトも注目されている。

物理乱数発生器

地球意識プロジェクト

一方マクロ PK は，超心理学者のあいだでさえも，それが存在するかどうか意見が分かれている。物体移動や金属曲げ，念写などの PK 現象を，管理した状況で達成できたとする記録もあるにはあるが，安定した再現性がない。またマクロ PK に相当する現象を演じる奇術のトリックがたくさん知られており，厳密性が低い状況であるとトリックが疑われ，信ぴょう性に欠けてしまうのである。

トリック

ヒーリングは，もし効果が十分にあるということになれば，人類の福祉増進への寄与は大きいので，究明が期待される現象ではある。ところが，ヒーリングの厳密な実験は難しい。ヒーラーが患者に対面すれば，なんらかの物理的刺激が効果を与えた可能性があるし，「施術をする」と患者に伝えただけで，心理的な暗示効果がある。現在こうした他の可能性を排除した厳密な実験が模索されている段階である。ただ，ヒーリングの場合，現象が確認されても公言するに伴う大きな問題が残る。インチキヒーラーの蔓延を招いてしまう可能性があるからである。超心理学のヒーリング研究では，その効果を逐一測定できるしくみもあわせて開発していかねばならない。最近，植物を対象としたヒーリング実験で，この方向の研究開発がすすめられている（Kokubo et al., 2007）。

以上のように，超心理学の研究は発展途上段階であるし，社会とのかかわりあいについても，十分配慮して研究を進めないとならない分野である。以下本章では，研究が最も進んでいる ESP に限って解説していく。

2 超心理学史 —批判に対抗する歴史—

心霊研究　　　　超心理学の起源は，1882年のイギリスにさかのぼれる。この年，心霊研究協会がロンドンに発足し，霊魂や霊界を研究対象とする「心霊研究（Psychical Research）」が本格的に始まった。このころ，死者と対話ができるという交霊会が流行したのである。心霊研究とは，霊魂の存在を前提とし，不思議現象を霊魂から説明しようとする研究である。ある種の人間的能力として不思議現象を捉える超心理学とは異なり，死者の霊と交信できるという霊媒師が語る死者のメッセージや，その交霊会の場で起きた奇妙な物理的現象が研究対象とされた。心霊研究協会は，当時の学界の重鎮を集めて大々的に研究を開始した。複数のノーベル賞受賞学者さえも参画し，注目された。

けれども，交霊会のうす暗がりはトリックを行いやすい状況であり，研究の妥当性が疑われるようになってきた。霊媒師の中には，売名行為を目的とした人々が多く現れ，実際にトリックが暴かれる例が見られた。1910年を過ぎると，設立メンバーは世代交代し，すっかり研究は低迷してしまう（Beloff, 1993）。

研究手法の確立　この状況を改革し，超心理学を現代的な実験研究として確立したのが，アメリカの研究者ライン（Rhine, J. B.）である。ラインは，心理学者のマクドゥーガル（McDougall, W.）が1920年代に開設したデューク大学心理学部に赴任して，交霊会に現れる不思議な現象を実験室で研究できるように工夫した。一般人を相手に多数の試行を機械的に行って，統計分析によって超心理現象を立証しようとしたのである。この研究手法は，1934年の文字どおり『ESP』という著作（Rhine & McDougall, 2003）によって，世界的に知られるようになった。霊媒師のような特別な能力者を必要とすることなく，世界各地で追試が可能な方法であった。

ESPカード　　　　ラインたちは，図13-1のようなESPカードを開発して，テレパシーや透視の実験を行い，統計的にきわめて有意な結果を得ている。ESPカードは，先入観をなるべく排除するためにデザインされた，単純な記号が印刷されたカードである。それらのカードをよくシャッフルして送り手が1枚ずつ手に持ち，5種類の

図13-1　ESPカード（ライン研究センター版）

うちどの記号のカードであるかを受け手が当てるテレパシー実験や，1組25枚のカードをシャッフルしてテーブルに積んでおき，それを上から順にどの記号のカードであるかを当てる透視実験などが，いろいろな条件のもとで総計270万試行も行われた（Steinkamp, 2005）。

1937年には，こうした研究の発表の場として，『超心理学論文誌』（Journal of Parapsychology）の刊行がスタートし，今日まで続いている。なお，イギリスでは前述の心霊研究が超心理学へとそのまま拡大し，心霊研究協会の機関誌に超心理学論文が発表されるようになって現在に至っている。また，1957年には，超心理学協会（Parapsychological Association）が設立され，毎年世界各地で超心理学者を集めた年次学術大会を開催している。この団体は1969年に，アメリカの学術会議に相当する科学振興協会の傘下にも加盟を果たしている。こうして超心理学は名実ともに，学術研究分野として認められるようになったのである。

研究に対する批判　ところが，この実態は超心理学分野以外の人々には十分に知られていない。この大きな原因は，ESPなどはありえないとする信念をもつ懐疑論者が，反超心理学のキャンペーンを繰り広げているからである。多くの論者は，自分で実験したり実験に立ち会ったりせずに，推測で批判を展開している（笠原, 1987）。懐疑論者とは，本来，主張の問題点を積極的に指摘し，主張者がおちいりやすい独断を排除する科学的使命をもつ人々である。しかし，しばしば懐疑論者自身が独断におちいり「否定論者」となることがあるのだ。

懐疑論

ラインの時代では，ESPカードに傷がついていたとか，シャッフルが十分でないとか，実験者が自分に都合のいいように記録を付けまちがったなどのクレームがあがった。こうした批判に合わせてラインは，送り手が持つカードが見えないようについたてを置くとか，シャッフルよりもランダム性が保証されている乱数表に基づいてカードを準備するとか，送り手のカード順と受け手の応答を別々に記録して第三者が照合するとかの改善を施した（Rhine et al., 1940）。

ランダム性

最終的に超心理学者たちは，送り手と受け手を別々の部屋に隔離したり，透視のターゲットの呈示から回答の記録までを全自動で行う機械的システムを開発したりして実験を行った。実験を厳密にしても，依然として一定のESP効果が現れている（Steinkamp, 2005）。

ラインをはじめとした超心理学者たちの努力に反して，今日でも「ラインはずさんな実験をしていた」という漠然とした批判が残っている（Hines, 1988）。そうしたキャンペーンの中心になっている団体がCSI（The Committee for Skeptical Inquiry 旧団体名はサイコップ）である。この団体は「超常現象とされるものの科学的研究のための委員会」として1976年に設立された。メンバーには，多くの著名な科学者や奇術師がおり，そのほとんどは男性である。『スケプティック・インクワイアラー』という機関誌を発行して，UFOやネッシー，占星術などの超常現象への信念を嘲笑する活動を展開している。確立された「科学」に対して，超常現象は「危険」だというのだ。そして，ESPなどの超心理現象も，超常現象としてひとくくりに批判対象にされたのである。

超常現象

CSIのメンバーの中にも，学術的論争を行う者もいる。しかし，超心理学が学術研究であり，科学的な方法論にのっとって研究を行っている事実はかき消され，一般市民に（時には心理学者にさえも）誤った認識が伝わっているのが現状である。

3 ガンツフェルト実験 —超心理現象の存在を示す—

　ESPカードを使って単調な試行を繰り返すのは退屈である。長い実験ではスコアが低下する傾向も明らかになった。ライン以降，超心理学者の一部は，もっと少ない試行数で着実に成果をあげられる興味深い実験を模索していた。いち早く成功したのは，ウルマン（Ullman, M.）であった。1960年代に彼は，マイモニデス医療センターにおいて，夢テレパシー実験を開発した（Ullman et al., 1973）。これは受け手が夜眠っている間，夢を見ている期間を検出し，そのときに送り手がイメージを送るというテレパシー実験であった。背景には，夢見状態にある人はESPが働きやすい変性意識状態にあるようだという洞察があった。

変性意識状態

　ウルマンらは，1966年から7年間実験を続け相応の肯定的結果を残したが，その間わずかに379試行の実験しか行えていない。夢テレパシー実験は，実施に必要な設備や労力が大きすぎて，気軽に追試できる実験ではなかったのである。

効果的な手法の開発　1970年代になると，ウルマンのところで働いていたホノートン（Honorton, C.）が中心になって画期的な方法を見出した。夢見と同様な意識状態を誘導する方法として，ガンツフェルト（「全体野」という意味のドイツ語）という技術に注目したのである。視覚の場合，何らかの方法で視覚刺激を視野一面にわたって均一にすると，数分で眼がなくなってしまったような，空虚な感じにおそわれる。その空虚な世界に独自の超心理的イメージが現れるというのである。簡易的なガンツフェルトの実現法は，ピンポン球を半分に割ってそれぞれ右目と左目にかぶせ，上から赤い照明を当てるとよい。聴覚も「シャー」という単調なノイズをヘッドホンで聞かせると，同様に麻痺してくる。

ガンツフェルト

　受け手をこのようなガンツフェルト状態にした上で，送り手が別の部屋からイメージを送るテレパシー実験が「ガンツフェルト実験」である。通常は，あらかじめ4枚のかなり異なる画像からなるセットを多数用意しておき，そのうちの1つを実験に使用する。送り手はサイコロなどで4枚のうち1枚をテレパシーのターゲットに選び，所定の時間それを念じる（他の3枚は見ずにおく）。受け手はガンツフェルト状態でそれを感知し，現れたイメージをもとに，4枚の画像のコピーからイメージに一番近い画像を選ぶ。送り手が選んだ画像と，受け手が選んだ画像はそれぞれ記録され，実験終了後に合致しているかどうか判定する。

　偶然に当たる確率は4分の1（25%）であるが，平均しておよそ3分の1（32－34%）の頻度で当たったのだ。また，ガンツフェルト状態にあるときに見たイメージを，受け手が口述した記録の中から，時には画像の細部にわたる劇的な合致が見られるのである（Honorton et al., 1990）。

効果の実証　超心理学の成果に対する最終的な批判には，次の2点が残っていた。1つは選択的報告で，公表された研究だけで集計すると，統計的に得点が高いように見えてしまう「お蔵入り効果」の指摘である。失敗したと感じた実験を研究者が発表せずにお蔵入りにしてしまい，理論に合う結果ばかり報告される傾向があるからだ。もう1つは，研究者の詐欺行為で，研究者がデータをねつ造して発表しているのではないかという疑いであった。数々のガンツフェルト実験の「メタ分析」によって，こうした批判が当たらないという事実が判明したのである（Bem & Honorton, 1994）。

メタ分析

3 ガンツフェルト実験 —超心理現象の存在を示す—

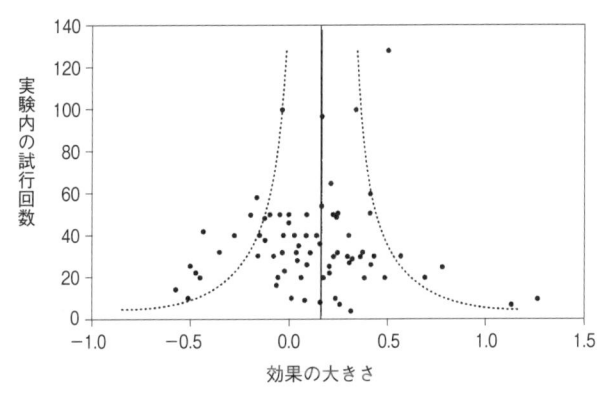

図13-2 ガンツフェルト実験のじょうごプロット（Radin, 2006）

　超心理学分野では実際のところ1970年代前半に，相次いで研究者のデータねつ造が発覚した。超心理学協会はデータねつ造を招く動機を調査し，実験で肯定的結果を出さないとよい論文でないとする風土に問題があることをつきとめた。そこで，1977年倫理規範を制定し，厳密な実験を行ったならば，その結果が肯定的であろうが否定的であろうが，詳しく記述した論文を発表することを超心理学者の義務とし，同時に超心理学のコミュニティは実験の結果のいかんにかかわらず，その発表論文を業績として認めることを宣言した。このおかげで，超心理学分野では，行われた実験のほとんどすべての結果が公表されている。また研究者が少ないので，その研究発表はごく少数の限定された刊行物に掲載されており，メタ分析が非常に行いやすい状態になっている。

　より最近のラディン（Radin, 2006）のメタ分析によれば，ガンツフェルト実験は1974年から2004年まで88の実験報告（総試行数は3145）がなされており，10の19乗分の1ほどの天文学的な有意性をあげている。この結果をお蔵入り効果で説明しようとすれば，2002の実験報告が発表されずにしまわれていることになり，研究人口の規模からこの説明は成り立たない。

　また図13-2は，じょうごプロットと呼ばれるメタ分析手法の1つ（Mullen, 1989）で，88の実験報告をそれぞれ点にして，横軸に効果の大きさを，縦軸に各実験で行っていた試行回数をとって平面に配置した図である。横軸の0.0（偶然平均）の位置から左側にプロットされた点は，否定的な結果に終わった実験の報告であるが，否定的な結果もたくさん報告されていることがわかる。　　　　　　　　　　　　　　　　　　じょうごプロット

　統計学的には大数の法則で，試行数が多い場合（上の方の点）は誤差が相殺されて真の値に近づき，試行数が少ない場合（下の方の点）は誤差の影響で左右にバラツキが大きいことが知られている。そのため，点は全体としてじょうごを伏せたような形状で左右対称に分布し，そのじょうごの中心線が真の値を示す。図の点線はプロットから推測されるじょうごの形状であり，縦線はプロットから推定される真の値となる。ガンツフェルトは約0.2の効果の大きさがあることがわかる。　　　　　　　　　　　　　　　　　　　　　　　　　　効果の大きさ

　じょうごプロットにおいて，88の報告がおよそ左右対称にきれいに分布していることから，研究者がデータ全体をねつ造している形跡はなく，30年間の実験報告を通して，一定の肯定的効果が示されていることが明らかになった。

大数の法則

4 ヒツジ・ヤギ効果 —超心理は無意識にはたらく—

　そう大きな効果ではないが，ガンツフェルト実験などでESPが着実にはたらくという認識が得られた。ではつぎに，ESPがもつ性質についての議論に移る。
　通常の感覚や知覚の研究（2章）では，感覚刺激の種類や物理的な強さによって，知覚の度合いが影響される。しかし，ESPの場合は，文字どおり「感覚外知覚」であり，その種の関係がないと見られている。ESPカード実験の時代に，記号を印刷する色や大きさを変えたり，カードを封筒に何重にも入れたり，送り手を遠くの部屋に隔離したりと，さまざまな物理的条件を変化させた実験が行われた（Schmeidler, 1988）。しかし，一定の傾向性が得られていない。
　それに対して，実験参加者（テレパシー実験の場合は受け手）の心理特性と実験結果の間には，意味ある関係が見られている。外向性が高い者，神経症的傾向が低い者，開放的である者が高いESPスコアを残せる傾向がある（性格特性については7章参照）。また，形式ばった状況や見知らぬ人がいる場合の実験では，スコアが悪いことが知られている（Steinkamp, 2005）。こうした心的状態とのかかわりは，スポーツや演劇の場でも知られるごく一般的な傾向性であるが，その理解が低い批判者は残念なことに「監視していたら効果が出ないのはトリックがあるからにちがいない」などと主張する（皆神・石川, 2010）。
　総じて超心理現象は，物理的要因よりも心理的要因が強く寄与する現象であるといえる。そしてこれまでの超心理研究では，物理的メカニズムは判明していないが，心理的構造は比較的よく明らかになっている。

無意識的心理作用　ニューヨーク市立大学の超心理学者シュマイドラー（Schmeidler, 1945）は，「信念」とESPスコアの奇妙な関係を発見し，聖書にちなんで「ヒツジ・ヤギ効果」と名づけた。彼女の実験結果によると，超心理現象の可能性を信じる実験参加者（ヒツジ）は，可能性を信じない参加者（ヤギ）より，ESPの得点が有意に高かった。集計によると，ヒツジが偶然平均より有意に高い得点を取るのに対し，ヤギは偶然平均より有意に低い得点（「偶然平均にすぎない悪い得点」ではない）をとっていた。ヤギの低得点は，いわば「ESPを発揮して正しいターゲットを知ったうえで，わざと別な応答をした」と理解できる。これは，意識ではそうとは知らないうちにESPが発揮されるという，無意識の性質を示唆している。無意識が意識と異なる独自の心理過程をもつという事実は，近年のさまざまな心理実験でもよく確認されている（海保, 2000；本田, 2000）。
　つづいて超心理学者のパーマー（Palmer, 1971）が，ヒツジ・ヤギ効果をさらに分析した。超心理現象の可能性を信じるといっても，①超心理現象が一般的に存在すると信じるのか，②自分に超心理現象を引き起こす能力があると信じるのか，③この一連の実験で超心理現象が検出されると信じるのかなどの異なる可能性がある。パーマーはメタ分析の結果，③の信念に関してのみ，特にヒツジ・ヤギ効果が起きることを明らかにした。つまり私たちは，実験に対する自分の認識に合わせるように能力を発揮する傾向がある。言い換えれば，超心理現象が発生することが快適な実験状況であれば，それが検出されるように超心理の能力が使われ，それが現れることが不快な状況であれば検出されないようになる。時にはその能力を使ってまでも検出をはばむのだ（認知的不協和の解消（15章）と考

えられる)。快適な実験状況が必要という指摘は，監視状態で起きにくいという事実とも整合的であり，超心理現象の発生条件を的確に言い当てている。

　超心理学者のスタンフォード (Stanford, R.) は,「ESP を調べる」と明示すると得点が下がる問題があるので，無意識のうちに超心理の能力を調べるのがよいと考えた。彼は，ある行動をとったら楽しい遊びをさせ，その行動をとらなかったらつらい作業をさせるという設定で，暗黙的 ESP 実験を行った。その結果，参加者は前者の行動を偶然よりも高い確率でとった。こうした超心理の傾向性を総括して，彼は PMIR (psi-mediated instrumental response：超心理が媒介する道具的反応) という理論を提唱した (Stanford, 1974)。私たちはふだんの生活のなかで，思考，推測，判断などの認知過程を，目的を達成するためにたえず作動させている。この理論では，そのとき無意識に超心理の能力が「道具」として使われているとした。スタンフォードによれば，超心理は特殊な能力ではなく，生物が生存するために備わったごくふつうの現象だ。PMIR では，超心理は生物体から世界に向かって絶えず発揮されており，みつけだされた可能性の中から，目的を達成する最も便利な方法が多くの場合選択されているという。

PMIR

　実験者の重要性　　PMIR が正しいとすると，実験者が重要な立場にあることがわかる。実験者は通常，実験の成功を強く願い，実験に対する意欲が高い。ESP や PK が時間や空間を超えてはたらくのであれば，実験者の ESP や PK が，実験者が自覚しないあいだに実験に影響し，願望に応じた高得点をあげてしまう可能性がある。事実，2 人の実験者が分担して ESP 実験結果の得点集計を行ったところ，一方の実験者が集計した部分の得点が，他方の実験者が集計した部分よりも，高得点になる例が多くみつかり，採点者効果として知られている (Weiner & Zingrone, 1989)。こうした実験者が実験結果に与える影響を「実験者効果」と総称する。

　心理実験では，実験者効果はすでに周知の事実である。たとえば，幼児の発達を見る課題の実験では，実験者の態度や心理状態が，幼児の行動に大きく影響する。暖かく接すれば幼児は積極的になるし，冷たく接すれば反対に消極的になる。超心理実験ではさらに，超心理的な実験者効果が発生する可能性がある。実験者の ESP や PK による直接的影響と，実験者の態度に合わせるかたちに実験参加者が超心理の能力を調節してしまう間接的影響がある。

実験者効果

　懐疑論者で CSI の主要メンバーでもあるイギリスの心理学者ワイズマン (Wiseman, R.) は，アメリカの超心理学者シュリッツ (Schulitz, M.) と協力して，超心理的実験者効果を探る実験を行った (Schulitz et al., 2005)。シュリッツは，彼女が企画する ESP 実験はよく高得点になるという定評の研究者である。実験は最初，シュリッツがイギリスにわたり，イギリスの参加者に対して実験者となって ESP 実験を行い，続いて同一の参加者に対してこんどはワイズマンが実験者となって同じ ESP 実験を行った。2 年後，こんどはワイズマンがアメリカにわたり，同様に ESP 実験をワイズマンとシュリッツがそれぞれ実験者になって続けて行った。その結果，ワイズマンの回の実験結果が偶然レベルにとどまったのに対して，シュリッツの回は 2 度とも有意に高得点であった。

　実験者効果は，超心理実験が物理実験のように管理されているように見えても，時間や空間を超えた心理作用が実験結果に影響するのであれば，厳密には管理が難しいことを示している。しかしそれは，社会科学研究で，社会に関する管理実験に難があるのと同程度の問題と見られる。どちらも辛抱強い研究が必要だ。

5 今後の発展 —予知研究への注目—

超心理学の実験結果を説明する心理的な構造は，心のはたらきとして自然なものと感じられる。快適な生活を実現するのに必要なものを探し出し，周囲の状況に合わせて社会的にふるまうのは，人間として当然の行為である。ただ超心理現象の場合は，その行為を実現するしくみが，現在の自然科学の物理的枠組みでは説明がつかないのが問題なのである。それも，物理学が前提としている時空間の基本性質に明らかに抵触するのである。超心理学者のタート（Tart, 2009）は，自然科学が前提とする世界観である唯物論のほうに疑問を呈している。心理学などの心の研究は，心に独自の存在を認めることから出発している歴史からすると，世界観の再検討が必要かもしれない（石川・渡辺, 2004）。

_{唯物論}

科学は宗教的な教義と違い，新たな実験事実が生まれたら，それに応じて理論が改訂されていくものである。今後は，超心理学者が実験データを積み上げ，それを説明する物理理論を物理学者が，心理理論を心理学者が構築していくという協働作業が望まれる。現在の物理理論に反するからと，心理学者が超心理現象を過小評価する傾向があるが，それは役割分担から見てもおかしなことである。

予知実験の意義　良好な協働作業の実現には，誤りや不備，ねつ造が疑われることなく，簡便に超心理現象を実感できる実験の開発が重要である。その観点から注目されるのが「予知」である。予知実験の場合，予知を試みる実験参加者が何らかの応答をした後で，予知の対象となるターゲットがランダムに発生される。そのため，参加者にターゲット情報がなんらかの不備でもれていたなどの疑惑をさしはさむ余地がない。くわえて ESP カード実験のメタ分析から，透視と予知は同程度の効果の大きさで，ともに存在していることが推測されている（Honorton & Ferrari, 1989）。

_{生理指標}

工学出身の超心理学者ラディン（Radin, 2006）は，生理指標をもとにした予感の実験を企画・実施した。意識のレベルで未来を予知させるのは困難が大きいし，先に述べた，ヤギが信念に合わせて積極的に誤答する問題も生じる。生理指標を使えば，無意識レベルのわずかな感知をそのまま測定できるのである。こうした自覚していないところではたらく予知を「予感」と呼ぶ。

_{予感}

ラディンは，あらかじめ感情を高める画像（たとえばヘビとかクモの写真）としずめる画像（たとえばウサギや花）を多数用意し，それら2種類の画像を予告なしにランダムに呈示したときに，実験参加者の生理指標（皮膚の電気伝導度）の違いを調べた。図 13-3 は，この実験から得られた 47 人分の信号を重ね合わせて処理した結果である。まず，画像が呈示された時刻 0 の右側を見ると，感情を高める画像を見た場合は，しずめる画像を見た場合より

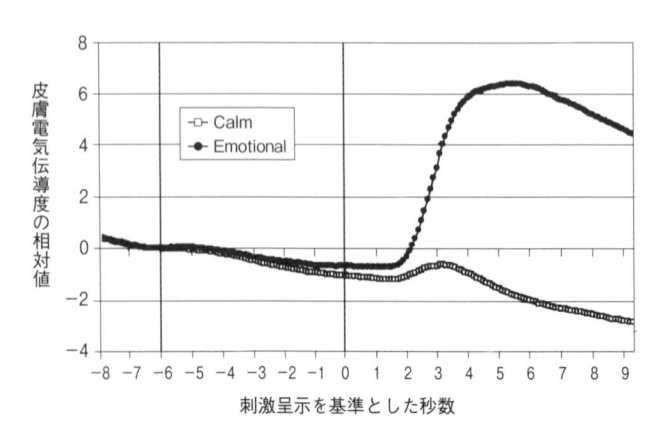

図 13-3　予感実験の生理指標の変化（Radin, 2006）

も，興奮して生理指標が大きく高まっている。ところが，時刻0の左側，つまり画像呈示される前を見ると，両者にはすでに違いが出ている。なんと画面が出る3秒前から，感情を高める画像の指標が有意に高くなっているのである。これはヘビやクモの写真を見せられる予感によって，感情が事前に高まった予知現象だと説明される。

ベムの改良実験　ラディンの実験は，たしかに予知を明示する点では画期的だが，生理指標測定装置や特別のデータ分析が必要で，必ずしも簡便な実験とはいえなかった。それを改善したのがコーネル大学のベム（Bem, D. J.）であった。ベムは，自己知覚理論やジェンダーの理論で有名な社会心理学者である。彼は，将来呈示される感覚刺激画像を無意識に選択させるという予知的馴化の実験を考案した（Bem, 2003）。「馴化」とは刺激や状況に「なれる」ことであり，たとえばネズミの実験では，ネズミを実験設備に十分に馴化させた後に行う必要がある。

馴化

ベムの実験では，同じジャンル（エロティック，バイオレンスなど）に属する同程度の効果をもたらすとされた標準画像を2枚1組にしてコンピュータ画面上に一緒に呈示する。実験参加者は好きなほうを選択するのであるが，選択がすむとランダムに一方が選ばれ，その画像が6回，同じ画面にサブリミナル呈示（坂元ら，1999）されるのである。「サブリミナル呈示」とは，意識的には見たと認識できないほど短時間，画面に情報呈示することであり，見た情報の記憶が無意識にわずかに残る。パソコンの画面では中央の点を固視させた状態で周辺位置に呈示するとよい。

サブリミナル呈示

ベムは「事後」の刺激であっても，予知現象で印象の飽和が「事前に」起きると考えた。つまり，画像は長く見ていると印象が飽和して新鮮さが失われるので，エロティック画像は長く見ないほうが刺激が大きくて好ましく，バイオレンス画像は，長く見るほうが刺激が小さくて好ましいと予想される。そして仮説どおり，エロティック画像の場合，将来サブリミナル呈示されない画像のほうが有意に選択され，バイオレンス画像の場合，将来呈示される画像のほうが有意に選択された。

ベムはさらに，これまで行われてきた心理学実験の事前刺激を事後にもっていって予知実験に仕立て直し，予知的回避・接近実験，過去遡及的プライミング実験，予知的記憶促進実験などを次々と提唱している。これらの制御プログラムはごく簡単であり，比較的容易に追実験や分析ができる（Bem, 2011）。こうした実験で，多くの科学者や批判者に予知現象の有無を自分で確かめてもらおうとベムは考えている。今後の研究の急速な進展が期待できる。

超心理学の歴史は，心霊研究の段階を含めると130年に及ぶ。ほとんどヴント（Wundt, W.）以後の現代心理学の歴史と同程度である。ところが，最初の数十年は別にして，今日までの半世紀あまりの間，超心理学は日の当たらぬ地道な研究を余儀なくされてきた。予知実験の試みを契機にこれまでの誤解が解けて，今後多くの研究者がこの分野に参入し業績をあげることが期待される。まさに超心理学は新たなる展開期を迎えているといえよう。

本章に関するさらなる情報収集には，筆者のホームページ「メタ超心理学研究室」が参考になる。

主要引用・参考文献

Beloff, J. (1993). *Parapsychology: A concise history*. Athlone Press. (ベロフ, J. (著) 笠原敏雄 (訳) (1998). 超心理学史 日本教文社)

Bem, D. J., & Honorton, C. (1994). Does psi exist? Replicable evidence for an anomalous process of information transfer. *Psychological Bulletin*, **115**, 4-18.

Bem, D. J. (2003). Precognitive habituation: Replicable evidence for a process of anomalous cognition. *Proceedings of Parapsychological Association 46th Annual Convention*. pp.6-20.

Bem, D. J. (2011). Feeling the future: Experimental evidence for anomalous retroactive influences on cognition and affect. *Journal of Personality and Social Psychology* (in press).

Hines, T. (1988). *Pseudoscience and the paranormal: A critical examination of the evidence*. Prometheus Books. (ハインズ, T. (著) 井山弘幸 (訳) (1995). ハインズ博士「超科学」をきる―真の科学とニセの科学をわけるもの 日本教文社)

本田仁視 (2000). 意識／無意識のサイエンス―症例と実験による心の解剖 福村出版

Honorton, C., & Ferrari, D. C. (1989). Future telling: A meta-analysis of forced-choice precognition experiment 1935-1987. *Journal of Parapsychology*, **53**, 281-308.

Honorton, C. et al. (1990). Psi communication in the ganzfeld experiments with automated testing system and a comparison with a meta-analysis. *Journal of Parapsychology*, **54**, 99-139.

石川幹人・渡辺恒夫 (編著) (2004). 入門 マインドサイエンスの思想 新曜社

海保博之 (編著) (2000). 瞬間情報処理の心理学―人が二秒間でできること 福村出版

笠原敏雄 (編著) (1987). サイの戦場―超心理学論争全史 平凡社

笠原敏雄 (2000). 超心理学読本 講談社

菊池 聡ほか (編著) (1995). 不思議現象 なぜ信じるのか―こころの科学入門 北大路書房

菊池 聡・木下孝司 (編著) (1997). 不思議現象―子どもの心と教育 北大路書房

Kokubo, H. et al. (2007). Standard evaluation method of non-contact healing using biophotons. *Jounal of International Society of Life Information Science*, **25** (1), 30-39. (小久保秀之ほか「極微弱生物光による非接触ヒーリング作用の標準評価法」, 英日両言語併記論文, 国際生命情報科学会)

皆神龍太郎・石川幹人 (2010). トンデモ超能力入門 楽工社

Mullen, B. (1989). *Advanced BASIC meta-analysis*. Lawrence Erlbaum Associates. (ミュレン, B. (著) 小野寺孝義 (訳) (2000). 基礎から学ぶメタ分析 ナカニシヤ出版)

Palmer, J. (1971). Scoring in ESP tests as a function of belief in ESP: Part I. The sheep-goat effect. *Journal of American Society for Psychical Research*, **65**, 373-408.

Radin, D. I. (2006). *Entangled minds: Extrasensory experiences in quantum reality*. Paraview. (ラディン, D. I. (著) 石川幹人 (訳) (2007). 量子の宇宙でからみあう心たち―超能力研究最前線 徳間書店)

Rhine, J. B., & McDougall, W. (2003). *Extra-sensory perception*. Kessinger Publishing. (1934年版の再版)

坂元 章ほか (編著) (1999). サブリミナル効果の科学―無意識の世界では何が起こっているか 学文社

Schulitz, M. et al. (2005). Of two minds: Skeptic-proponent collaboration within parapsychology. *Proceedings of Parapsychological Association 48th Annual Convention*. pp.171-177.

Schmeidler, G. R. (1945). Predicting good and bad scores in a clairvoyance experiment: A preliminary report. *Journal of American Society for Psychical Research*, **37**, 103-110.

Schmeidler, G. R. (1988). *Parapsychology and Psychology: Matches and Mismatches*. McFarland & Company.

Shimizu., T., & Ishikawa, M. (2010). Field RNG data analysis, based on viewing the Japanese movie *Departures (Okuribito)*. *Journal of Scientific Exploration*, **24** (4), 581-598.

Steinkamp, F. (2005). Forced-choice experiments: Their past and their future. In M. Thalbourne & L. Storm (Eds.), *Parapsychology in the twenty-first century*. Jefferson, McFarland & Company. pp.124-163.

Stanford, R. (1974). An experimentally testable model for spontaneous psi events I. Extrasensory events. *Journal of American Society for Psychical Research*, **68**, 34-57.

Tart, C. T. (2009). *The end of materialism: How evidence of the paranormal is bringing science and spirit together*. New Harbinger Publications.

Ullman, M. et al. (1973). *Dream telepathy: Experiments in Nocturnal Extrasensory Perception*. Hampton Roads. (ウルマン, M. ほか (著) 井村宏次・神保圭志 (訳) (1987). ドリーム・テレパシー 工作舎)

Utts, J. (1995). An assessment of the evidence for psychic functioning. *Journal of Parapsychology*, **59**, 289-320.

Weiner, D. H., & Zingrone, N. L. (1989). In the eye of the beholder: Future research on the "checker effect". *Journal of Parapsychology*, **53**, 203-231.

対人関係（対人心理学） 14

1 対人関係ができるまで

　対人関係には，友人関係，恋人関係，夫婦関係，師弟関係，職場の関係など，さまざまなものがある。そのような関係が，同じように始まり同じように進展するわけではないが，多くの共通点もある。ここでは，友人関係や恋人関係を念頭に置きながら，対人関係がどのように始まり，どのように進展し，発展するのか探っていくことにする。

　出会いのきっかけ　私たちは何かのきっかけで，それまでまったく知らなかった人と出会う。この出会いのきっかけには，当人の意志とは無関係な外発的きっかけと，当人が意志的に求める内発的きっかけの2種類がある。

近接性　外発的きっかけの典型は，家が隣どうし，学校でのクラスが同じ，職場が同じなど，物理的な距離の近さ（近接性）である。物理的に近いと，当人の意志とは関係なく何回も顔を合わせることになる。何回も顔を合わせていれば，たとえ言葉を交わさなくても，顔を見知るようになり，相手に対する不安や恐れが薄らいで親しみを覚えるようになる。このように繰り返し相手の顔を見るだけでも親しみがわいてくる現象を単純接触効果（Zajonc, 1968）という。

単純接触効果

　物理的に近いと，相手と出会うためのコスト（時間，労力，金銭など）も少なくてすむ。遠く離れている人どうしなら，出会う確率が低いだけでなく，出会おうとすれば多くのコストを支払わなければならない。

　出会いのきっかけのうちもう一方の内発的きっかけとは，サークルやクラブに所属する，出会いのためのパーティに参加する，デートや結婚の相手を紹介する機関やインターネットのサイトを利用するなどである。最近ではインターネットを使えば，自分の情報を不特定多数の他者に向かって容易に発信でき，同時に，そのような情報を容易に入手できる。インターネットは，出会いのきっかけの様相を大きく変えた。

　相手を選ぶ理由　私たちは，出会った相手すべてと親しくなるわけではない。親しくなるかどうか判断し選択している。この選択は，出会いのきっかけが外発的な場合は必ずしも自覚されないが，内発的きっかけの場合は自覚的に行われる。その結果，出会ってもそれ以上の関係を中断することもある。

　この選択に影響を与えている要因は，相手の側と当人の側，両方に存在する。
　相手の要因としては，性別，年齢，外見的特徴（容貌，体型，髪型，服装など）といった表面的特性が重みをもつ。

　たとえば，男子大学生に，10人の女性の写真を示して印象を評定させた後に，その中から交際相手を1名選択させた実験では，女性に対する好意度に強く影響していたのは，女性の「美しさ」「家庭的印象」「受容の可能性」であり，交際相手としての選択に強く影響していたのは，女性の「美しさ」のみであった（松井・山本, 1985）。

　このように表面的特性が，関係初期に重みをもつ理由は，2つ考えられる。1つは，「表面的特性」→「感情」→「内面特性の推測」という感情の波及効果である。表面的特性が好感を生めば，その好感が相手の性格や能力を肯定的に推測させ，逆に，表面的特性が嫌悪感を生めば，その嫌悪感が相手の性格や能力を否定的に推測させるという考え方である。

もう1つは，人スキーマからの説明である。私たちはこれまでの経験や伝聞から，人についてさまざまな知識群を自分なりに構造化してもっている。たとえば，容貌と性格の関係について「丸顔の人は穏やか」とか，体型と能力の関係について「痩せ型の人は仕事が早い」などと，自分なりの構造をもっている。このような，人についての知識構造を人スキーマと呼ぶ（Fiske & Taylor, 1984）。人スキーマは，出会ったばかりで相手についての情報が少ないときには，表面的特性によって活性化される。つまり，私たちは表面的特性がもたらす少ない情報によって多くの推論を行い，相手についての全体的な印象を即座に作り上げてしまうのである。

人スキーマ

顔の知的印象を実験的に操作して，このことを検証している研究によると，知的な顔の人物は，そうでない人物よりも「知的程度」「好意度」「活動性」「個人的親しみやすさ」が高く評価されたが，それは，ほかの情報が曖昧なときのみであった（川西, 2000）。

相手を選ぶ当人の要因　出会った相手との関係の選択に影響する当人の側の要因には，社会的動機（ほかの人と友好的関係を成立させたいという「親和動機」，他の人から自分の存在や能力を認めて欲しいという「承認動機」など），自己スキーマ（自分についての構造化された知識群），心理特性（孤独感，対人不安，シャイネスなど），性格などがある。このような要因の強弱が，出会った相手とさらに親しくなろうとするか，それとも関係を中断しようとするかを決めるのである。

自己スキーマ

これらのうち自己スキーマは，相手を判断するときの枠組みとなるので，特に重要な役割を果たしている。ある特性に価値を高く認めて，それが自分を特徴づける顕著な特性だと思って自己スキーマが形成されていると，相手について判断する際にも，その特性に関する情報を選択的かつ精緻に用いる。たとえば，外向性が自分を特徴づける特性だと思っている人は，この観点から相手を判断しようとするし，男性性（男らしさ）が自分を特徴づける特性だと思っている人は，「男性性－女性性」の観点から相手を評価し，関係を続けるかどうか選択するのである。

ただし，自己スキーマを形成している特性が望ましいものではないと当人が思っている場合は（たとえば「自分は知的でない」と思っている），この特性から相手を判断するのは避けようとする。なぜなら，私たちは自己評価を維持し高揚しようと動機づけられているので，自分の評価が脅かされるような枠組みでは，相手を判断しようとしないからである（池上・大塚, 1997）。

関係性の初期分化　私たちは出会った相手と関係を続けていくかどうかの判断を，必ずしも時間をかけて行っているわけではない。関係性の初期分化という説は，私たちが出会った初期の段階で，その相手と関係を続けるかどうか判断していると主張している。

関係性の初期分化

この説を実証している研究では，出会いから2週間以内の大学新入生の親密さは，2か月半後の親密さを予測していた（山中, 1994）。また，初対面の大学生ペアを1週間おきに3回対面させた実験では，笑顔の累積時間，笑顔の同時生起率，相手からの評価懸念の程度が，2回目には大きく変化したが，3回目（2週間後）にはもう大きく変化していなかった（山本・鈴木, 2008）。この結果は，笑顔や相手からの評価懸念が関係の形成に重要なはたらきをしていること，しかもそれは関係の初期であることを示している。

2 対人関係を進展させる

自己開示の交換　出会った2人は、お互いに相手が何を考えていて、何に興味や関心をもち、日頃どのような行動をしているのか知りたいと思うようになる。そこで、お互いが相手のことを尋ね、お互いに自分のことを話す自己開示の交換が行われるようになる。自己開示とは、自分に関する情報を言葉で相手に伝えることである。

図14-1の「初期」に示したように、関係初期には、お互いに表面的で限定的な領域の話題を開示しあうだけである。関係を深めたいと思えば、もっと内面的な情報を交換する必要がある。図14-1の「中期」「後期」に示したように、自己開示には、一方が内面的な話題を開示をすれば、他方もそれに応じた深さの話題を返す返報性が認められる。この返報性が2人の関係を深める役割を果たす。内面的な自己開示が2人の関係を深め、関係が深まれば、開示しあう話題の種類や領域も拡大し、さらに関係が深まる。

ただし、内面的な自己開示を行うときには、「あなたが私にとって特別な人だからこそ、この話題を開示する」というメッセージを合わせて伝えることが大切である（相川ら, 1983）。また、同性の友人間であれば、内容が深刻すぎる感情的な話、2人の葛藤を増す恐れがある話、過度の依存を強いる話、否定的な体験は、場合によっては回避することも重要である（Samter, 2003）。

注1：円全体は、人物A及び人物Bが有している話題全体を表している。円の外側から内側に向かって、表面的な話題から内面的な話題へと変化する。六分円は、話題のカテゴリを表す。たとえばカテゴリが「性」に関するものなら、六分円の外側は「性に対する一般的な態度」であり、中間あたりは「性的体験」であり、最も内側は「人に言えない性的嗜好」である。矢印は、自己開示の深さを表す。

注2：この図は、Altman & Taylor, 1973, p.16, p.28を参考に作成したが、パーソナリティ構造や社会的浸透プロセスを表現したものではなく、関係の各段階における自己開示の深さと広さを表したものである。

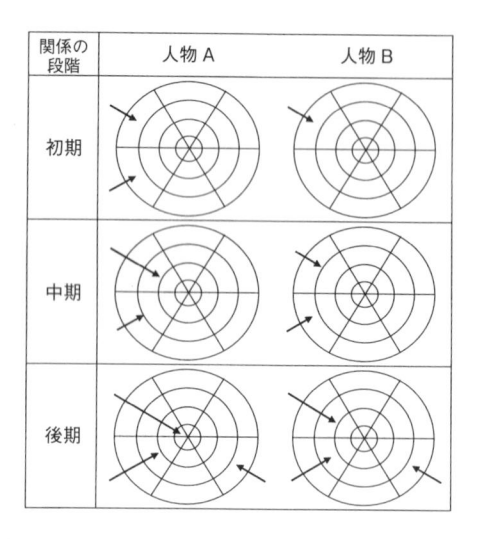

図14-1　関係性の各段階と自己開示の深さと広さ（相川, 2010）

類似性から異質性そして相補性へ　相手と出会ったばかりの初期の段階では、お互いの性格や態度（物事に対する好悪、信念、価値観など）が似ているかどうかが気になる。当人にとって重要な態度が相手と似ていると思うと、また、性格が似ていると思うと、相手に魅力を感じる（奥田, 1999）。相手を好ましいと思えば、実際以上に類似性を感じる理想化傾向も起こる（今川・岩淵, 1981）。

自分と似ている相手を好ましく思うのはなぜだろうか。性格や態度が似た相

手なら，こちらが相手の意見や行動に無理に合わせる必要が少なくスムーズに関係を保てて，不快な経験をする恐れが低い。また，似た相手なので，こちらの意見や態度を支持し確証してくれて，心地よい経験をする可能性が高い。つまり，対人関係の維持にかかるコスト（時間，労力，金銭など）が少なくてすみ，相手から得る報酬（満足感，時間の節約，金品の獲得など）が多いのである。

2人の関係が安定してくると，お互いに相手の性格や態度の異質性にも注目するようになり（下斗米，1990），異質であることが関係を中断する理由にはならなくなる。むしろ自分と相手の違いを認め，違っているからこそ大切な相手だと受容できるようになる。

このような異質性の受容が進むと，自分に不足している資質や資源を補ってくれる存在として相手を認めるようになる。このような認知を相補性と呼んでいる。　　相補性

マーンスタイン（Murnstein, 1977）の求婚活動におけるSVR理論でも，初期段階では，相手の外的特徴や性格の類似性が確認される「刺激（$\underline{S}$timulus）」段階，自己開示を活発に行い，お互いの関心，欲求などを比較し合い，異質性を認めつつ価値を共有し合う「価値（$\underline{V}$alue）」段階，そして，お互いに相手の現実の行動と，自分が相手にとって欲しい行動を比較して，お互いが役割を補い合うようになる「役割（$\underline{R}$ole）」段階を経ると主張している。

役割分担と衡平　2人の関係が深まり，一緒に活動したり共通の問題に直面したりする機会が増えると，お互いが相手に一定の役割分担を期待する。大学生を対象にした調査では，2人の関係が顔見知りから，友達，親友へと進展するにつれて，「相手に身近にいてもらう」「相互に不足する資質や資源を補完しあう」「共通する課題の解決に向けた活動に積極的に取り組む」ことを相手に期待するようになっていた（丹野，2007）。

このような期待に添って，一方が相手のために行動すれば，相手もそのお返しをするようになる。人から好意を受けたら，お返しをすべきであるという互恵性規範を私たちは内在化させているからである。こうして，お互いが相手の期待に添った行動をとれば，2人の関係はさらに進展していく。　　互恵性規範

ただし，相手の期待に添った行動を続けていくにはコストがかかる。こちらがコストを支払って相手の期待に添った行動をとれば，それは，相手にとっては報酬になる。お互いが相手のためにコストを支払い，相手から報酬を得ながら関係を続けていくと，私たちは「自分が支払うコスト（Cs）と自分が得る報酬（Rs）」の割合（Rs／Cs）と，「相手が支払うコスト（Co）と相手が得る報酬（Ro）」の割合（Ro／Co）のバランスが気になってくる。両者のバランスがとれている状態，つまり，Rs／Cs＝Ro／Coの式が成り立つ状態を衡平という（Adams, 1963）。　　衡平

私たちは自分と相手との関係が衡平だと感じれば，その関係に満足し，その関係を進展させようとするが，「自分ばかりが多くのコストを支払っている」「自分の報酬は少なすぎる」と思うときは（Rs／Cs＜Ro／Co）もちろんのこと，「自分はあまりコストを支払っていない」「自分ばかりが多くの報酬を得ている」と思うときも（Rs／Cs＞Ro／Co），不衡平を感じ，その関係に不満や居心地の悪さを感じる（井上，1999）。不衡平を解消するためは，自分と相手のコストと報酬を実際に増減させたり，自分と相手のコストと報酬の認知的な評価を変更したりして，衡平を回復させようとするが，それでも相手との不衡平が解消できなければ，その関係を終わらせようとする。

3 対人関係を維持し深める

人づきあいの技術　出会った2人が関係を深めるためには，深い話題の自己開示の交換が必要であることはすでに述べたが，話題の深さだけではなく，自己開示の仕方も重要である。

　具体的には，図14-2に示したように，まずは，相手が，言葉（言語記号）と，表情や身ぶり手振り（非言語記号）などに「記号化」して伝えてくる"思い"（思考と感情）を，「解読」しなければならない。ちょうど暗号を読み解くのと同じである。このときに，これまでの体験や読書，マス・メディアからの伝聞などで蓄えてきた「人間関係の知識」が役立つ。解読した結果，たとえば相手は「もっと親しくなりたい」と伝えてきていると解釈すれば喜びが生じ，逆に「バカにしている」と解釈すれば悔しさが生じるかもしれない。このような感情を抑え込んだり整理したりする「感情調整」も必要である。その上で，相手に対してどのように反応するか「意思決定」をして，自分の"思い"を，言語記号と非言語記号で記号化して，相手に伝えなければならない。「人間関係の知識」は，「解読」に役立つだけでなく，「感情調整」や「意思決定」にも役立つ。「記号化」のときも，自分の"思い"を適切に伝達するために，いつ，どこで，どのような言葉を選んで，どのように伝えるか判断する基準になる。

　以上の「解読」「感情調整」「意思決定」「記号化」という一連の過程を適切に実行するのは必ずしも容易なことではない。それぞれの過程でつまずく恐れがある。たとえば，相手が本音や動機を隠しているのに，言語記号や非言語記号を誤って解読したり，怒りのような強い感情が調整できなかったり，あるいは不適切な意思決定に基づいた記号化をしてしまうかもしれない。容易なことではないために，それぞれの過程を適切に実行するには，一定の技術が求められる。このような"思い"の交換の各過程に求められる技術を総称してソーシャルスキルと呼んでいる（相川，2009）。

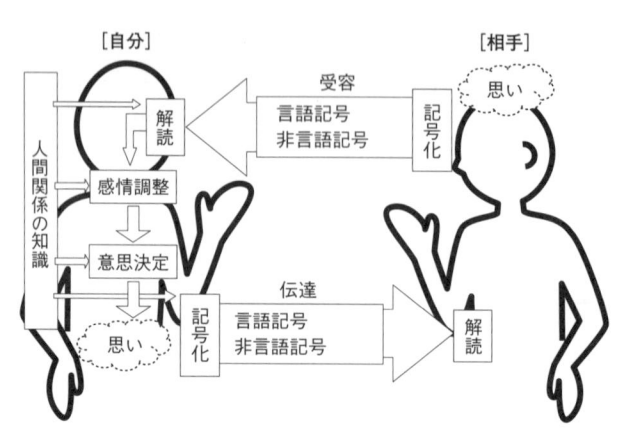

図14-2　ソーシャルスキルを発揮すべき"思い"の交換過程

ソーシャルスキルの機能　ソーシャルスキルは，友人関係の形成や維持に重要な役割を果たしている。たとえば，孤独感の高い大学生は初対面の相手に，

自分の経験の開示や意見表明が少なく,相手の陳述に対してコメントが少ない,シャイな大学生は,会話を開始してもアイコンタクトを避け,声が小さく話し方が不明瞭などの,ソーシャルスキルの拙さが指摘されている(相川,2009)。逆に,ソーシャルスキルの高い大学生は,相手に多くの視線を向けて情報収集を行い,自分の体への接触行動を控えて神経質な印象を与えないようにしている(木村ら,2004)。また,初対面の場面でも多くの質問を発して相手にはたらきかけようとしていて,しかも自分は相手に好印象を与えていることを認知している(谷村・渡辺,2008)。

親密な友人関係にある者どうしは,お互いに要求や意見を譲歩し合い,お互いが受け容れられる結果を得るようなスキルを用いていることもわかっている(Laursen et al., 2001)。ソーシャルスキルは,他者との良好な関係を維持し,深めるはたらきをしているのである。

ソーシャルスキル・トレーニング ソーシャルスキルという考えにたつと,対人関係を深めることができない人は,性格に原因があるのではなく,対人関係を深めるスキル(技術)が未熟だということになる。未熟の原因は,①スキルについて知らない,②知っていても練習が不足している,③知っていても感情(対人不安,恥ずかしさなど)が妨害して上手に実行できない,④間違ったスキルを身につけてしまった,のいずれかである。いずれの原因にしても,対人関係が苦手な人はスキルが未熟なのだと考えれば,そういう人でも,適切なスキルについて知った上で十分に練習を重ねれば,対人関係を深めることができるようになるという楽観的で実際的な観点に立つことができる。

この観点に立ってソーシャルスキルを体系的に練習させる試みが,ソーシャルスキル・トレーニング(SST)である。実際に,表14-1に示したようなソーシャルスキルを,シャイな人に教えるトレーニングが実施されている(相川,2000)。

ソーシャルスキル・トレーニング(SST)

表14-1 シャイな人に対する対するSSTで取りあげているソーシャルスキル(相川,2009より)

受け手としての聴くスキル
①傾聴:丁寧な対応,リラックスした態度,アイコンタクト,言葉による補助
②ささやかな励まし
③開いた質問,閉じた質問
④内容の言い換え
⑤感情への配慮(感情の反射)
⑥聴くスキルの統合
送り手としての(主張的)スキル — イニシアチブをとる
⑦自分について何か言う
⑧要請する
⑨批判する:意見,行動
⑩感情を表現する
⑪怒りまたは困惑をあらわにする
⑫思いやりを表現する
送り手としての(主張的)スキル — 反応する
⑬拒否する
⑭批判に対処する
⑮怒りに対処する
⑯思いやりに反応する
特殊なスキル
⑰メタ・コミュニケーション:会話について話す

4 対人関係のストレスに対処する

対人ストレス　友人や恋人がいれば，何か問題に直面したときに精神的に支えてもらえたり，実際的な援助を受けられたりして，私たちは問題を乗り越えられると考えがちである。ところが，友人や恋人との関係自体がストレスになることがある。

たとえば大学生が怒りを感じていたのは，自分勝手なふるまいをされた，侮辱された，不誠実な態度をとられたときであった（日比野ら, 2005）。また，異性交際においては，相手に近づきたいという欲求や独占欲求が満たされずに，相手と距離があることを意識させられると，寂しい，つらい，嫉妬などを感じ，相手から過剰に干渉されたり不利益を被ったりすると，いらだち，怒り，憎しみ，面倒などを感じていた（立脇, 2005）。

これらはいずれも友人関係や恋人関係が何らかのストレスを生むことを示している。このような対人ストレスの悪影響の強さは，友人や恋人からの支援や援助の効果を上回ると指摘している研究も多い（橋本, 2005a）。

対人ストレスの種類と経験頻度　では，具体的にどのようなことが対人ストレスになるのであろうか？　橋本（2005b）は，次の3種類を見出している。①対人葛藤：他者がこちらにネガティブな態度や行動を表出する事態。こちらの話を真剣に聞こうとしない，けなしたり軽蔑したりするなど。②対人過失：こちらに非があって相手に迷惑や不快な思いをさせてしまう事態。落ち度をきちんと謝罪できない，ミスで迷惑や心配をかけるなど。③対人摩耗：円滑な対人関係を維持するために意に添わない行動をしたり，相手の期待はずれな行動を黙認するような事態。あからさまな本音が出ないように気を使う，その場を収めるために本心を抑えて相手を立てるなど。

これら3種類の対人ストレスを大学生が経験する頻度は，図14-3に示したとおりである。どの関係でも，「対人葛藤」の頻度は低く，日常経験しやすい対人ストレスは，対立や衝突ではなく，他者に迷惑をかけてしまったという「対人過失」や，不本意ながらも他者に同調せざるをえない「対人摩耗」であることがわかる。また，友人関係よりも恋人関係のほうが，3種類の対人ストレスいずれも経験頻度が高い。これは，対人関係が親密になるほど，2人の間に肯定的な相互

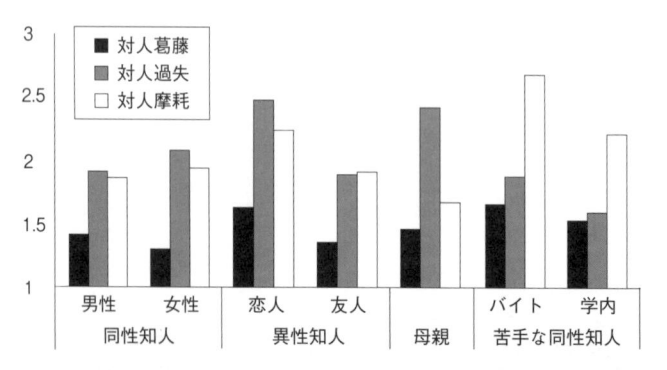

図14-3　二者関係における対人ストレスの経験頻度（橋本, 2006より。ただし一部変更）

作用だけでなく否定的な相互作用も増えることを意味している。

対人ストレス・コーピングの種類と効果　対人ストレスにさらされると，私たちはそれに何とか対処しようとする。そのような対処を，加藤（2006）は対人ストレス・コーピングと呼んでいる。対人ストレス・コーピングには，表14-2に示した3つがあると仮定することができる。これらのコーピングを用いると，次のような効果が生じると考えることができる。

ポジティブ関係コーピングを用いると，相手から好意的に評価され，良好な対人関係が形成されたり，相手から援助を得やすくなる。その結果，孤独感が低下したり，対人関係での満足感が高まったりする。ただし，このコーピングを実行するためには自分の感情や願望を抑えなければならず，このような煩わしさが新たな抑うつや不安を招くこともある。

ネガティブ関係コーピングを用いることは，ストレスとなる対人関係を断ち切ることを意味する。したがって一時的には効果を生むこともあるが，断ち切られた相手は不快感を感じ，それが新たな問題を引き起こす恐れがある。また，対人関係を断ち切ってしまうと社会的に孤立することになる。その結果，対人関係全般が悪化し，満足感が低下し，抑うつ，不安，孤独感が増す恐れがある。

解決先送りコーピングとは，要するに何もしないことなので，時間が解決するまでは対人ストレスに耐えつづけなければならない。しかし，何もしないので相手を傷つけることはなく，関係が維持できて，新たなストレスを生むことは避けられる。抑うつや不安は低減し，関係に満足できることもある。日常，経験しやすい対人ストレスは，対人過失や対人摩耗なので，積極的にストレスに対処するよりも，解決を先送りするコーピングが，結局は肯定的な効果を生むのである。

対人ストレス・コーピング

抑うつ

表14-2　対人ストレス・コーピングの分類（加藤，2006より）

対人ストレス・コーピング	内容（＊具体例）
ポジティブ関係コーピング	対人ストレスイベントに対して，積極的にその関係を改善し，よりよい関係を築こうと努力するコーピング方略群。 ＊相手のことをよく知ろうとした ＊積極的に話をするようにした
ネガティブ関係コーピング	対人ストレスイベントに対して，そのような関係を放棄・崩壊するようなコーピング方略群。 ＊無視するようにした ＊友だち付き合いをしないようにした
解決先送りコーピング	ストレスフルな対人関係を問題とせず，時間が解決するのを待つようなコーピング方略群。 ＊自然のなりゆきに任せた ＊気にしないようにした

5 対人関係で支えあう

ソーシャル・サポート　私たちは誰かと助けあい，支えあわなければ生きてはいけない社会的動物である。私たちが友人や恋人，あるいは家族などと助けあい支えあうために行う援助や支援のことを総称してソーシャル・サポートと呼んでいる。

　ソーシャル・サポートの内容は，大別すると2種類ある。1つは，相手の不快感を減らす，共感や愛情や評価を相手に与える，自尊心の維持や回復を促すなどを実行する「情緒的サポート」である。もう1つは，必要な情報や知識を提供する，仕事を手伝う，お金や物を与えるなどを実行する「道具的サポート」である。

　このような情緒的，道具的サポートの多少が，サポートの受け手の精神的健康，身体的病気の罹患率や死亡率に影響することが，従来の研究で示されてきた。ソーシャル・サポートは，受け手の心と体の健康状態を規定し，寿命の長さにさえ影響するのである。

　たとえば国立社会保障・人口問題研究所の人口統計資料集2003年版によると，1995年で40歳の人の平均余命は，配偶者がいる場合，男性39.06歳，女性45.28歳であるのに対して，未婚（男性30.42歳，女性37.18歳），離別（男性28.72歳，女性40.49歳），死別（男性34.95歳，女性43.32歳）の場合は，いずれも短くなる傾向にあった。独りでいる者は，他者からのソーシャル・サポートが相対的に少なくなるために，寿命が短くなると解釈されている。

ソーシャル・サポートの男女差　福岡・橋本（1997）の調査では大学生は，家族からのサポートの場合は，情緒的サポートよりも道具的サポートを高く評価していたが，友人からの場合は，情緒的サポートの方を高く評価していた。また男子大学生は，家族からのサポートでは精神的健康に効果がなかったが，友人からのサポートは，情緒的，道具的いずれのサポートでも効果を示した。他方，女子大学生は，家族，友人，どちらからのサポートでも，情緒的，道具的両サポートが精神的健康に効果があった。ソーシャル・サポートの効果には，このような男女差がある。

ソーシャル・サポートの機能　情緒的，道具的，いずれにしてもソーシャル・サポートが，サポートの受け手の心と体の健康によい効果を及ぼすのは，ソーシャル・サポートが，図14-4に示したように，少なくとも2段階で私たちが曝されるストレスを軽減してくれるからである。

　第1段階は，潜在的なストレッサー（ストレスの原因）となる出来事に出くわしたときに，それが「自分にとってどの程度耐え難いものであるか」「自分はそれに対処できるか」を判断する「評価過程」に影響する。ソーシャル・サポートが得られると思えば，ストレッサーを，対処できないほど深刻なものだと評価しなくてすむ。第2段階は，出来事がストレスフルで何らかの対処が必要であると認知したあとに機能する。ソーシャル・サポートは，ストレッサーの再評価を促し，適応的ではない行動を抑制し，適応的なコーピングを促進してくれる。このように2段階においてソーシャル・サポートの多少が，受け手の心と体の健康に効果を及ぼすのである。

マッチしたソーシャル・サポート　ソーシャル・サポートは，ないよりも

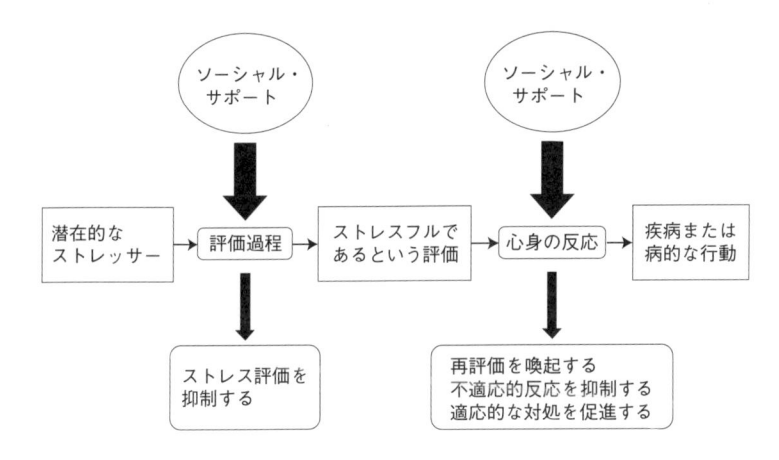

図14-4　心理的ストレス過程におけるソーシャル・サポートの影響（福岡，2010より作成）

あった方がよいが，どのようなソーシャル・サポートでもよいわけではない。必要としないサポートは，問題の解決に役立たないばかりか，そのような不適切なサポートやそれを提供する人自体が新たなストレッサーになる。

　受け手の心と体の健康に好影響を与えるソーシャル・サポートとは，基本的には，受け手の必要性とマッチしたサポートである。たとえば経済的損失という問題を抱えている受け手には，情緒的サポートよりも道具的サポートが有効であろうし，失恋という問題を抱えている受け手には，道具的サポートよりも情緒的サポートの方が有効であろう。

　また，同じソーシャル・サポートであっても，それが誰からのものかによって受け手に違った効果をもたらす。見知らぬ人や親しくない人からのサポートは，ありがた迷惑だったり，お返しの負担感が強まったりするからである。

　これまでの研究から，親友や恋人など親密な関係にある人が，自発的に，相手の必要性に応じて行うサポートが最も好ましい効果を生むことがわかっている（橋本，2005a）。

　対人関係は幸福の源　　対人関係がストレスになることもあるが，ストレスから私たちを救ってくれるのも対人関係である。また，豊かな対人関係は，私たちの幸福感の源でもある。現に，幅広い年齢層に行った聞き取り調査では，最重要の幸福な出来事は，ほかの人との「相互作用」であり（37%），次いで「目標達成」（13%），「飲食」（8%）であった。また，これらの出来事は，誰かと一緒にいることが重要であり，その相手は，恋人（19%），友人（17%），子孫（14%），配偶者（8%），親（6%）の順であった（大坊，2002）。

　これまでの対人関係に関する研究は，対人ストレスを始め，対人葛藤や暴力の問題など，対人関係の否定的な側面に焦点を絞った研究が多かったが，対人関係が幸福の源であるならば，これからの研究はもっと，対人関係の中で生起する肯定的な側面に光を当てる必要がある。相手に対する感謝，相手が犯した過ちのゆるし，相手に対する同情や気遣いといったテーマは，ポジティブ心理学の興隆に伴って，すでに研究が始められている（島井，2006；Snyder & Lopez, 2009）。

ポジティブ心理学

主要引用・参考文献

Adams, J. S. (1963). Toward an understanding of inequity. *Journal of Abnormal and Social Psychology*, **67**, 422-436.

相川　充 (2009). 新版　人づきあいの技術：ソーシャルスキルの心理学　サイエンス社

相川　充 (2010). 対人関係の開始と維持　相川　充・髙井次郎 (編著) コミュニケーションと対人関係　誠信書房　pp.98-109.

相川　充・大城トモ子・横川和章 (1983). 魅力と返報性に及ぼす自己開示の効果　心理学研究, **54**, 200-203.

大坊郁夫 (2002). 健康心理学と社会心理学　島井哲志 (編) 現代のエスプリ425 健康心理学　至文堂　pp.141-152.

Fiske, S. T., & Taylor, S. E. (1984). *Social cognition*. Random House.

福岡欣治 (2010). ソーシャル・サポート　相川　充・髙井次郎 (編著) コミュニケーションと対人関係　誠信書房　pp.190-200.

福岡欣治・橋本　宰 (1997). 大学生と成人における家族と友人の近くされたソーシャル・サポートとそのストレス緩和効果　心理学研究, **68**, 403-409.

橋本　剛 (2005a). ストレスと対人関係　ナカニシヤ出版

橋本　剛 (2005b). 対人ストレッサー尺度の開発　静岡大学人文学部人文論集, **56**(1), 45-71.

橋本　剛 (2006). ストレスをもたらす対人関係　谷口弘一・福岡欣治 (編著) 対人関係と適応の心理学　北大路書房　pp.1-18.

日比野桂・湯川進太郎・吉田富二雄 (2005). 日常的な腹立ち経験とその処理―場面と対処方法の分類　日本心理学会第69回大会発表論文集, 983.

池上知子・大塚友加里 (1997). 自己スキーマの望ましさの相違が印象形成過程に及ぼす影響　社会心理学研究, **12**, 172-182.

今川民雄・岩淵次郎 (1981). 対人認知過程の構造について―好意的2人関係の因子分析的研究　実験社会心理学研究, **21**, 41-51.

井上和子 (1999). 衡平理論に関する研究とその展開　北大路書房

加藤　司 (2006). 対人ストレスに対するコーピング　谷口弘一・福岡欣治 (編著) 対人関係と適応の心理学　北大路書房　pp.19-38.

川西千弘 (2000). 顔の知的さが総合的印象に及ぼす効果　実験社会心理学研究, **40**, 122-128.

木村昌紀・磯友輝子・大坊郁夫 (2004). 関係継続の予期が対人コミュニケーションに及ぼす影響　電子情報通信学会技術研究報告, **104**, 1-6.

Laursen, B., Finkelstein, B. D., & Betts, N. T. (2001). A developmental meta-analysis of peer conflict resolution. *Developmental Review*, **21**, 423-449.

松井　豊・山本真理子 (1985). 異性交際の対象選択に及ぼす外見的印象と自己評価の影響　社会心理学研究, **1**, 9-14.

Murnstein, B. I. (1977). The stimulus-value-role (SVR) theory of dyadic relationships. In S. Duck (Ed.), *Theory and practice in interpersonal attraction*. Academic Press. pp.105-127.

奥田秀宇 (1999). 対人魅力における重要性効果―被験者間および被験者内計画による検討　実験社会心理学研究, **39**, 114-120.

Samter, W. (2003). Friendship interaction skills across the life-span. In J. O. Greene & B. R. Burleson (Eds.), *Handbook of communication and social interaction skills*. Lawrence Erlbaum Associates. pp.637-684.

島井哲志 (2006). ポジティブ心理学：21世紀の心理学の可能性　ナカニシヤ出版

下斗米淳 (1990). 対人関係の親密化に伴う自己開示と類似・異質性認知の変化　学習院大学文学部研究年報, **37**, 269-287.

Snyder, C. R., & Lopez, S. J. (2009). *Oxford handbook of positive psychology*. 2nd ed. Oxford University Press.

谷村圭介・渡辺弥生 (2008). 大学生におけるソーシャルスキルの自己認知と初対面場面での対人行動との関係　教育心理学研究, **56**, 364-375.

丹野　宏 (2007). 友人との接触頻度別にみた大学生の友人関係機能　パーソナリティ研究, **16**, 110-113.

立脇洋介 (2005). 異性交際中の出来事によって生じる否定的感情　社会心理学研究, **21**, 21-31.

山本恭子・鈴木直人 (2008). 対人関係の形成過程における表情表出　心理学研究, **78**, 567-574.

山中一英 (1994). 対人関係の親密化過程における関係性の初期分化現象に関する検討　実験社会心理学研究, **34**, 105-115.

Zajonc, R. B. (1968). Attitudinal effects of mere exposure. *Journal of Personality and Social Psychology, Monograph Supplement*, **9**, 1-27.

社会的状況の心理（社会心理学） 15

1 社会的状況の力

井戸端会議の盛り上がり　気心の知れた者どうしが一緒にいるとしよう。意見も言いやすい。いろいろ話しているうちに，ある特定の話題になる。関心も高く，皆が似たような意見をもっていることがわかる。すばらしい世界遺産であったり，感動的な映画だったり。そのすばらしさ，感動的な場面などを話しているうちに，そうした世界遺産や映画に対する好意的な評価が，いっそう強まっていく。ファンクラブに入り，熱心にスターを応援すればするほど，メンバー間に強い絆が生まれ，スターへの憧れと好意度も強まる。

　このように，互いに似た意見や感情を共有した者どうしが集まって相互作用すると，その集団がもともともっていた意見や感情が，同一方向により強まることがしばしば見られる。集団には，こうした強めあいの作用がある。これを，**集団極性化**という。井戸端会議が盛り上がるゆえんである。ある人物に対し，もともと批判的な人どうしが相互作用すれば，やがて，その批判的評価が強まることもある。

　かつてあるテレビ番組で，禁煙志願者が，数日間の「禁煙ツアー」に参加した様子が放映された。滞在先で互いに時間を共有しつつ，意見交換やさまざまなやりとりをした後，それぞれ家路に着くという内容であった。ツアーに参加した人たちの禁煙効果は，予想どおり良好であり，参加者の満足度も高かったようである。一人では，達成が困難なことがらも，志向性を共有する者どうしが集団として活動すると，互いに刺激し合い支え合うなかで，共通の目標を達成しやすくなる。これは，集団の力のなせる業であり，集団という社会的状況が，人間心理と行動に大きな影響を与えているのである。

見て見ぬふりの心理　では，次の例はどうだろう。ある中年女性が電車内で若い女とトラブルになり，降車駅のホームでもちょっとしたいざこざが続く。軽い暴行も受けていた。周りにも乗降客がいて，2人の様子には気づいていたはずであるが，誰一人止めようともしない。当時改札付近にいた駅員さえ，ただ見ているだけであった。その中年女性は，駅員や周りの人に助けを求めようとしたにもかかわらず，である。その後，憤慨した中年女性は，駅員にも抗議したという。なぜ，多くの人がいたにもかかわらず，見て見ぬふりをしたのだろうか。駅員さえも。

　ここに，**傍観者**の心理が示されている。人は，居合わせた他者が多いほど，そしてそうした他者が何もしないと，結果として，見て見ぬふりをしてしまう（**傍観者効果**）。単に周りに合わせてしまう（同化行動）だけでなく，時には，援助を必要とするような状況ではないと解釈してしまうこともある（**事態の過小評価**）。ホームでのいざこざには気づいても，親子げんかぐらいにしか思わなかったという人もいる。親子げんかならあえて介入する必要はないと判断したようである。また，援助が必要と感じても，他者がいればいるほど，誰かほかにやってくれる人がいると思いがちである。つまり，自分だけが責任を負う必要はないと考え，**責任の分散**が生じることになる。

　その意味では，1人だけの方が，援助行動を起こした可能性がある。1人の方が，個としての意識・責任を強く感じるからである。この例の場合，他者の存在

によって個としての意識は低下し，集団の中に埋没してしまったと考えられる。サッカーファンなどが熱情に駆られ，ときに過激な行動を示すのは，匿名性や無責任性がその背後にある。また，他者とかかわろうとする程度は，刺激が過剰となりがちな都会に比べ，田舎の方が高いかもしれない。いずれにせよ，その人の置かれた状況の違いが，人間心理と行動に影響を与えている。つまり，人は，状況における存在であり，状況をぬきにしては，人間行動を十分には説明できない。本章では，こうした社会的状況の心理について見ていくことにする。

社会的状況とは何か オルポート（Allport, G. W., 1954）が指摘するように，人は，他者の現実の存在，あるいは想像上ないしは暗黙の存在によって，思想や感情，行動などが影響を受ける。この暗黙の存在とは，ある個人が，社会構造の中で占めている位置（役割）と，その人物が文化的集団の成員であることに基づく多くの活動を指している。

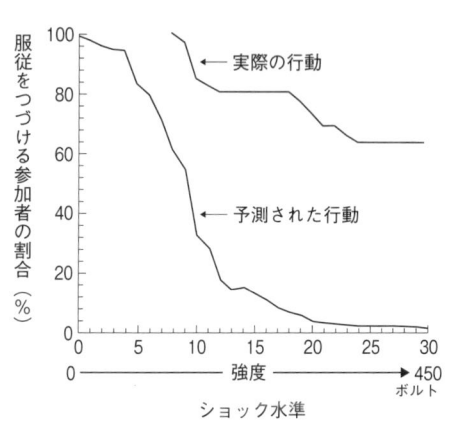

図15-1 声のフィードバック条件における精神科医による参加者の行動の予測と実際の行動（Milgram, 1965）

ミルグラム（Milgram, 1965）の服従実験は，状況がいかに大きな影響をもたらすかを示す典型的な研究として知られ，その手法の巧みさと結果の重大さとで，当時，多くの議論を巻き起こした。罰が学習に及ぼす効果を調べる実験であるとして，さまざまな職業に就いている一般市民が実験に参加した。実験参加者は，「教師役」を任され，実験者から「学習者」（もう一人の実験参加者として紹介されるが，実はサクラ）が間違うたびにより高いレベルの電気ショックを与えるよう依頼された。こうして実験参加者が，最終的に拒否するまでに与えた電気ショックの最大値が，服従を表す測度とされた。結果は，権威者である実験者の要請に応え，通常では考えられないレベル（最大450ボルト）の電気ショックを「学習者」に与えようとした。

服従実験

実験では，実際に電気ショックが与えられることはなく，「学習者」の反応にはそれらしい演出（あらかじめ録音されたテープが流され，うめき声などが入っていた）が施されていた。図15-1は，「声のフィードバック条件」（この研究で設定された4条件の1つで，電気ショックを受ける「学習者」の抗議の声が，ドアや壁越しに実験参加者に聞こえる条件）における精神科医の予測と実際に得られた結果である。精神科医は，実験参加者の多くが，150ボルト以上には行かないし，最大のショック水準まで行くのは，1,000人に1人だろうと予測した。しかし，実際には実験参加者の60％を超える人たちが，実験者の依頼に屈し，最大の電気ショックを与えていた。こうした予測をはるかに超える電気ショックの値は，状況要因のすさまじさを物語っている。

戦争で報告される残虐な行為は，戦争という状況，そしてそこでの権威の構造や力が，個人を取り巻く環境世界をゆがめ，冷静な判断力を失わせ，権威に抗うことを困難なものにしてしまうことを示している。ただし，状況が人間性をすべて狂わせるわけでもない。ミルグラムの実験参加者は，要請に従いつつも多くの葛藤を抱えていたこと，また，「学習者」と同室の条件では，服従の比率がほぼ半減し，「学習者」に接触しなければ電気ショックを与えることができない条件では，70％の実験参加者が，実験者の要請に屈しなかったことも示されている。

2 他者存在の心理

社会的促進　　**社会的促進**　他者がいるだけで、人は、さまざまな影響を受ける。オルポート（Allport, F. H., 1920）は、大学生を対象に、1人だけで課題（母音抹消、言語連想など）に取り組む状況と、同じ課題にそれぞれ個別に取り組む他者（共行為者）が存在する状況を設定した。そして、他者がいる方が、1人より、成果が上がることを見出し、これを社会的促進と名づけた。ただし、課題（ある論述への反論など）によっては、他者がいた方が、1人より、その成果が悪くなる場合（妨害）もあった。また、こうした効果は、他者が見ている（観察）場面でも同様に生起した。

その後、ザイエンス（Zajonc, 1965）は、習得済みのことがらは、他者の存在によって促進され、未習得なことがらは、他者の存在によって妨害されると指摘し、社会的促進の動因理論を提出した。動因理論によれば、他者（共行為者、観察者）の存在は、個人の活動水準を高め、出現しやすい反応の生起確率をより高めるという。個人が習得済みのことは、正反応が出現しやすいため、他者存在による高活動水準と相まってより正反応が多くなり、促進が起こる。しかし、未習得のことは誤反応が出現しやすいため、他者存在による高活動水準と相まってより誤反応が多くなり、結果として妨害が起こることになる。

社会的促進の動因理論

ハントとヒラリー（Hunt & Hillery, 1973）は、指迷路（指先で迷路をなぞりゴールに到達する課題）を用いて、1人と3人一緒の条件を比較した（実験1）。2肢選択（正答は、50％もしくはそれ以上）12水準の単純迷路では促進（より少ない誤答数でゴールに到達）が、4肢選択（正答は25％）の複雑迷路では、妨害が起きている。また、実験2では、図15-2のように、複雑迷路（4肢選択6水準）の誤反応が出やすい段階1（誤答が6より大）では、他者と一緒の方が学習進度は遅いが（妨害）、試行を経て次第に学習効果が上がり、正反応が出やすい段階2（誤答が6より小）になると、他者と一緒の方が学習進度は早くなる（促進）。このように、長い目で見ると他者存在は効果的に作用している。

なお、コットレル（Cottrell, 1972）は、個人の活動水準を高めるには、単なる他者の存在では不十分で、評価への懸念が重要だとしている。単なる他者の存在か、評価への懸念かは、相反するものではなく、連続的な程度の違いと考えられる（Geen, 1980）。このほか、自己をよりよく呈示しようとする動機が促進を引き起こすという自己呈示理論（Bond, 1982）や、他者の存在は、活動水準を上げるものの課題達成への注意も分散させるため、単純課題では促進、複雑課題では妨害が起こるという注意分散葛藤説（Sanders et al., 1978）もある（宮本, 1993）。

リンゲルマン効果

社会的手抜き　では、他者と一緒に歌を歌うなど、集合的に物事に取り組む場合はどうだろうか。実は、綱引きにおいては、居合わせた他者の人数が多くなるほど、1人あたり綱を引っ張る力が低下することが知られている（リンゲルマン効果）。ただし、綱引きなど集合的な結果には、タイミングのズレ（協応の損失）が生じる。

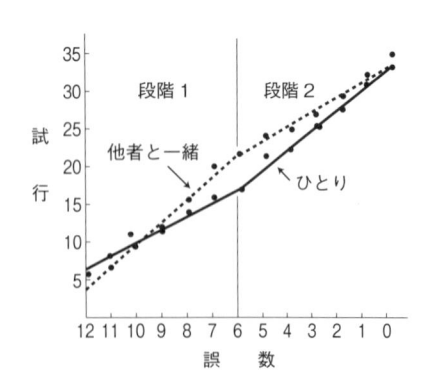

図15-2　複雑迷路における所与の誤数に到達するまでに要する平均試行数
（Hunt & Hillery, 1973）

ラタネら（Latané et al., 1979）は，タイミングのズレと区別するため，疑似集団（他者と一緒に大声を出すと思わせる状況で，1人しか声を出さない）を作り，実際の集団及び1人のときと比べた。そして，1人条件と疑似集団の差が，努力量の低下であることを明らかにした（図15-3）。ラタネらは，これを社会的手抜きと呼んでいる。1人条件と実際の集団の差は，タイミングのズレと社会的手抜きの双方が含まれることになる。

社会的手抜き

本章の最初でふれた援助行動における傍観者効果は，社会的手抜きの心理と関連している。ただし，類似した状況でも，個人としての作業量が明らかになれば，手抜きは抑えられる。たとえば，流れ作業において，個々人ごとの作業量が明示されるようになると，生産性が16％上がったという報告もある（Faulkner & Williams, 1996; Myers, 1999 参照）。

集団極性化　本章の最初に述べた集団極性化の研究は，リスキー・シフト現象に端を発している（10章5節参照）。モスコビッシとザバロニ（Moscovici & Zavalloni, 1969）は，当時のド・ゴール大統領に好意的な大学生どうしとアメリカに批判的な大学生どうしに，それぞれ集団で討論させ，討論前と討論後の態度を比較した。その結果，ド・ゴールへの好意的態度はいっそう好意的に，そしてアメリカへの非好意的態度はいっそう非好意的になり，当初の態度が，討論後より強まることが明らかとなった。これを集団極性化という。

10章にもあるように，裁判員裁判では集団極性化が生起する可能性がある。図15-4は，交通事故の事例を呈示し，事故を起こした運転手に対する罪の程度を，討論前と討論後で比較したものである（Isozaki, 1984）。討論後，運転手を有罪と判断する度合いが強まり極性化が生起している。他の大学生の判断を推測させた場合，極性化は生起せず，討論後において，自集団を他の大学生集団から差異化して捉えていることがわかる（集団間比較）。

極性化と似た現象は，個人内においても生じる。この交通事故の事例においても，個人が，運転手への判断を下した後，自らの判断の根拠や理由を一定時間考え，書き連ねていった結果，自らの判断がより強まっていた（磯崎，1995）。このように一定期間思考することによって個人の態度がより強まることを，自己生成的態度変化（Tesser, 1978）という。

自己生成的態度変化

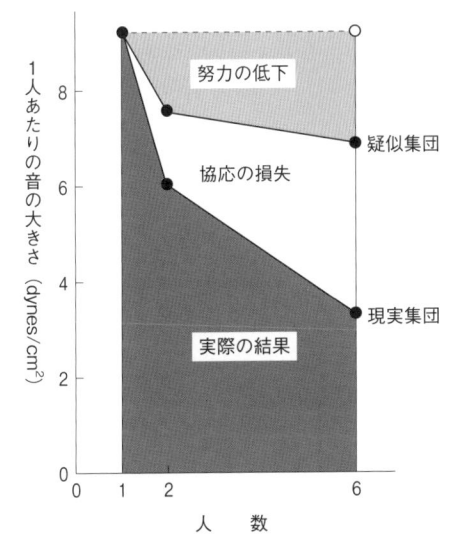

図15-3　現実集団と疑似集団の音圧差（Latané et al., 1979）

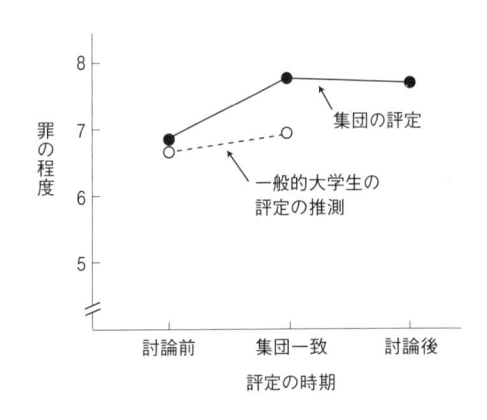

図15-4　ドライバーに対する罪の程度の平均評定値
（Isozaki, 1984）
（0〜10で数値が大きなほど有罪とする程度大）

3 社会的影響とその理論的説明

同調の心理　同調とは，集団圧力の結果として，意見や行動が集団や多数者に向かって変化することをいう。集団の多数者や標準が明確でない場合，人は，標準的な意見を求め，互いに安定した共通の枠組み（規範）を形成しようとする。シェリフ（Sherif, 1936）は，自動運動現象を用いて，当初バラバラだった個人ごとの判断が，集団状況では次第に収束していくことを見出した（規範の形成）。また，いったん形成された判断は，その後の個別状況でも維持されていた（規範の遵守）。規範を求める心理がよく示されている。

同調については，アッシュ（Asch, 1951）の実験がある。ここでは，大学生の集団（8人）に2枚のカードが呈示され，1枚には1本の線分（標準刺激），もう1枚には長さの異なる3本の線分（比較刺激）が描かれていた。実験参加者は，3本の線分のうち，どれが標準刺激と同じか判断した。18回のうち12回において，1人（実際の実験参加者）を除き他の全員（実験協力者：サクラ）が一致して誤った判断（圧力試行）を行った。その結果，約3分の1の回答がサクラの影響を受けた。表15-1のように，多数者の人数による影響を見ると，サクラが3人から4人のとき，同調は最大となった。

表 15-1　サクラの全員一致の誤りが参加者の判断に及ぼす効果（Asch, 1951）

サクラの人数	0	1	2	3	4	8	12
実験参加者数	37	10	15	10	10	50	12
誤判断の平均数	0.08	0.33	1.53	4.0	4.20	3.84	3.75
誤判断の範囲	0〜2	0〜1	0〜5	1〜12	0〜11	0〜11	0〜10

また，同調を指標として国民性の違いを検討したミルグラム（1961）は，ノルウェー人とフランス人の大学生（相互に年齢，教育水準，研究分野，社会階層などを対応させてある）を用いて，音の長さを比較させた。サクラの圧力を変化させた5つの条件（30回のうち16回，多数者の圧力がかかる通常条件，通常条件に加え同調しないと他者から非難される条件など）を設定して同調率の違いを見た結果，いずれの条件においてもノルウェー人の方が，フランス人より同調が多いことが示された。

少数者の影響　同調とは逆に，集団の少数者が多数者に影響を与えることを明らかにしたのが，モスコビッシら（Moscovici et al., 1969）である。一貫した反応を示す少数者の存在は，多数者に心理的葛藤をもたらすとして，モスコビッシらは，そうした少数者がいない条件と結果を比較し，多数者が意見を変えることを明らかにした。これを少数者の影響という。

要請と受諾　伝え手が，自らの意図した方向に相手を導こうとする試みを説得という。プロポーズも一種の説得であるが，こうした説得や要請は，手順を踏むと効果的である。①フット・イン・ザ・ドア法は，まず相手が受け入れやすい要請（小要請）をした後，本来の要請（本要請）を行うやり方である。たとえば，電話で簡単な質問をして回答を得た後，より面倒な調査（本要請）をお願いする

(Freedman & Fraser, 1966)。こうした手順を踏むと，そうでない場合（22.2%）に比べ，本要請の受諾率は高まった（52.8%）。

　②ドア・イン・ザ・フェイス法は，本来の要請よりも遙かに大きな要請をして，相手に拒否させた後，本要請を行うやり方である。たとえば，長期間にわたる協力を依頼し，相手に拒否させた後，即座に本要請（1回だけの協力）をお願いする（Cialdini et al., 1975）。この場合，いきなりの本要請の受諾率（16.7%）に対し，譲歩の手順を踏むと受諾率は，50%になった。

　なお，これら2つの要請法の効果に大きな差は見られない（今井, 2008）。

　では，次にこうした社会的影響に関する主要な理論を見ていくことにする。

社会的比較過程理論　人は，他者との比較をとおして正確な自己評価を行い，不確かさを減じようとする。フェスティンガー（Festinger, 1954）は，社会的比較過程理論を提唱し，①人には自己評価への動因がある（仮説1），②他者との比較によって自らの意見や能力を評価しようとする（仮説2）と指摘している。集団規範の形成とその遵守，同調や少数者の影響には，不確かさを低減しようとする社会的比較の心理がその背景にある。特に，自己と類似した他者は重要な情報源となり（仮説3），その判断や作業成果などが，自己（判断の妥当性，能力）を知る手がかりとなる。

［欄外］社会的比較

　ジョーンズとレーガン（Jones & Regan, 1974）は，自己評価への動因は，能力とかかわる重要な行動への意思決定を迫られたときに強まること，また，自己と能力が類似し，かつこれから行おうとする行動を経験済みの人が情報源として好まれることを明らかにした。人は，自己の妥当性を求め，より有用性の高い情報源となる他者を求めていることになる。この理論は，人がなぜ，またどのような他者と一緒にいるか（親和性），誰に好意をもつか（対人魅力），自己の態度やオリエンテーションを変えるか，誰と競争するか，さらには集団極性化など，さまざまな社会行動と関連している（7章参照）。

認知的不協和理論　フェスティンガー（1957）は，人間には，相矛盾した要素を同時に抱えると不快（不協和）となり，その矛盾を解消しようとする心理（不協和の解消）があると指摘し，認知的不協和理論を提唱した。自らの信念や考えと矛盾する行動をとった場合，人は，不協和を感じ，その不協和を解消しようと動機づけられる。たとえば，ヘビー・スモーカーほど，タバコが体に有害であり，肺がんに結びつくという説を受け入れようとしない。この理論は，さまざまな仕方で正当化を図ろうとする人間の姿を鮮やかに描き出している。

［欄外］認知的不協和理論

　フット・イン・ザ・ドア法では，いったん要請を受け入れた自己の肯定的イメージを守り，不協和を避けようとする心理が作用している。なお，ドア・イン・ザ・フェイス法では，可能な範囲で要請者の譲歩にこちらも応えようという返報性の心理がより強く作用している。

自己カテゴリ化理論　ターナー（Turner, 1987；蘭ほか訳, 1995）は，自らを集団の一員であるとカテゴリ化することの重要性を指摘し，自己カテゴリ化理論を提唱した。人は，カテゴリ化を行うことによって，自集団の規範を見出し，そこで典型的な行動やものの見方を自己に当てはめようとする。結果として，その集団がある特徴的行動を示すことになる。同調や少数者の影響，極性化，群集行動などは，カテゴリ化理論によって説明できる。たとえば，ファンクラブや政党の成員，ある特定の職業集団などが，斉一的に特有の行動を示すのは，カテゴリ化のなせる業といえる。

4 状況が異なると？

規範と社会行動 ディズニーランドを思い浮かべるとわかるように，周りにゴミが落ちていないと，ゴミのポイ捨てはしにくい。一般に，人は規範に沿った行動をとるが，こうした規範遵守行動が，状況に左右されることはよく知られている。交通標識の一時停止も，警察官がいれば完全に停止するが，そうでないときや夜間では，その割合は，低下しがちである。

チャルディーニら（Cialdini et al., 1990）は，規範を命令的規範と記述的規範に分け，こうした状況による規範遵守行動の違いを説明している。命令的規範は，多くの人がとるべき社会的に望ましい行動であるという個人の認知に基づく規範であり，報酬や罰を伴うことが多い。記述的規範とは，多くの人が実際にとっている行動であると個人が認知する規範であり，状況に応じた行動基準を意味する。一時停止の標識で完全に停止するのは望ましい（命令的規範）が，夜間誰もいなければ，そして周りの車の様子から，完全に停止する車の率は低下してしまう。周りが散らかっているほど，ゴミのポイ捨ても多くなってしまうのである。チャルディーニらの研究では，地面に落ちていたゴミの個数が，2から4個までならゴミのポイ捨て率は，20％程度であるが，それ以上（8ないし16個）になると，40％を超えたという。

立場が変わると？ 社会的リアリティを求める心理が，周りの他者の意見を取り入れ，自己の意見を修正することにつながる。これが同調にも結びつくが，では，多数者だった人が，少数者になったとき，あるいは少数者が多数者になったとき，どういった心理的変化が生じるだろうか。一般に多数者であれば，心理的な安定と自らの集団へのポジティブな一体感を感じやすい。つまり，少数者から多数者になれば，ポジティブさが増し（獲得），集団への魅力は高まると考えられる。しかし，こうした獲得効果よりも，多数者から少数者に立場が変わったとき，集団への魅力はより大きく低下すること（損失）が示されている（Prislin et al., 2000）。これは，失ったものは，獲得したものより影響が大きいことを示し，獲得－損失非対称モデルと呼ばれている。

買い物客は，レジ袋を購入する場合の方が，同じ代金を引いてもらうよりも抵抗感が大きい。また，ここで損失がより大きいインパクトをもつのは，喪失感とともに集団からの排斥や孤立感も関連している。したがって，もともとの集団に対する一体感や愛着が大きい場合ほど，損失の効果は大きい。仲良し集団ほど，そこから少数者に転じた場合の喪失感，孤立感は大きいといえる。こうした立場変化の研究は，いじめの背後にある心理にも重要な示唆を与えている。

ホームの有利さ スポーツの世界では，ホームグランドで試合を行うと，ホーム以外での試合に比べ，試合結果がよいことが知られている。これをホームの有利さ（home advantage）という。ここには，①環境条件の慣れと安心感，②ファンによる応援と社会的促進，③状態依存記憶（記憶・学習の再生は，記憶・学習した環境と同一環境で再生されやすい），などの要因が関連している。また，互いにホームグランドで試合ができないチームどうしでも，実際の試合会場で練習する機会の多いチームほど有利であるといえる。

マイヤーズ（Myers, 1999）は，いくつかのチームスポーツにおけるホーム

の有利さを以下のようにまとめている。すなわち，野球54.3％，フットボール57.3％，アイスホッケー61.1％，バスケットボール64.4％，サッカー69.0％である。サッカーやバスケットボールは，野球よりもホームの有利さがより強く示されている。サッカーやバスケットは，練習環境による慣れと応援，そして状態依存記憶の効果が現れやすいようである。これに対し，野球は，偶発的な要因が作用するスポーツであるといえるかもしれない。

また，ファンによる応援は，それが過剰な圧力となって，ときにマイナスに作用することもある。プロ野球の日本シリーズでは，優勝のかかった一戦で，逆にホームチームの勝率が低いことが知られている。選手の緊張感の高まりとひいきの引き倒しが相まって作用しているのかもしれない。

きょうだいの出生順位と社会行動　シャクター（Schachter, 1959）によれば，不安状況にいる長子や一人っ子は，中間子や末っ子よりも他者と親和しやすいという。長子や一人っ子は，親との間で自己の特性を把握する必要があり，自己概念が曖昧になりがちなためともいわれる。

ところで，スポーツの世界で活躍しているのは，年下のきょうだいが多い。きょうだいにおける年上，年下という状況の違いは，個人の志向性や適性に影響を与えているのだろうか。2010年サッカーワールドカップ世界大会で日本代表となった選手23人中18人が末っ子であり，長子は，わずかに1人だった。また，日本のプロ野球歴代ホームランバッター10傑のうち，9人が末っ子または中間子である。年下のきょうだいはスポーツに適した特性をもっているのか。あるいは，年下であることが，スポーツへの適性を育てるのか，興味深い。

出生順位ときょうだい意識　年下のきょうだいには，生まれながらにして，自分より力の強い存在として年上のきょうだいが存在する。そうした劣位の状況を経験しながら育つため，自ずと忍耐強くなり，負けん気の強さといったスポーツに適したメンタリティが培われる可能性がある。また，年下は，年上のきょうだいとともに，また年上をモデルとして比較的早くからスポーツに親しむ機会がある。つまり，年下であることによって培われる側面と経験面での有利さが相乗的に作用している可能性がある。

サロウェーとツバイゲンハフト（Sulloway & Zwigenhaft, 2010）は，アメリカの大リーグに在籍したきょうだいを年上，年下の組み合わせによって検討した。その結果，さまざまな指標で，年下のきょうだいが年上に比べ，優れた実績を上げていた。たとえば，メジャーでの在籍期間，出場試合数，打者として得た四球の数，ホームラン数，死球を受けた数，盗塁数，盗塁成功率，などである。投手と野手を合わせた全体（682ペア）で比較すると，年下は年上より1.9年長く在籍し，出場試合数も年下の方が162試合多かった。盗塁数や死球の数なども年下の方が多い。これら，年下の優れた打撃成績，盗塁数の多さが，在籍期間の長さにつながっているといえる。

概して，年下のきょうだいは，年上に比べ，より気楽でリスクのある行動をとりやすい状況にある。親からの影響力も年下ほど和らぐとともに，年上の身近なモデルを利用して自らの志向性を決定できる。一人っ子やきょうだいのいる人に，希望を尋ねると，自分の上にきょうだいを望む割合が高い。家意識の薄れた今日においても，きょうだいの上，下できょうだい意識が異なることを示唆している。

5 情動と社会行動

　社会的状況によって，人間の意識や行動は大きく影響を受ける。他者がどのような特性をもつか，どんな関係にあるかによって，自己も大きく規定される。情報技術革新によって，瞬時に他者とさまざまなやりとりができる今日では，これまでとは異なる影響過程が生じる可能性がある。世論の動向，犯罪や事件の理解，裁判員裁判の結果等，これまでにない影響過程が考えられる。また，個人内差と個人間差，集団内差と集団間差の双方に目を向ける必要もある。相手との関係によって，行動内容が異なるだけでなく，同じ行動が生起しても，そこで生じる感情や情動には違いが生じる可能性もある。ここでは，感情や情動と社会行動のかかわりについてふれておきたい。

　自己評価維持と社会行動　　テッサー（Tesser, 1984）は，人は自己評価を維持しようとするとの基本的前提に立つ自己評価維持モデルを提唱した。自己評価は，自己にとって心理的に近い他者の優れた達成によって，自己評価が上がる過程（反映過程）と心理的に近い他者の優れた遂行によって，自他の比較が生起し，自己評価が下がる過程（比較過程）によって影響を受ける。達成領域の自己への関与度が高いとき比較過程が，関与度が低いとき反映過程が生起する。たとえば，きょうだいで，姉はピアノ（音楽）に優れ，弟はサッカー（スポーツ）で活躍するとする。弟は，音楽に対する関与度が低く，姉のピアノのすばらしさを素直に喜び，誇りに思う。サッカーへの関与度が低い姉も，弟の活躍を嬉しく思う（反映過程）。しかし，姉も弟もピアノに高い関与度をもち，姉（弟）のみが，優れた成果を出したときは，弟（姉）は，自己の劣位を感じて，自己評価が下がってしまう。これが比較過程に当たる。

　したがって，自己評価を維持するには，反映過程を生起させつつ，比較過程を避けようと，自らの認知や行動を変えようとする。つまり，他者との近さ，自他の達成，そして達成領域の自己にとっての関与度を，認知的，行動的に調整しようとする。これが，自己評価維持モデルの基本的な考え方である（7 章参照）。

　比較過程の生起は自己評価を低下させるだけでなく，嫉妬や羨望，悔しさなどを引き起こす可能性がある。嫉妬は，自己と心理的に近い他者との関係を悪化，または疎遠にすることもある。ライバル関係は，反映過程を生起させながら，比較過程の生起を避けようとして自己の達成度を上げようとする二者関係である。ここには，強い達成への意欲と他者意識がある。他者との心理的な近さの調整や達成度を上げるだけでなく，達成領域の関与度を変化させ，自己評価の維持を図ることもある。

　画家であったピカソの父が，息子の才能を見出し，ピカソに絵筆を譲った話はよく知られている。与謝野鉄幹は，弟子であり妻である晶子の詩集『みだれ髪』の評判に動揺を隠しきれなかったという。また，高村光太郎は，父である光雲が彫刻界に君臨していたときは，あえて彫刻をしなかった。親子，夫婦，きょうだいなどの関係において，こうした葛藤の生起とその対処について多くの報告がなされている。個としての自己が，いかに身近で心理的に近い他者の影響を受け，その自己を維持しようと苦闘するかを示す好例といえよう。

　自己評価維持と関係性の維持　　自己評価が維持されても，親密な他者と高

関与度の領域が重複し,その他者の自己評価を阻害する場合,自らの達成を素直には喜びにくく,気まずさも生起しやすい。また,その関係も不安定なものとなる。ビーチとテッサー (Beach & Tesser, 1995) は,こうした問題を避けるため,二者が協同して成果を出す,達成や関与度を調節するなど,双方が自己評価維持できる方略をとると指摘し,拡張自己評価維持モデルを提出している。画家夫婦(「原爆の図」で知られる丸木位里・俊夫妻など) や作家の友人どうしが,1つの作品を協同で仕上げる例もある。このように,自己は他者と密接に結びついており,そこで生じる感情や情動も,状況や他者との関係でさまざまに変化する。

怒りと軽蔑 怒りは,親密な関係にある二者間でも生起する。相手から迷惑を被ったり,自己の権利を侵害されたりする状況では,怒りあるいは軽蔑が生起しやすい。怒りと軽蔑は混同されることもあるが,区別する必要がある。では,怒りと軽蔑はどんな機能や特徴があるだろうか。フィッシャーとローズマン (Fischer & Roseman, 2007) によれば,親密な関係において生じる怒りは,相手(の行動)を変えよう,あるいは変わってほしいと思うときに生じるという。

軽蔑

しかし,相互作用を経て相手との親密感が低下し,相手が変わりえない,あるいは相手を変えることができないと考えると,その相手と距離をおき,怒りよりも軽蔑を抱きやすい。また,軽蔑を抱くと,相手のネガティブな行動の原因をその内的属性に帰属しやすくなる。つまり,相手のネガティブな行動はコントロールが難しく,しかもその個人的特性によって生起していると捉えることになる。相手と距離をとろうとするのはその帰結でもある。

その意味で,怒りは,相手への短期的な攻撃反応であり,長期的には和解しようという心理がその背後にあると考えられる。

拒絶と攻撃 攻撃行動はどうだろうか。人は,しばしば見知らぬ他者よりも親密な関係にある他者に攻撃行動をとることがある。児童虐待や家庭内暴力はその典型であり,最も親密な関係の中に,最も苛烈な葛藤があるといわざるをえない。つまり,親密さ(関係)を変えることができず,また相手(および自分自身)をコントロールできないまま,虐待や暴力が生起してしまう。児童虐待は,親密さを変えることができないまま,子どもがなつかない,言うことを聞かないなどの理由で,さらにはしつけの名のもとに,ある種の怒りを子どもに振り向けたものと捉えることもできる。また,親密な関係であるにもかかわらず,十分に受け入れられていない,大事にされていないという思いが強まることによって攻撃が生起するという心理メカニズムもある。多くの研究が,攻撃行動の背後に拒絶感があることを指摘している (Leary et al., 2006)。仲間内から拒絶された子どもは,攻撃行動を含むさまざまな問題行動を示しやすい。また,拒絶された子どもは,仲間からより攻撃的であると見なされやすい。ここに拒絶と攻撃の悪循環が生起することになる。

攻撃行動

怒りと軽蔑,拒絶と攻撃は,人間存在に根ざした感情や情動,そしてそれに基づく行動であり,ステレオタイプ(型にはまった柔軟性のないものの見方)や偏見(根拠なく相手にとって不利益となるものの見方をし,またそうした行動を取ること)などの社会心理学的問題を理解する上でも貴重な示唆を与えている。

主要引用・参考文献

Allport, G. W. (1954). (リンゼイ, G. (編) 高橋 徹・本間康平 (訳) (1956). 社会心理学史　社会心理学講座 I　基礎理論 (1)　みすず書房)

Asch, S. E. (1951). Effects of group pressure upon modification and distortion of judgments. In H. Guetzkow (Ed.), *Groups, leadership and men*. Carnegie Press.

Cialdini, R. B., Reno, R. R., & Kallgren, C. A. (1990). A focus theory of normative conduct: Recycling the concept of norms to reduce littering in public places. *Journal of Personality and Social Psychology*, **58**, 1015-1026.

Cialdini, R. B., Vincent, J. E., Lewis, S. K., Catalan, L. J., Wheeler, D., & Darby, B. L. (1975). Reciprocal concessions procedure for inducing compliance: The door-in-the-face technique. *Journal of Personality and Social Psychology*, **31**, 206-215.

Faulkner, S. L., & Williams, K. D. (1996). A study of social loafing in industry. Paper presented to the Midwestern Psychological Association Convention.

Festinger, L. (1954). A theory of social comparison processes. *Human Relations*, **7**, 117-140.

Festinger, L. (1957). (フェスティンガー, L. (著) 末永俊郎 (監訳) (1965). 認知的不協和の理論　誠信書房)

Fischer, A. H., & Roseman, I. J. (2007). Beat them or ban them: The characteristics and social functions of anger and contempt. *Journal of Personality and Social Psychology*, **93**, 103-115.

Freedman, J. L., & Fraser, S. C. (1966). Compliance without pressure: The foot-in-the door technique. *Journal of Personality and Social Psychology*, **4**, 195-202.

Hunt, P. J., & Hillery, J. M. (1973). Social facilitation in a coaction settings: An examination of the effects over learning trials. *Journal of Experimental Social Psychology*, **9**, 563-571.

今井芳昭 (2008). 2段階, 3段階のフット・イン・ザ・ドア法とドア・イン・ザ・フェイス法の比較　東洋大学社会学部紀要, **45**, 73-86.

Isozaki, M. (1984). The effect of discussion on polarization of judgments. *Japanese Psychological Research*, **26**, 187-193.

磯崎三喜年 (1995). 自己生成的態度変化としての極性化効果とその持続性に関する研究　心理学研究, **66**, 161-168.

Latané, B., & Darley, J. M. (1970). (ラタネ, B., & ダーリー, J. M. (著) 竹村研一・杉崎和子 (訳) (1977). 冷淡な傍観者―思いやりの社会心理学　ブレーン出版)

Latané, B., Williams, K., & Harkins, S. (1979). Many hands make light the work: The causes and consequences of social loafing. *Journal of Personality and Social Psychology*, **37**, 822-832.

Leary, M. R., Twenge, J. M., & Quinlivan, E. (2006). Interpersonal rejection as a determinant of anger and aggression. *Personality and Social Psychology Review*, **10**, 111-132.

Milgram, S. (1965). Some conditions of obedience and disobedience to authority. *Human Relations*, **18**, 57-76.

宮本正一 (1993). 人前での心理学　ナカニシヤ出版

Moscovici, S., & Zavalloni, M. (1969). The group as a polarizer of attitudes. *Journal of Personality and Social Psychology*, **12**, 125-135.

Sulloway, F. J., & Zweigenhaft, R. L. (2010). Birth order and risk taking in athletics: A meta-analysis and study of major league baseball. *Personality and Social Psychology Review*, **14**, 402-416.

Tesser, A. (1984). Self-evaluation maintenance processes: Implications for relationships and development. In J. C. Masters & Yarkin-Levin (Eds.), *Boundary areas in social and developmental psychology*. Academic Press. pp.271-299.

Zajonc, R. B. (1965). Social facilitation. *Science*, **149**, 269-274.

心理統計とレポート 16

1 心理統計の考え方

　心理学では調査や実験を行うのが普通である。そしてデータを統計分析してレポートや論文の形で報告することになる。したがって，統計学の知識と心理学は切り離せない。逆にいえば，統計学の知識なしでは心理学の論文も読めないし，自分の研究結果の解釈もできないことになる。無知であるがゆえに統計を用いる研究を避けたり，統計結果を盲信して振り回されないためにも，正しく統計学を理解しておかなくてはならない。

　心理学で報告する統計的内容は大きく2つに分かれる。1つは記述統計量であり，もう1つは推測統計量である。

　記述統計量　データを記述するための統計量である。最低限の報告すべき記述統計量としては実験参加者の人数や変数の平均値，標準偏差などがある。相関係数なども記述統計量と見なせる。

最頻値
中央値
標準誤差

　推測統計量　データを標本と考え，そのデータが抽出された母集団について推測したり，仮説について検定を行った結果の統計量である。t検定やχ^2検定（カイ2乗検定），分散分析などが主なものである。

ピアソン
スチューデント（Student）とゴセット（Gosset）

　これ以外にも多数の変数を同時に扱う手法として多変量解析と呼ばれる統計手法群もある。因子分析や主成分分析，重回帰分析や共分散構造分析などが含まれる。これらについては2節でふれる。

クロス表
適合度検定

　帰無仮説　統計的な推測や判断を行うとしても，何に対して判断を行うのだろうか。そのためにはまず帰無仮説と呼ばれる仮説を設定する。もし，分析者が考える仮説が正しいなら，帰無仮説は棄却される。研究者の仮説が正しいなら無に帰す仮説なので帰無仮説と呼ばれるのである。

SEM（Structural Equation Model）

　たとえば，自分はある現象が生じるのは偶然ではなく，何らかの原因のせいだと考えたとしよう。この場合，帰無仮説は何かの変数の影響がない，言い換えれば現象が生じたのは偶然だというのが帰無仮説となる。そして，それが否定（棄却）されれば，その研究者が考えたとおり，何らかの影響が存在するといえることになる。こうして，まずは帰無仮説が正しいという前提を立てて検定は行われる。

対立仮説

　有意水準　帰無仮説を棄却するための判断基準はどのように決めればよいのだろうか。これには確率を利用する。通常使われるのは0.01や0.05という確率である。0.05という確率は5/100と分数で表現できる。これは100回に5回生じる確率という意味になる。同様に0.01は1/100なので100回に1回しか生じない確率と見なせる。いずれもまれなことを意味していることがわかる。この確率をαと表記して危険率と呼ぶ。何の危険かというと帰無仮説を棄却するという判断が間違っている危険のことである。帰無仮説を棄却することが間違いである確率が100回に5回より小さいなら，危険は低いと判断して帰無仮説を棄却するのである。この場合，逆にいえば，100回中95回までは帰無仮説を棄却することが正しいという確信をもっていることになる。

フィッシャー（Fisher）
ベータ（β）：第二種の過誤
$1-\beta$：検定力

　通常，心理学では0.05と0.01を検定の有意水準としてあらかじめ設定することが多い。もし，検定結果の確率が有意水準の0.05より低い値なら，「自分が間違っている確率は0.05より低い」といえるわけである。もちろん，有意水準が

0.01 を下回るならさらに確信がもてる。

　もし，検定の結果，確率が 0.05 より大きな値になった場合はどうなるだろうか。その場合にはその結果は偶然によると判断することになる。

　確率分布　判断の対象は帰無仮説であり，判断基準は確率で 0.05，0.01 を用いることがわかった。また，帰無仮説が棄却されれば研究者の仮説はある確率で支持され，帰無仮説が棄却できないなら研究者の仮説は支持されないことがわかった。では，判断基準の確率は何を根拠に求めればよいだろうか。これには確率分布を用いる。帰無仮説が正しいという前提のもとで検定統計量と呼ばれる値を導き出す。この値は既知の分布に従うよう変形された値である。よく利用される分布としては正規分布，t 分布，χ^2 分布，F 分布などがある。検定統計量が得られ，それがある分布に従うなら，その検定統計量が分布のどこに位置するのかを知ることができる。たとえば，身長を考えると，その分布は左右対称で平均値のあたりに人が集中する釣り鐘型の分布になるだろう。非常に身長が低い人や高い人は数が少ないであろう。身長が 2m を超すような人はめったにいないであろうから，分布の端の方にくることになる。

〔中心極限定理〕

　求めた検定統計量は帰無仮説が正しいという前提で求められているので，帰無仮説が正しいなら分布でよくありそうな，一番自然なところに位置するはずである。具体的には分布の一番高い山の位置である。

　一方で分布の端，すなわちありそうにない位置に来た場合には，何かがおかしいと考えるであろう。このとき，偶然に極端な値が得られたと考えるよりは，帰無仮説が間違っているために正しくない分布を採用してしまっていると考えるのである。

〔背理法〕

　確率は 0 から 1 までの値をとる。分布についても全面積を 1 と考えれば，ほぼ面積 0 からすべての面積 1 までの値をとることになる。このとき，分布の面積は確率と互換可能な値と見なすことができる。極端な統計量があったときに，分布上で，その値より極端にあたる面積は小さい。つまり，「面積が小さい＝確率が低い」と見なせるというわけである。この面積が 0.05 より小さいなら，確率が 0.05 より小さい，すなわち有意確率 0.05 より小さいので帰無仮説は棄却され，有意な差が観察されたと判断するのである。

〔棄却域〕
〔採択域〕

　両側検定と片側検定　分布面積を確率に読み替える場合に，分布の両端の面積を考慮する場合と，片端の面積のみを考慮する場合がある。前者を両側検定，後者を片側検定と呼ぶ。心理学では通常，両側検定が基本である。

統計検定の流れ				
帰無仮説	検定統計量	確率分布	有意性の判定	帰無仮説が棄却されたら
差はない，効果はないとする仮説	知られている分布に従う値（検定統計量）をサンプルから計算	検定統計量の分布での位置を検討してみる	分布上の位置から分布面積を確率と見なしたときに 0.05 より小さいか	有意差あり

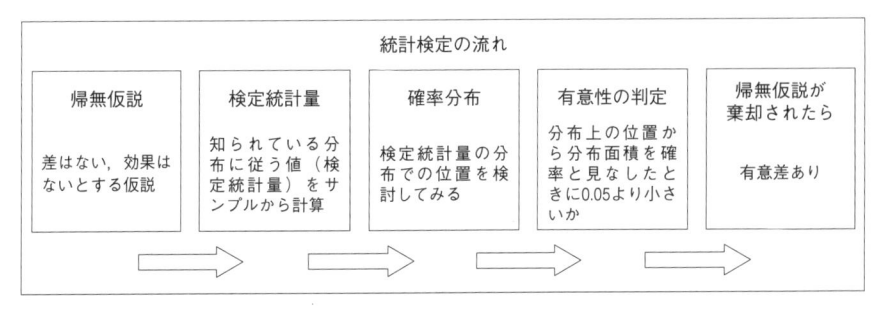

図 16-1　統計検定の流れ

2 各種の分析手法

どのような統計分析を行うかは，実験や調査を行う前に計画しておかなくてはならない。データを適当にとったものの，後になってどう分析すればよいのかわからないという人が多すぎる。たいていの場合，その時点ではもう手遅れで，こんな項目を入れておけば，あるいはこんな条件を組み込んでおけば，よい分析方法が使えたのにということになる。

そのためには数ある分析手法について知っておかなくてはならないのはもちろんだが，自分が分析しているデータの特性についてよく知っておかなくてはならない。

データの種類 データは大きく3つに分けることができる。量的なデータと質的なデータ，そしてテキストデータである。量的なデータとは連続量として測定された数値であり，質的なデータとはカテゴリカルなデータとも呼ばれ，離散的な数値である。最後のテキストデータとはアンケートの自由記述のようなデータのことである。自由記述データは統計的に処理するのが難しく，テキストマイニングと呼ばれる高価なソフトによって文章を分解して単語の出現頻度や関連を見ていくことが多い。また，通常は統計検定の対象とはならない。広義の意味でテキストデータも質的なデータと見なすこともある。

量的なデータと質的なデータでは多くの場合，分析手法が異なる。それらの違いをより明確に把握するために，ここではスティーブンス（Stevens）の4つの尺度水準と呼ばれるものを紹介する。

Stevensの4つの尺度水準 ①名義尺度：何かを区別するためのラベルとしての機能をもつ尺度のことである。性別や学籍番号などは数値で表されていてもラベルの意味しかもたない。②順序尺度：数値にラベルの意味と順序としての意味がある尺度のことである。順位などは各ケースを区別する意味と順序の意味があるので順序尺度である。たとえば，競争の順位のデータなら1位は2位や3位よりも早くゴールしたという情報を伝えてくれる。しかし，数字の1, 2, 3と違い，1位と2位の差が2位と3位の差と同じとは限らない。③間隔尺度：ラベルと順序の情報に加えて，間隔が保証されている尺度のことである。摂氏温度などは間隔が保証されている。10度と20度の差は20度と30度の差と同じく10度である。④比率尺度：間隔尺度であることに加えて絶対の0をもつ尺度である。摂氏温度なら0度はあるが，それは絶対の0，すなわち温度がない状態を意味するわけではない。実際，マイナスの摂氏温度がある。しかし，身長や体重を考えてみるとマイナスの身長や体重は意味をなさない。すなわち長さや重さがない絶対の0を考えることができる。

量的データの分析手法 t検定や分散分析などの統計検定は間隔尺度や比率尺度であれば問題なく分析できる。2群の母集団の平均値に差があるかを検討したいならt検定や一元配置の分散分析が使える。もし，3群以上の母集団平均値を比較したいならt検定は利用できない。その場合には分散分析を用いる。

質的データの分析手法 変数を行と列に割り当ててクロス表と呼ばれる表を作成して分析することが多い。その場合にはχ^2検定（カイ2乗検定）が使える。ただし，χ^2検定はクロス表のセルに0の度数がある場合や度数が少ないセ

ルがある場合には期待度数も小さく，不適切になることがあるので注意が必要である。量的なデータではない場合にはノンパラメトリック検定と呼ばれる各種の検定が使えることがある。

多変量データの分析　アンケートデータなどでは項目数が多くなりがちである。そのような場合には多変量解析という手法でデータの全体像を見ることもある。因子と呼ばれる潜在変数がデータの背後にあることを仮定する因子分析やデータをより節約的に少ない次元で表現する主成分分析，多次元尺度法などがある。また，指標となる変数に対して他の変数群がどのように影響しているかを知るための重回帰分析，観測された変数の因果関係を仮定して，影響力を調べるパス解析，さらに観測された変数だけではなく潜在変数も仮定したモデルを作成して，データへのモデルの適合度を吟味する共分散構造分析という手法もある。

主な分析手法と簡単な説明を図に示した。その分析方法が使えそうかどうかはそれぞれについて専門の統計のテキストにあたって調べていただきたい。

心理学で扱うデータは必ずしも間隔尺度，比率尺度のデータではない。むしろ，順序尺度であることの方が多いかもしれない。それでいて分析の手法としては間隔尺度以上が要求される多変量解析を使うこともある。扱う対象が人間で個人差などの誤差を多く含むこと，分析手法が前提としているデータの分布や特性の仮定が十分に満たされないこともあることを考慮すれば，統計分析の結果について言及する場合には謙虚な姿勢が必要なことを心に留めておくべきであろう。

イエーツ（Yates）の補正

フィッシャー（Fisher）の正確確率法

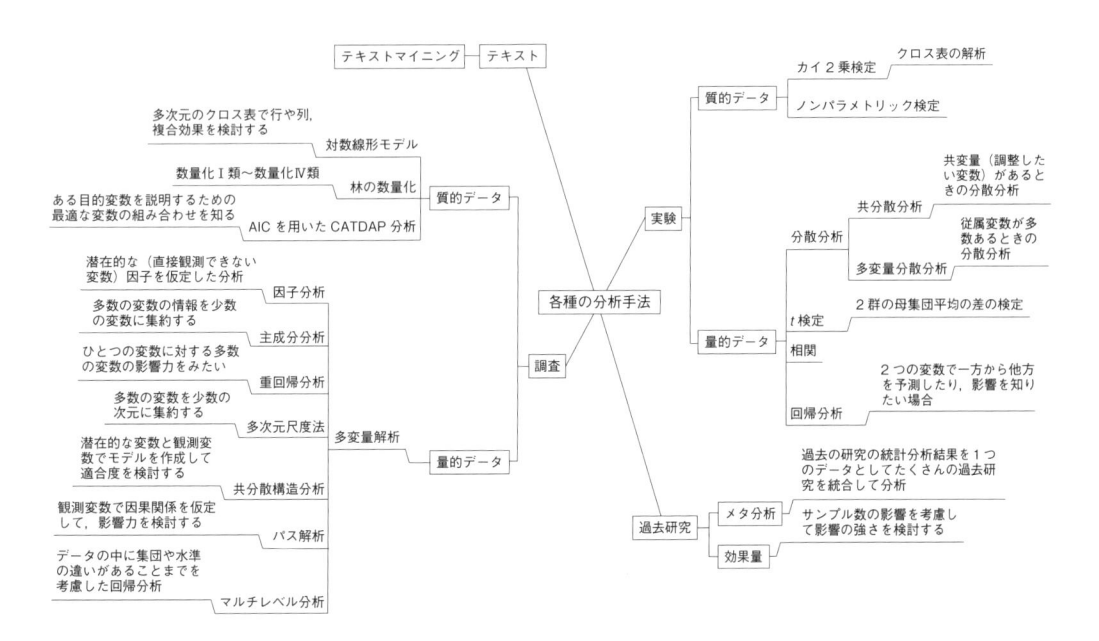

図 16-2　各種の分析手法

3 レポート・論文の書き方1 —情報の収集と引用—

1) 計画を立てる

　教師が読んでいて最悪なレポートとは，締め切り間際に苦し紛れにコピーやペーストで分量だけを満たした稚拙な内容のものである。そうならないためには計画と準備が必要である。といっても頭の中で考えているだけでは大抵それを守ることはできない。たとえば，次のような簡単なスケジュールをメモして決めておくとよい。

　・レポートのアウトラインの完成　　　　　月　　　　日
　・文献集めの終了　　　　　　　　　　　　月　　　　日
　・レポートの初期原稿の完成　　　　　　　月　　　　日
　・レポートの修正　　　　　　　　　　　　月　　　　日
　・最終原稿の完成　　　　　　　　　　　　月　　　　日

　なお，レポートのトピックとして他の学生と同じものを選ばないように注意したい。あとで出てくる資料の収集で競争状況が生じてしまう可能性があるからである（たとえば，図書館にある書籍が貸し出し中で手に入らないなど）。

2) 資料の収集

　一番身近な資料の手がかりはテキストである。テキストの文献欄から適切な資料にあたっていく。図書館で書籍を借りるのはもちろんだが，一般的な百科事典や専門別の事典（たとえば，心理学事典，青年心理学事典，児童心理学事典，教育心理学事典等）を調べてみるのがお薦めである。百科事典は一流の専門家がわかりやすく簡潔に事項をまとめており，概要を知るのに最適だからである。

　書籍を読んだ場合には，それが自分のものである場合には3色ボールペン法が使える。これは齋藤（2003）が提唱した方法で，赤，青，緑の3色ボールペンを用いる。実際にはこの3色のボールペンはなかなか見つからないので，黒を含めた4色ボールペンを使うことになる。やり方は簡単で，書籍を読んだ中で一番重要と思う箇所は赤色で下線を引いたり，囲ったりしておく。次に重要な箇所は青で印をつけておく。緑は自分がおもしろいと感じた，気になった箇所に印をつけておくのである。自分の本ではない場合には書き込みはできないのでポストイットなど付箋紙を貼り付けておく。これらの方法はある意味でキーワードを抽出する方法ともいえるかもしれない。

　キーワードをあとからさっと見直すことで，そこからマインドマップにまとめたり，KJ法などで情報を整理していくことができる。

3) インターネットの利用

　検索エンジンでキーワードから探すのが一般的である。検索エンジンとしてはGoogleを利用するのがよい。書籍がどの大学図書館に所蔵されているのか検索するためには学術情報センターの書籍検索（http://webcat.nacsis.ac.jp/）が利用できる。ウィキペディア（Wikipedia）と呼ばれるオープンコンテンツの百科事典もあり，調べたいキーワードと一緒に「wiki」と入れれば利用できる。ただし，ウィキペディアは誰でも書き込み・編集できるため，内容が正確とは限らない。ウィキペディアだけに頼ってレポートを書いてはならない。

川喜田二郎

京大カード

GeNii

Google Scholar

Webcat Plus

学術機関リポジトリポータル JAIRO

4）Googleの検索

Googleによる検索で利用できる検索方法について紹介しておく。

複数キーワード検索 単一のキーワードでは検索結果が多すぎる場合は複数のキーワードを空白で区切って入力する。

フレーズ検索 " "で区切ってキーワードを入力する。たとえば「ゲシュタルト心理学」をキーワードとすると「ゲシュタルト」と「心理学」のいずれかを含む結果が出力されてしまう。しかし，フレーズ検索でダブルクォーテーションでくくって「"ゲシュタルト心理学"」とすると「ゲシュタルト心理学」というまとまったフレーズが含まれる結果のみに絞り込むことができる。

否定検索 あるキーワードが出てこない結果を知りたい場合に利用する。キーワードの前に半角のマイナス記号「-」を付ければよい。たとえば，「ゲシュタルト」は調べたいが，「心理学」が出てくるWebページは不要な場合なら，「-"心理学" "ゲシュタルト"」とすればよい。

定義の検索 何かの用語の定義を知りたい場合には，単にキーワードだけではなく「とは」とか「って」という言葉をキーワードの後ろに付けてフレーズ検索を行う。たとえば，ゲシュタルト心理学の定義を知りたければ「"ゲシュタルト心理学とは"」とか「"ゲシュタルト心理学って"」と検索すればその用語の説明をしているWebページを検索しやすくなる。

ワイルドカード検索 正規表現で使うワイルドカード「*」が使える。「*」は何かの文字を表す。たとえば「心理学 * 理論」とすれば「心理学理論」にはじまり，「心理学」と「理論」の間に文字が入っている言葉を検索できる。

キャッシュ Googleで検索すると検索結果の下に「キャッシュ」というリンクが出てくる。これをクリックすると検索結果が表示される。通常の検索結果と違うのは，Webページそのものではなく，Googleが保存しておいたWebページが表示されることである。キャッシュを使う利点は，すでに削除されて存在しないWebページを見ることができることと検索キーワードが色付きで表示されることである。たくさんの文章のなかで，自分の知りたいキーワードがどこに出てきているのかわからないことは多い。そのような場合はキャッシュの方が便利である。

Google

regular expression

AWK, Sed, Perl, Ruby

特殊文字「?」「+」「#」

cache

5）引用

複数の得られた情報を整理，要約し，自分の実験・調査結果を加えていく。ここで，やってはいけないことは盗作である。インターネットや書籍からの情報をコピーして貼り付けただけでは盗作と見なされる。何をどこから引用したのかを明確に示す。引用の仕方は以下のように行う。なお，引用文を示す方法として日本心理学会のように" "でくくることを採用している学会もある。

直接本文中で引用する場合には

山田・本田（2010）は「結果は明確に支持された」（p.12）と述べている。

本文中で引用する場合には

結果は明確に支持されている（鈴木, 2000, pp.10-11）。

引用は長くても1～3行程度に収めるべきで，明示したからといって何行にもわたって引用してはいけない。

4 レポート・論文の書き方2 —論文の構成と図表，参考文献—

1）構成

レポートや論文の構成として①問題，②方法，③結果，④考察，⑤文献のように分割して，サブタイトルをつける。実験や調査のレポートなら上記のようになるし，定義や歴史，理論，事例などをサブタイトルとする場合もあるだろう。いずれにせよ，最後には参考文献や引用文献が挙げられていなくてはならない。サブタイトルはボールドフォントや文字の大きさ，アンダーライン等で目立つようにする。

問題　なぜそのテーマを選択したのか，あるいはその研究を行ったのか，研究の意義を示す。その分野に関して過去の研究ですでに知られている知見や研究結果を紹介していくなかで，論文の読者は過去の知見がどう現在の研究につながるのかを知ることができる。時制は過去形を用いる。

探索的研究

操作的定義

実験などの仮説検証的な研究では仮説を書く。仮説は得られたデータで検証可能なものであること，そしてどのような分析で，どのような結果が得られたならその仮説が棄却されるのか・採択されるのかがわかるように書く。たとえば「AとBに違いがあるのではないか」ではなく，「変数XについてAがBより大きな値を取る」というように明確に書く。

方法　実験や調査を行ったのであれば，実験や調査の対象者の属性（大学生だとか男女がそれぞれ何名かなど）を書く。また，実験装置や実験刺激，測定器具があればそれを説明する。独立変数（操作した変数）と従属変数（測定された変数）が何か，実験計画が明らかなら，それについて書く。たとえば，独立変数が性別と2つの授業方法で，従属変数は英語の試験結果であるなら，「2（性別）×2（講義クラス・協同学習クラス）の二要因の実験計画」と書く。

リッカート（Likert）尺度

アンケート調査であれば，使用した項目内容と各項目が何段階尺度であったのかを書く。アンケート項目が多い場合には，そのまま本文に記さずに付録や資料として論文・レポートの最後につけてもよい。

どのような手順で実験や調査を行ったのかが完全に把握できるように書く。

結果　平均や標準偏差を記し，図表や統計分析結果を示す。ここでは主観的な判断を避けて事実のみを客観的に書くようにする。図表の書き方については後述する。

考察　なぜ結果がそのようになったのかについて考察する。ここでは結果のところと異なり，著者の解釈や推測が加わることになる。また，その結果を踏まえて今後の研究の方向性や可能性について言及してもよい。

文献　引用した文献，参考にした文献を一覧にして載せる。書き方については後述する。

最後に付録や資料としてアンケートの調査用紙や実験器具の詳細について載せることもある。

2）図表

本文が仕上がったら，図や表を挿入する。表（Table）の表題は上につける。図（Figure）の表題は下につける。それぞれ，Table1, Table2…，Figure1, Figure2…のようにして示す。次表とか下図のような表現は用いない。

表は横線で構成し，縦線はなるべく使わない。

Table1　英語試験の得点における性差と学科の平均

	n	男性	n	女性
心理学科	89	493（12.5）	80	487（10.2）
教育学科	60	512（10.2）	23	478（11.8）
経済学科	65	465（14.9）	55	525（13.2）

カッコ内は標準偏差，n は人数を示す。

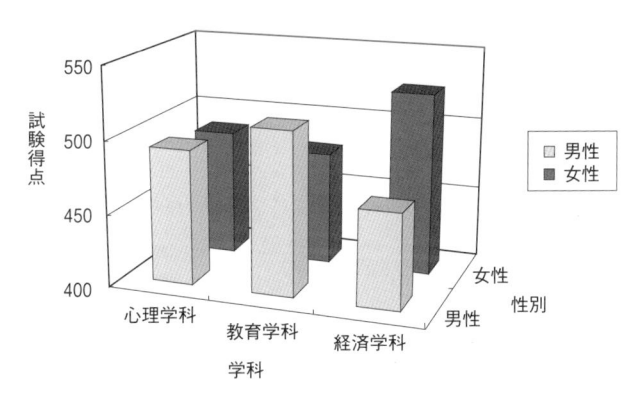

Figure1　試験の平均得点

3）その他の表記規則
・章や節の番号の付け方　優先順位
Ⅰ，Ⅱ＞A，B＞1，2＞a，b＞（1），（2）＞（a），（b）

4）一般的な省略形（ラテン語：英語の意味）

cf.	confer: compare	……を参照
e.g.	exempli gratia: for example	たとえば，例
et al.	et alii: and others	そして他の人（著者多数のときなどにはじめの著者だけを挙げて，あとはこの記号で代用する。ただし，引用の場合，最初は著者全員の名を挙げ，次に出てきたときはこの記号を用いるようにする）
etc.	et cetera: and so forth	その他，など，等々
l.（ll.）		行。l. 10 は第 10 行目，ll. 20-30 は 20 行目から 30 行目まで。
p.（pp.）		ページ。pp.10-12 は 10 ページから 12 ページまで。
ed.	edition	2nd ed. なら第 2 版。
Vol.	Volume	Vol.3. なら第 3 巻。

省略形の場合にはピリオド（.）を後にいれる。

5）文中での統計結果の書き方
図表などで有意性を示すためには＊（アスタリスク）を用いることもある。＊は5％有意水準，＊＊は1％有意水準，＊＊＊は0.1％水準を示す。ただし，文中ではアスタリスクは使わない。また，有意差が得られなかった場合には n.s. と記す。この n.s. は not significant の省略形なので ns ではなく，省略を示すピリオドを入れるようにする。

統計概念としての記号はイタリック体とする。

0から+1までの値しか取らないことがわかっている確率などでは整数1桁目の数値は省略する。たとえば，$p=0.03$は$p=.03$と表記する。

コンピュータが気軽に使えなかった過去においては正確なp値を得るのが困難で，$p<.01$や$p<.05$という表記を使用していたが，現在では統計ソフトウェアで正確な値が出力されるので，$p=.034$のように等号によって正確なp値を報告する。正確なp値を示すことで後にメタ分析など追加の分析を行う際により正確な分析が可能になるし，効果の大きさについて知ることもできる。正確なp値を示した上で，5%水準の有意差（$p<.05$），1%水準の有意差（$p<.01$）のように書くのは問題がない。帰無仮説棄却のための基準として設定した有意水準確率（$p=.05, p=.01$）とデータから得られた確率（p値）は異なるものであることを理解しておく。

大文字のNは全データ数を，小文字のnはグループごとのケース数を意味する。

以下は主な分析方法の検定結果を文章中に示す場合の書き方である。

① t検定の場合　　t（自由度）$=t$値，$p=$確率　例：$t(12)=6.9$，$p=.035$

[Hotelling]

　　tは小文字とする。大文字のTとするとホテリングの多変量検定という意味になる。

② χ^2検定の場合　　χ^2（自由度，$N=$ケース数）$=\chi^2$の値，$p=$確率

例：$\chi^2(1, N=75)=15.6$，$p=.013$

　　χはギリシャ文字のカイであり，アルファベットのXではないので間違えないこと。

③ 分散分析の場合　　F（分子自由度，分母自由度）$=F$値，$p=$確率［$MSe=$誤差平均平方和］

例：$F(1, 95)=421.65$，$p=.0012$，$MSe=247.85$

④ 多変量分散分析の場合　　WilksのΛ$=$Wilksのラムダの値，F（分子自由度，分母自由度）$=F$値，$p=$確率

例：WilksのΛ$=0.201$，$F(19, 94)=19.7$，$p=.015$

⑤ 相関係数の場合　　相関係数は小文字のrで示す。大文字のRとすると重相関係数の意味になる。

[MANOVA]

[検定力・検出力]

[effect size]

[Cohenのd]

　　これ以外にも，近年では統計検定の結果だけではなく，効果量について報告するよう求められることも多くなってきているが，詳細は統計の専門書に譲る。

6）文献の書き方

日本語で発表する文献の場合（日本心理学会準拠）　　文献の順序は著者の姓のアルファベット順とする。同一著者なら出版年代順とする。参考文献，引用文献のページを最後につける。レポートで使用した書籍や事典，論文を列挙する。発行年のカッコのあとに「.」を忘れない。

引用例　引用したページを最後に記す

広津千尋（1982）．離散データ解析　教育出版　pp.25-29.

文献例1　名前はアルファベット順，同一筆者なら発行年の古い順

岩崎　学（2002）．不完全データの統計解析　エコノミスト社

木野　茂（2005）．大学授業改善の手引き　ナカニシヤ出版
永田　靖（2000）．入門実験計画法　日科技連出版社
永田　靖（2003）．サンプルサイズの決め方　朝倉書店

文献例2　編集によるものならカッコ内に編と記す

吉岡和子・髙橋紀子（編）（2010）．大学生の友人関係論　ナカニシヤ出版

文献例3　編集書・監修書のうちの1巻の場合

髙橋　純（1975）．母性　八木太郎（編）心理学シリーズ1　方法論　中央書店　pp.20-35.

文献例4　翻訳書の場合

Zeisel, H.（1985）．*Say it with figures*. 6th ed. Harper & Row.（ザイゼル，H.（著）佐藤郁哉（訳）（2005）．数字で語る――社会統計学入門　第6版　新曜社）

文献例5　インターネットからの引用の場合

ムードル（2010）．Wikipedia　ムードル　最終更新日 2010年7月12日 <http://ja.wikipedia.org/wiki/Moodle>（2010年9月10日）

インターネットの場合には内容が変更されることも多いので，資料にアクセスした日をカッコでくくって示す。内容の正確さに問題があったり，内容が変更されて確認するのが困難なこともあるので，極力インターネットからの引用は避けるようにする。

英語で発表する場合（APA準拠）
論文（ジャーナル名をイタリックにする）
（著者1名）
Takahashi, D.（1993）．In search of the typical eyewitness. *American Psychologist*, **48**, 574-576.
（著者2名）
Takahashi, D., & Palmer, S.（1993）．In search of the typical eyewitness. *Journal of Personality and Social Psychology*, **8**, 574-576.
書籍（書名をイタリックにする）
Takahashi, D. A., Minami, H., Yamada, K., Ito, H., & Tani, S.（1993）．*Parapsychology*. NewYork: McGraw-Hill.
編著
Takahashi, D. A., & Minami, H.（Eds.）（1997）．*Parapsychology*（2nd ed.）. Tokyo: Academic Press.
インターネットで得た資料（APA準拠）
Minami, H.（2001）．My Experience of Paranormal Phenomenon. [On-line], Available:http://www.2ch.net/2ch.html.

最後の仕上げとして表題（副題）と自分（たち）の名前，所属，提出日を書いたものを表紙としてつけ，ホッチキスで留めて提出する。

APA（Amrican Psychological Association）：アメリカ心理学会

5 統計結果の書き方，レポートによくある間違い

最低のレポート　最低のレポートとはどのようなものであろうか。もちろん，専門分野によってさまざまな内容があるので，ここではあまり内容には立ち入らない。内容以外となれば形式的な問題で最低とされるレポートということになる。それを以下に挙げてみる。

1）レポートが綴じられてない。バラバラに渡すのは論外。
2）表題・氏名・所属が書いてない（氏名が不明なら採点されない）。
3）文献がきちんと書かれていない（引用文献・参考文献は科学論文やレポートには欠かせない）。
4）段落のはじまりが1文字下げになっていない。
5）不要な空白がやたらにある（単なるページ稼ぎのためと疑われる）。
6）誤字脱字が非常に多い（締め切り間際に書き殴って，読み直しをせずに提出したことがすぐにわかる）。
7）文体が統一されていない（「だ・である」調にする）。
8）意味不明の文が多い（主語と述語が対応していないことがよくある。たとえば，「最後に，私はこの本を読んで世の中にはさまざまな人間がいて，さまざまな考えを持ち，人生を歩んでいる」などという場合である。主語の「私」と最後の「歩んでいる」が対応しないのは明らかである。1つの文章を長くしすぎ，たくさんの内容を詰め込もうとすると，このようなねじれた文ができてしまう。文を短く区切り，1つの文で1つの内容を述べるようにすれば，このようなことは避けられる）。
9）内容がわかりにくく，論理的でない（接続詞が適切に使われているかどうかを検討してみるとよい）。
10）盗作の可能性がある（盗作を疑われなくてすむためには，どこからが自分のアイデアや文章で，どこからが引用したものかを明らかにしなくてはならない。インターネットからコピーした内容をそのまま貼り付けただけでは，単なる盗作である。引用さえ示せばよいのだろうと，ページ丸ごとをカッコでくくってすまそうとするのは論外である。引用は必要最小限にとどめる）。

文章チェッカーの利用　最低のレポートになることを避けるためには，読み直しが欠かせない。しかし，多くの人は読み直しを嫌う。自分が書いた，すでに知っている内容を読み返すのは退屈で苦痛だからである。他人に読んでもらうのは一番適切な方法かもしれないが，献身的に自分のレポートを読んでくれる人を見つけるのは難しい。

そのような場合にはワープロの文章チェッカーを利用するのがよい。よく利用されているワープロソフトの「MS Word」や「一太郎」にはツールとして「文章校正」機能がついている。特に一太郎の文章校正機能はすぐれており，文頭と文末の対応を示して，ねじれた文章がないか検討することができる。また，表記ゆれもチェックできる。たとえば，一つのレポートに「ひとつ」「一つ」「1つ」が混在していたり，「ホチキス」と「ホッチキス」が混在している場合に表記ゆれ機能がそれを示してくれるのである。他には，重ね言葉を指摘してくれる。「馬から落馬する」とあれば，誰でも冗長でおかしいと気がつくが，「後遺症が残る」や「一番最後」などは重ね言葉なのに見逃しやすい。

誤字脱字に関しても，他の同音異義語ではないかとの指摘をしてくれる。心理学のレポートで多いのは統計について記述するときに「確率」や「有意性」を「確立」や「優位性」としたり，性格の「外向性」を「外交性」と書いたりする間違いである。これらの誤字脱字をみつけたときには，確実に他の箇所でも同じ間違いをしていると考えた方がよい。なぜなら，同じ日本語変換機能が文章作成中を通してずっと使われていたからである。そのような場合には，その単語だけを修正するのではなく，検索機能や置換機能を用いて誤字脱字を探してみた方がよい。

仮にワープロに文章校正機能がついていないとしても,「です。」と「ます。」で検索を行えば,「だ・である」調で書かれていない箇所があることがすぐにわかる。

提出のためのチェックシート　　以下はレポート・論文を提出する際に気をつけるべきチェックシートの例である。□のすべてにチェックが入れば,提出する準備ができたことになる。できればこのチェックシートを印刷して,論文・レポートを提出するごとにチェックを入れるようにすれば,ミスを大幅に減らすことができる。

レポート・論文チェックシート　　　　　　　　　　　氏名　　　　　　　日付

☐ 一太郎や Word の文章チェッカーを利用済みか
☐ 問題・方法・結果・考察・文献のサブタイトルがあるか
☐ 問題では過去文献が最低 5 つ以上引用されているか
☐ 本文中で引用されている外国人名は原語になっているか
　　（カタカナ名は調べて英語名に直しておく）
☐ 本文中で引用されている文献が,最後の文献欄に挙がっているか
☐ 本文中で,どこが引用であるのかを明確に示しているか
　　A という結果が得られている（大村,2001, p.10）。
　　大村（2001）は A という結果が得られていると述べている（p.10）。
　　大村（2001）は「A という結果が得られた」（p.10）と書いている。
☐ ページ引用の表記は正しいか
　　1 ページのみの引用なら p. ページ数　例：p.102
　　複数ページにまたがる引用なら　pp. 開始ページ数 - 終了ページ数
　　例：pp.102-105
☐ 本文中で「私」「思う」「感じる」などの主観的な表現が使われていないか
☐ 文体が「〜だ・〜である」調になっているか。（検索で「です・ます」をチェック）［直接引用を除く］
☐ 方法では実験参加者の所属,性別,人数,平均年齢が記されているか
☐ 結果に平均値と標準偏差の表があるか
☐ 統計分析の結果に,5％水準の有意差,1％水準の有意差のように判定の表記がなされているか（ただし,検定の判断とは別に分析結果の p 値については次に示すように正確な値を示す）
☐ 統計的な表記が文章中で正しく用いられているか
　　（$t(47)=6.28, p=.016$）　t 検定の場合　t（自由度）=t 値, p= 確率
　　（$\chi^2(1, N=75)=15.6, p=.013$）　χ^2 検定の場合　χ^2（自由度, N =ケース数）= χ^2 値, p= 確率
　　（$F(2, 6)=16.5, p=.018$）　分散分析の場合　F（分子自由度, 母自由度）=F 値, p= 確率
　　（Wilks の $\Lambda=0.201, F(19, 94)=19.7, p=.008$）　多変量分散分析の場合
☐ 統計ソフトの出力を貼り付けただけになっていないか。見やすいように統計ソフト出力を編集し,数値だけではなく文章で結果の内容を説明する
☐ 図は下に,表には上にタイトルと図表番号（Figure1, Table1）がついているか
☐ 文献は「著者（西暦）．論文タイトル　ジャーナル　引用ページ」の形式になっているか
　　（続く行は半角 2 文字空き,ジャーナル名と本のタイトルはイタリック,巻数はゴチック体）
　　（著書）永田　靖（2003）．サンプルサイズの決め方　朝倉書店
　　（翻訳）Zeisel, H. (1985). *Say it with figures*. 6th ed. Harper & Row.（ザイゼル, H.（著）佐藤郁哉（訳）(2005)．数字で語る──社会統計学入門　第 6 版　新曜社）
　　（海外論文）Tanaka, J. S., & Huba, G. J. (1985). A fit index for covariance structural models under arbitrary GLS estimation. *British Journal of Mathematical and Statistical Psychology*, **42**, 233-239.
　　（インターネット文献）ムードル（2010）．Wikipedia　ムードル　最終更新日 2010 年 7 月 12 日　<http://ja.wikipedia.org/wiki/Moodle>（2010 年 9 月 10 日）
☐ 文献はアルファベット順に並んでいるか
☐ インターネットから引用した場合に URL を明記しているか
☐ よくある誤字をチェックしたか（誤字・脱字は検索を利用して修正する）
　　（確立　→　確率）（優位差　→　有意差）（外交性　→　外向性）（解答　→　回答）
☐ 紙に印刷後,1 回読み直しをして修正したか

主要引用・参考文献

足立浩平（2006）．多変量データ解析法―心理・教育・社会系のための入門　ナカニシヤ出版

American Psychological Association（2001）．*Publication manual of the American Psychological Association.* 5th ed. American Psychological Association.（APA（編）江藤裕之・前田樹海・田中健彦（訳）（2004）．APA論文作成マニュアル　医学書院）

American Psychological Association（2010）．*Publication manual of the American Psychological Association.* 6th ed. American Psychological Association.

Buzan, T.（2003）．*Mind maps for kids.* Thorsons.（ブザン，T.（著）神田昌典（訳）（2006）．マインドマップ for Kids　勉強が楽しくなるノート術　ダイヤモンド社）

Buzan, T.（2006）．*Mind mapping kickstart your creativity and transform your life.* BBC Active.（ブザン，T.（著）近田美季子（訳）（2008）．マインドマップ超入門―トニー・ブザン天才養成講座1　ディスカヴァー・トゥエンティワン）

日本心理学会機関誌等編集委員会（編）（2005）．執筆・投稿のてびき　社団法人日本心理学会

小野寺孝義・菱村　豊（2005）．文科系学生のための新統計学　ナカニシヤ出版

齋藤　孝（2003）．三色ボールペン情報活用術（角川oneテーマ21）　角川書店

事項索引

あ

アイコニックメモリー → 感覚記憶
愛着形成　65
アクションスリップ　29
アセスメント面接　130
アナログ研究　135
アニミズム　63
アノミー　114
アプレイザル　102
アルゴリズム　34
アンカリング効果　118
安定型の愛着パターン　65
暗黙知　33
EAP　119
ESP　146
依存（嗜癖）　95
1次的欲求　86
一事例研究　135
一太郎　192
一貫性論争　81
1級症状　125
遺伝（素質，成熟）　64
インフォームド・コンセント　137
ウィキペディア　186
ウェクスラー記銘力検査　131
ウェクスラー式知能検査　130
運動知覚　21
エクスポージャー　143
エディプス・コンプレックス　141
MS Word　192
MMPI　131
LTD話し合い学習　ii
横断研究　111
応答的行動　65
奥行知覚　20
お蔵入り効果　150
音連合　126
親の養育態度　65
親離れ不安　71

か

懐疑論　149
外向性　152
階層的ネットワークモデル　42
解読　162
χ^2検定　190
外発的動機づけ　88
解離性障害　129
確信度　45
カクテルパーティー現象　28
獲得－損失非対称モデル　176
隔離飼育実験　65
家系研究　54
仮現運動　21
活性化拡散モデル　42
過渡期（移行期）　68
感覚
　——運動期　69
　——記憶　40
　——遮断状態　124
　——性幻聴　125
間隔尺度　184
環境
　——（経験，学習）　64
　——閾値説　65
　——説　64
　——デザイン　116
関係性の初期分化　159
還元主義　2
感情　155
　——調節能力　91
　——的評価　90
　——の2要因説　93
　——表出　90
　基本的——　90
間接プライミング効果　42
ガンツフェルト　150
観念奔逸　126
記憶錯誤　129
機械的記憶　129
幾何学的錯視　14
危機理論　71
危険率　182
記号化　162
記述的規範　176
帰属理論　89
機能主義心理学　9
規範　174

基本的信頼　71
帰無仮説　182
記銘　38
客我　74
キャッシュ　187
キャラクター　78
ギャンブラーの誤り　34
協同学習　iii
強迫観念　127
虚記憶　44
禁忌　134
均衡化　69
　——説　65
近接性　158
クー・クラックス・クラン　113
Google　187
句構造規則　30
具体的操作期　69
経験主義または経験論　7
形式的操作期　69
継次処理　56
系統的脱感作法　143
系列位置効果　41
ケース・フォーミュレーション　136
ゲシュタルト心理学　9
ゲシュタルトの法則　18
権威勾配　113
幻覚　124
元型　141
健康な組織　119
言語性幻聴　125
検索誘導性忘却　44
現実検討力　131
現象学的接近　3
健忘　128
効果の大きさ　151
攻撃行動　179
構成心理学　8
行動主義　8
衡平　161
交霊会　148
コーピング　102
　——方略　102
互恵性規範　161

誤信念　146
コタール症候群　127
孤独感　162
個別の指導計画　56
コルサコフ症候群　128
コンサルテーション　139
コントラスト　17
コンフリクト　87

さ
再帰属訓練　94
裁判員裁判　118
作業検査法　83
作為思考　127
錯画期　62
錯覚　124
作動記憶（ワーキングメモリ）　41
サブリミナル呈示　155
g因子　51
Gf　51
Gc　51
自我　129
視覚バッファ　33
自我同一性　142
子宮外の胎児期　66
ジグソー学習　ⅱ
刺激閾　23
刺激欲求　112, 117
自己意識的感情　93
思考　34
　──の迂遠　126
　──の制止　126
　──の途絶　126
視交差　15
自己
　──開示　160
　──決定理論　88
　──実現の欲求　87
　──成就予言　146
　──スキーマ　159
　──生成的態度変化　173
　──組織化　107
　──中心性　63
　──調節実行機能（SREF）モデル　103
　──評価維持モデル　77, 178
　──不一致理論　76
事後情報効果　46
思秋期　71
事態の過小評価　170
実験者効果　153
失見当　128

失錯行為　124
実証的データ　2
質的変化　63
実念論　63
質問紙法　82, 130
社会的
　──促進　172
　──の動因理論　172
　──手抜き　173
　──比較　76, 175
　──リアリティ　176
写実画期　62
充実期　69
就巣性（留巣性）　66
従属変数　4
集団極性化　170
縦断研究　111
周辺人　71
主我　74
守秘義務　136
受容　142
馴化　155
準拠集団　115
順序尺度　184
生涯発達　62
状況論　116
じょうごプロット　151
少数者の影響　174
情緒的サポート　166
情動的知能　59
情報処理　26
剰余変数　4
進化論　7
神経心理学　135
信号行動　65
人工知能　58
人工論　63
心身二元論　6
真性妄想　127
伸長期　69
心的
　──イメージ　32
　──回転　32
　──走査　33
心内辞書　30
信頼性　130
心理
　──社会的発達　71
　──アセスメント　130
　──検査　130, 137
　──診断法　130
　──物理学　23
心霊研究　148

スーパーヴィジョン　139
スキーマ　31, 43, 103
スキゾイド・ポジション　142
スクリプト　31
図式期　62
図地反転　16
ストレイン　98
ストレス　98
　──学説　100
　──－コーピング病気罹患性モデル　102
　──時代　98
　──と心身相関　107
　──と脳　107
　──反応　98
　──マネジメント教育　106
　対人──　164
　　　──・コーピング　165
ストレッサー　98, 166
　──対処　102
正規分布　53, 122
静止網膜像　16
成熟説　64
性障害　123
精神神経免疫学　101
精神遅滞　122
生態学的妥当性　38
性同一性障害　123
性役割不安　71
生理指標　154
生理的早産　66
責任の分散　170
接近行動　65
節約量　38
セルフ・スキーマ　77
洗浄強迫　123
全生活史健忘　129
前操作期　69
選択的注意　28
選択理論　114
素因ストレスモデル　103
相関係数　190
想起　38
相互協調的自己観　75
相互作用説　64
相互独立的自己観　75
双生児研究　54
相貌の知覚　63
相補性　161
ソーシャルサポート　105, 166
ソーシャルスキル　162
　──・トレーニング　163
ソマティック・マーカー仮説

91

た
ターミナルケア 139
第2伸長期 69
第1次視覚野 15
体感異常 125
対人葛藤 164
達成目標 94
妥当性 130
短期記憶 40
単純接触効果 158
地位不安 71
知覚の恒常性 19
知能観 50
知能指数 52, 122
チャンク 40
注意の自動化 29
中枢起源説 92
長期記憶 41
長期新近性効果 41
超常現象 149
超心理学協会 149, 151
丁度可知差異 23
治療契約 137
DRMパラダイム 44
DSM-IV-TR 122
t検定 190
抵抗 138
ディスクレパンシー 56
デジャ・ヴュ 123, 129
転移 141
伝統的社会規範 114
投映法 82, 130
道具的サポート 166
統合 62
同時処理 56
同性愛 123
闘争-逃走反応 99
頭足人 62
同調 174
特性論 80
独立変数 4
トップダウン処理 18
トランスアクショナル・モデル 102
トリック 147

な
内観法 8
内発的動機づけ 88
20答法 75
二次的就巣性 66

2次的欲求 86
二重貯蔵モデル 40
二重符号化理論 27
認知 26
——－感情論争 107
——的観点 2
——的不協和 152
——理論 175
——特性 56
——面接 47
布製の代理母 65
ノンパラメトリック検定 185

は
パーソナリティ 78
パーソナルコントラスト理論 81
培養効果 110
howタイプ 4
箱庭療法 141
恥意識 117
裸のサル 66
発達 62
——課題 70
——障害 56
——段階 68
針金製の代理母 65
パレイドリア 124
反映過程 178
犯罪原因論 111
犯罪行為 110
汎心論 63
バンダリズム 71
汎適応症候群（GAS） 100
PMIR 153
PK 147
ヒーリング 147
非応答的な母親行動 65
被害不安 119
比較過程 178
ヒステリー 140
ビッグ・ファイブ 80
ヒツジ・ヤギ効果 152
否定検索 187
人スキーマ 159
ビネー式知能検査 130
ヒューリスティックス 34
標準化 5
表象 27
評定者間信頼 130
比率IQ 53
比率尺度 184
不安定型の愛着パターン 65
フィルターモデル 28

複雑幻覚 125
服従実験 171
輻輳説 7, 64
フラッシュバルブ記憶 47
フリン効果 55
フレーズ検索 187
フレーム 31
フロー 89
分化 62
——的接触理論 114
分散分析 190
文章チェッカー 192
文脈依存効果 43
偏差IQ 53
変性意識状態 150
弁別閾 23
返報性 160
扁桃体 92
傍観者効果 170
忘却 43
——曲線 38, 128
防犯理論 116
ホームの有利さ 176
補完現象 18
保持 38
ポジティブ心理学 167
保存概念 63
没個性化 112
ボトムアップ処理 18
ホメオスタシス 99
ホリスティック 107
whatタイプ 4

ま
マインドマップ iii
マグニチュード推定法 23
マジカルナンバー7 40
末梢起源説 92
学ぶ意欲 94
ミーム 67
三つ山課題 63
未分化 62
無意識 152
無意味綴り 38
名義尺度 184
命題 27
命令的規範 176
メタ記憶 45
メタ分析 150, 190
妄想 126
——様観念 127
目標理論 94
モダリティ 14

モラトリアム　66

や
野生児　67
唯物論　154
有意水準　182
夢テレパシー　150
要素幻覚　125
幼体図式・幼児図式　66
予感　154
抑うつ　165
予知　154
欲求の階層説　87
四分割表　146

四枚カード問題　34

ら，わ
ライフサイクル　62, 71
ラベリング理論　114
ランドルト環　16
リアプレイザル　102
力学的接近　3
利己的帰属　77
理性主義または合理論　7
離巣性　66
リビドー　69
リボーの法則　128
リメンバー／ノウ判断　44

両側検定　183
両耳分離聴取　28
量的変化　63
臨界期　67
リンゲルマン効果　172
臨床心理士　139
類型論　79
類推　35
レディネス　70
レントゲン画　62
割れ窓理論　115

人名索引

A
安倍淳吉　115
アブラムソン（Abramson, L. Y.）　104
Adams, J. S.　161
相川 充　160, 162, 163
エインスワース（Ainsworth, M. D. S.）　65
赤池弘次　11
オルポート（Allport, G. W.）　78, 80, 171
オルポート（Allport, F. H.）　172
アンダーソン（Anderson, J. R.）　27
Anderson, M. C.　44, 45
Appels, A.　104
蘭 千壽　175
アリストテレス（Aristotelēs）　6
アーノルド（Arnold, M. B.）　93
浅田 稔　58
アッシュ（Asch, S. E.）　174
アトキンソン（Atkinson, R. C.）　40
アトキンソン（Atkinson, R. L.）　2

B
馬場禮子　82
バード（Bard, P.）　92
バートレット（Bartlett, F. C.）　43

ビーチ（Beach, S. R. H.）　179
ベック（Beck, A. T.）　103, 143
Becker, H. S.　114
Beloff, J.　148
ベム（Bem, D. J.）　150, 155
ベルナール（Bernard, C.）　99
ビネー（Binet, A.）　9, 52
ビオン（Bion, W. R.）　142
Blake, R.　20
Blakeslee, S.　22
Bond, C. F. Jr.　172
ボウルビィ（Bowlby, J.）　65
ブランスフォード（Bransford, J. D.）　31
ブレンターノ（Brentano, F. C.）　9
ブロードベント（Broadbent, D. E.）　26, 28, 29
ブラウン（Brown, R.）　47
バーク（Burke, A.）　46
バーン（Byrne, R.）　59

C
キャノン（Cannon, W. B.）　92, 99, 100
キャロル（Carroll, J. B.）　51
キャッテル（Cattell, R. B.）　51, 52, 80
チェリー（Cherry, C. E.）　28
チョムスキー（Chomsky, N.）　67

チャルディーニ（Cialdini, R. B.）　175, 176
Clarke, R. V.　114
クロニンジャー（Cloninger, C. R.）　81
コリンズ（Collins, A. M.）　42
Cornish, D. B.　114
Costa, P. T. Jr.　80
コットレル（Cottrell, N. B.）　172
Cousins, S. D.　75
Cowan, N.　40
Cox, J. R.　35
Cressey, D. R.　114
チクセントミハイ（Csikszentmihalyi, M.）　89
Cunitz, A.　41

D
大坊郁夫　167
ダマシオ（Damasio, A. R.）　91, 93
ダーウィン（Darwin, C. R.）　7
ドーキンス（Dawkins, R.）　67
ディアリ（Deary, I. J.）　55
ドシャーム（deCharms, R.）　88
デシ（Deci, E. L.）　88
ディーズ（Deese, J.）　44
デカルト（Descartes, R.）　6-8, 90
ドイチュ（Deutsch, D.）　29
ドイチュ（Deutsch, J. A.）　29

デューイ（Dewey, J.） 9
デュルケーム（Durkheim, E.） 114
ドウェック（Dweck, C. S.） 94

E
Earleywine, M. 112
エビングハウス（Ebbinghaus, H.） 6, 38, 128
エーレンフェルス（Ehrenfels, C.） 9
Eisen, M. 75
エクマン（Ekman, P.） 90
遠藤利彦 90
榎本博明 76
エンペドクレス（Enpedokles） 6
エリクソン（Erikson, E. H.） 70, 71, 142
Exner, J. E. 82

F
ファリントン（Farrington, D. P.） 111
Faulkner, S. L. 173
フェヒナー（Fechner, G. T.） 8
Ferrari, D. C. 154
フェスティンガー（Festinger, L.） 76, 175
Finn, P. R. 112
フィッシャー（Fischer, A. H.） 179
フィッシャー（Fisher, K. W.） 90
フィッシャー（Fisher, R. P.） 47
Fiske, S. T. 159
フリン（Flynn, J. R.） 55
フォルクマン（Folkman, S.） 102
フランケンホイザー（Frankenhäuser, M.） 100
Fraser, S. C. 175
Freedman, J. L. 175
フロイト（Freud, A.） 142
フロイト（Freud, S.） 3, 9, 65, 69, 124, 126, 129, 140-142
藤田和弘 56
福岡欣治 166, 167
福来友吉 10
古澤照幸 113, 117

G
ガレノス（Galenos） 6, 9, 78

ガル（Gall, F. J.） 6
ゴールトン（Galton, F.） 9
ガードナー（Gardner, H.） 51
Geen, R. G. 172
ジェンドリン（Gendlin, E. T.） 143
ガーブナー（Gerbner, G.） 110
ゲゼル（Gesell, A. L.） 64
Glanzer, M. 41
ゴッダード（Godard, H. H.） 54
ゴールマン（Goleman, D.） 59
Green, D. 30
Gregory, R. L. 14, 20
Griggs, R. A. 35
グロス（Gross, L.） 110
ギルフォード（Guilford, J. P.） 82

H
ホール（Hall, G. S.） 10
羽生和紀 116
ハーロウ（Harlow, H. F.） 65, 88
ハーシュ（Harsch, N.） 47
橋本 宰 166
橋本 剛 164, 167
ハサウェイ（Hathaway, S. R.） 82
ハヴィガースト（Havighurst, R. J.） 70, 71
林知己夫 11
ヘルムホルツ（Helmholtz, H. L.） 8
ヘルツ（Herz, R. S.） 43
日比野桂 164
ヒギンズ（Higgins, E. T.） 76
ヒラリー（Hillery, J. M.） 172
Hines, T. 149
樋野公宏 116
ヒポクラテス（Hippokratēs） 6, 9, 78, 99
Hofling, C. K. 113
本田仁視 152
本田恵子 95
本間道子 118
ホノートン（Honorton, C.） 150, 154
ハル（Hull, C. L.） 9
ハンフリー（Humphrey, N. K.） 59
ハント（Hunt, P. J.） 172
Hurrel, J. J. 106

I
市川伸一 50
池上知子 159
今川民雄 160
今井芳昭 175
井上円了 134
井上和子 161
Ishikawa, M. 147
石川幹人 152, 154
磯崎三喜年 173
伊藤豊彦 94, 95
岩淵次郎 160

J
ジェームズ（James, W.） 2, 9, 11, 74, 76, 92
ヤスパース（Jaspers, K.） 127
ジェンセン（Jensen, A. R.） 64
ジョンソン（Johnson, M. K.） 31
ジョーンズ（Jones, S. C.） 175
Julesz, B. 21
ユング（Jung, C. G.） 71, 79, 127, 140, 141

K
影山任佐 111
Kahneman, D. 29
海保博之 152
カニッツァ（Kanizsa, G.） 17
笠原敏雄 146, 149
片口安史 82
加藤 司 165
カウフマン（Kaufman, A. S.） 53, 56
カウフマン（Kaufman, N. L.） 53, 56
河合隼雄 141
川西千弘 159
キーナン（Keenan, J. M.） 31
ケリー（Kelly, G. A.） 81
菊池 聡 146
木村昌紀 163
木下孝司 146
キンチュ（Kintsch, W.） 31
岸 玲子 105
北村晴朗 3, 107
Kitayama, S. 75
クライン（Klein, M.） 142
コフカ（Koffka, K.） 9
ケーラー（Köhler, W.） 9, 58
Kokubo, H. 147
Kopstein, A. N. 112

コスリン（Kosslyn, S. M.） 26, 33
クレッチマー（Kretschmer, E.） 79
クーリック（Kulik, J.） 47
黒田浩司 83

L

ランゲ（Lange, C.） 92
ラタネ（Latané, B.） 173
Laursen, B. 163
ラザルス（Lazarus, R. S.） 102, 107
Leary, M. R. 179
ライプニッツ（Leibniz, G. W.） 7
レビンソン（Levinson, D. J.） 71
レヴィン（Lewin, K.） 9
ルイス（Lewis, M.） 93
リバーマン（Liberman, R. P.） 103
Lindsay, P. H. 28
ロック（Locke, J.） 7
ロフタス（Loftus, E. F.） 42, 46
ロフタス（Loftus, G. R.） 46
Lopez, S. J. 167

M

マクドゥーガル（McDougall, W.） 148
マッキンリィ（McKinley, J. C.） 82
マーカス（Markus, H.） 77
Markus, H. 75
マー（Marr, D.） 15
マズロー（Maslow, A. H.） 87
増地あゆみ 105
Mathews, G. 117
松井 洋 117
松井 豊 158
松本亦太郎 10
マシュース（Matthews, G.） 104
メイヤー（Mayer, J. D.） 59
McClearn, G. E. 55
マクレランド（McClelland, D. C.） 87
McCrae, R. R. 80
マクダーモット（McDermott, K. B.） 44
McLaney, M. A. 106
マートン（Merton, R. K.） 114
メスメル（Mesmer, F. A.） 6

メタルスキー（Metalsky, G. L.） 104
メッツラー（Metzler, J.） 32
Meyer, D. E. 42
御船千鶴子 10
ミルグラム（Milgram, S.） 171, 174
ミラー（Miller, G. A.） 40
皆神龍太郎 152
ミッシェル（Mischel, W.） 81
三隅二不二 11
宮城音弥 10, 124, 128
宮本正一 172
Montemayer, R. 75
モーレイ（Moray, N.） 28
森 武夫 71
モリス（Morris, D.） 66
モスコビッチ（Moscovici, S.） 173, 174
元良勇次郎 10
Mullen, B. 113, 151
ミュンスターベルグ（Munsterberg, H.） 9
村上 仁 123
マーンスタイン（Murnstein, B. I.） 161
マレー（Murray, H. A.） 86, 88
マイヤーズ（Myers, D. G.） 173, 176

N

長根光男 106
長尾郁子 10
仲 真紀子 39
中村 真 117
Nakayama, K. 18
中里至正 117
ナイサー（Neisser, U.） 38, 39, 47
西 周 10
Norman, D. A. 28, 29

O

オドバート（Odbert, H. S.） 80
大平英樹 92, 101
岡林春雄 103, 107
岡安孝弘 98, 106
奥田秀宇 160
小野武年 92
大塚友加里 159
大上 渉 47

P

ペイビオ（Paivio, A.） 27
パーマー（Palmer, J. C.） 46, 152
ポルトマン（Portmann, A.） 66
パヴロフ（Pavlov, I. P.） 8
Pedersen, W. 112
ピーターソン（Peterson, L.） 40
ピーターソン（Peterson, M. J.） 40
ピアジェ（Piaget, J.） 54, 63, 65, 69
プラトン（Platōn） 6, 90
プルチック（Pluchik, R.） 90, 91
ポステル（Postel, J.） 124
Prislin, R. 176
Pritchard, R. M. 16
ピリシン（Pylyshyn, Z. W.） 33

Q

キリアン（Quillian, M. R.） 42

R

Rabin, B. S. 100
ラディン（Radin, D. L.） 151, 154, 155
Raine, A. 112
Ramachandran, V. 22
ランドール（Randall, P. E.） 119
レーガン（Regan, D. T.） 175
ライン（Rhine, J. B.） 148, 149
リボー（Ribot, Th.） 128, 129
ローディガー（Roediger, H. L.） 44
ロジャース（Rogers, C.） 76, 142
ロールシャッハ（Rorschach, H.） 82
ローズマン（Roseman, I. J.） 179
Rosenberg, M. 76, 82
ロス（Ross, M.） 77
ロスマン（Rothman, S.） 51
ライアン（Ryan, R. M.） 88

S

サックス（Sachs, J. S.） 30
坂元 章 155
櫻井茂男 86
サロベイ（Salovey, P.） 59
Samter, W. 160
Sanders, G. S. 172
佐藤浩一 41

シャクター（Schachter, S.） 87, 93, 177
シャイエ（Schaie, K. W.） 51, 55
Schmalohr, E. 65
シュマイドラー（Schmeidler, G. R.） 152
シュナイダー（Schneider, K.） 125
シュナイダー（Schneider, W.） 29
シュリッツ（Schultz, M.） 153
Schvaneveldt, R. W. 42
サール（Searle, J. R.） 58
Sekuler, R. 20
セリグマン（Seligman, M.） 11, 104
セリエ（Selye, H.） 99, 100, 104
シェイベルソン（Shavelson, R. J.） 74, 75
シェルドン（Sheldon, W. H.） 79
シェパード（Shepard, R. N.） 32
シェリフ（Sherif, M.） 174
シフリン（Shiffrin, R. M.） 29, 40
島田貴仁 119
島井哲志 167
島津明人 106
Shimizu, T. 147
Shimojo, S. 18
下仲順子 55
下斗米淳 161
Siegrist, J. 106
シモン（Simon, T.） 52
ジンガー（Singer, J.） 93
スキナー（Skinner, B. F.） 9
Smith, E. E. 50
Snyder, C. R. 167
スナイダーマン（Snyderman, M.） 51
スピアマン（Spearman, C.） 51
スペンサー（Spencer, H.） 50, 59
スパーリング（Sperling, G.） 40
Spielberger, C. D. 105
シュプランガー（Spranger, E.） 79
Squire, L. R. 41
スタンフォード（Stanford, R.） 153

Steinkamp, F. 149, 152
ステプトー（Steptoe, A.） 102, 104
シュテルン（Stern, W.） 52, 64
Stevens, S. S. 79
シュトラッツ（Stratz, C.H.） 69
サロウェー（Sulloway, F. J.） 177
サザーランド（Sutherland, E. H.） 114
鈴木直人 159

T
高橋 晃 45
高野光司 95
Tanaka, M. 100
Tani, I. 80, 81
谷村圭介 163
丹野 宏 161
タート（Tart, C. T.） 154
立脇洋介 164
テイラー（Taylor, S. E.） 77, 159
ターマン（Terman, L. M.） 52
テッサー（Tesser, A.） 76, 173, 178, 179
テオプラストス（Theophrastos） 78
Thompson, P. 18
ソーンダイク（Thorndike, E. L.） 8, 9
サーストン（Thurstone, L. L.） 51
ティチナー（Titchener, E. B.） 8
トールマン（Tolman, E. C.） 9
外山正一 10
津田 彰 100, 101
辻平治郎 80
チューリング（Turing, A.） 58
ターナー（Turner, J. C.） 175

U
ウルマン（Ullman, M.） 150
Utts, J. 147

V
ヴァーノン（Vernon, P. E.） 51

W
和田さゆり 80-82
若林明雄 81
Wason, P. C. 35
渡辺恒夫 154
渡辺弥生 163
渡邊芳之 81
ワトソン（Watson, J. B.） 2, 8, 9, 64, 113
ウェーバー（Weber, E. H.） 8
ウェクスラー（Wechsler, D.） 53
ワイナー（Weiner, B.） 89
Weiner, D. H. 153
ワイゼンバウム（Weizenbaum, J.） 58
ウェルズ（Wells, A.） 104
ヴェルトハイマー（Wertheimer, M.） 9
ホワイトゥン（Whiten, A.） 59
Williams, K. D. 173
ヴィンデルバント（Windelband, W.） 9, 134
ワイズマン（Wiseman, R.） 153
ウィトマー（Witmer, L.） 134
ウォルピ（Walpe, J.） 143
ヴント（Wundt, W.） 6, 8-10, 134, 155

Y
山田ゆかり 75
山川健次郎 10
山本恭子 159
山本真理子 75, 158
山本多喜司 70
山中一英 159
山崎晃資 65
矢田部達郎 10
湯川進太郎 95

Z
ザイエンス（Zajonc, R. B.） 158, 172
ザバロニ（Zavalloni, M.） 173
Zimbardo, P. G. 113
Zimmer, C. 54
Zingrone, N. L. 153
Zuckerman, M. 112
ツバイゲンハフト（Zweigenhaft, R. L.） 177

【執筆者紹介】（執筆順，*は編者）

1章：鈴木由紀生（すずき・ゆきお）
　　茨城大学名誉教授。1962年東北大学文学部哲学科卒業。1967年東北大学大学院博士課程（単位取得退学）。

2章：櫻井研三（さくらい・けんぞう）
　　東北学院大学教養学部人間科学専攻教授。1980年茨城大学文学科卒業。1986年東北大学大学院博士課程（単位取得退学）。博士（文学）。

3章：大藤弘典（おおとう・ひろのり）
　　広島国際大学健康科学部心理学科講師。2003年茨城大学人文学科卒業。2006年北海道大学大学院修士課程修了。

4章：石崎千景（いしざき・ちかげ）
　　九州国際大学法学部准教授。2001年常磐大学人間科学部人間関係学科卒業。2003年茨城大学大学院修士課程修了。2006年北海道大学大学院博士課程修了。博士（文学）。

5章：髙木典子（たかき・のりこ）
　　大阪青山大学健康科学部子ども教育学科教授。1989年茨城大学人文学科卒業。1991年千葉大学大学院修士課程修了。1997年大阪市立大学大学院博士課程（単位取得退学）。

6章：北川歳昭（きたがわ・としあき）
　　就実大学教育学部教育心理学科特任教授。1973年茨城大学文学科卒業。1975年岡山大学大学院修士課程修了。1999年岡山大学大学院博士課程（単位取得退学）。博士（文学）。

7章：並川努（なみかわ・つとむ）
　　新潟大学創生学部准教授。2003年茨城大学人文学科卒業。2008年名古屋大学大学院博士課程（単位取得退学）。

8章：三浦正樹（みうら・まさき）
　　芦屋大学臨床教育学部教育学科教授。1981年茨城大学文学科卒業。1990年京都大学大学院博士課程（単位取得退学）。

9章：岡林春雄（おかばやし・はるお）
　　徳島文理大学人間生活学部心理学科教授。1975年茨城大学文学科卒業。1983年米国・州立ジョージア大学大学院博士課程修了 Ph.D.。

10章：古澤照幸（ふるさわ・てるゆき）
　　埼玉学園大学人間学部心理学科教授。1983年茨城大学人文学科卒業。1991年東京都立大学大学院博士課程（単位取得退学）。博士（心理学）。

11章：小川俊樹（おがわ・としき）*
　　放送大学教養学部客員教授。筑波大学名誉教授。1971年茨城大学文学科卒業。1975年東京教育大学大学院博士課程（中退）。医学博士。

12章：伊藤宗親（いとう・むねちか）
　　岐阜大学教育学部教育学研究科教授。1990年茨城大学人文学科卒業。1995年筑波大学大学院博士課程（単位取得退学）。

13章：石川幹人（いしかわ・まさと）
　　明治大学情報コミュニケーション学部情報コミュニケーション学科教授。1982年東京工業大学理学部卒業。1983年東京工業大学大学院博士課程（中退）。博士（工学）。

14章：相川充（あいかわ・あつし）
　　筑波大学人間系教授。1978年茨城大学文学科卒業。1983年広島大学大学院博士課程（単位取得退学）。博士（心理学）。

15章：磯崎三喜年（いそざき・みきとし）*
　　国際基督教大学教養学部アーツ・サイエンス学科客員教授。1976年茨城大学文学科卒業。1980年広島大学大学院博士課程（中退）。博士（心理学）。

16章：小野寺孝義（おのでら・たかよし）*
　　広島国際大学健康科学部心理学科教授。1982年茨城大学人文学科卒業。1988年大阪大学大学院博士課程（単位取得退学）。

心理学概論
学びと知のイノベーション

2011年4月20日　初版第1刷発行　　（定価はカヴァーに表示してあります）
2024年4月30日　初版第8刷発行

編　者　小野寺孝義
　　　　磯崎三喜年
　　　　小川　俊樹
発行者　中西　良
発行所　株式会社ナカニシヤ出版
〒606-8161　京都市左京区一乗寺木ノ本町15番地
　　　　　　Telephone　075-723-0111
　　　　　　Facsimile　075-723-0095
　　　　Website　http://www.nakanishiya.co.jp/
　　　　E-mail　iihon-ippai@nakanishiya.co.jp
　　　　　　　郵便振替　01030-0-13128

装幀＝白沢　正／印刷・製本＝ファインワークス
Copyright © 2011 by T. Onodera et al.
Printed in Japan.
ISBN978-4-7795-0549-2

本書のコピー，スキャン，デジタル化等の無断複製は著作権法上での例外を除き禁じられています。本書を代行業者等の第三者に依頼してスキャンやデジタル化することはたとえ個人や家庭内の利用であっても著作権法上認められておりません。

協同学習の技法
大学教育の手引き

E. F. Barkley, K. P. Cross, C. H. Major ［著］／
安永　悟［監訳］

一人ひとりが真剣に考え，対話し，活動する授業へ。なぜ仲間との学び合いが学習効果を高めるのか，実際にどのように行えばよいのか，その授業をどのように評価するのか，具体的に解説。小・中・高校の授業改善にも。

B5判・252頁・3,500円

先生のためのアイディアブック
協同学習の基本原則とテクニック

ジョージ・ジェイコブズ，マイケル・パワー，
ロー・ワン・イン［著］
関田一彦［監訳］

生徒間の協同の力は教室に活気を与える！　生徒がさらに効果的に一緒に勉強するのを手助けするための原理と技法をグループづくりからワークの内容，評価の方法まで具体的かつ実践的に，その意義をおさえながら解説する。　（発行　日本協同教育学会）

B5判・198頁・2,000円

学校心理学入門シリーズ2
授業改革の方法

市川千秋［監修］
宇田　光・山口豊一・西口利文［編］

少人数授業やバズ学習・協同学習，当日ブリーフレポート方式などさまざまな授業の方法を実践の成果に基づき解説する。教育現場の最前線から，新しい授業形態や心理教育的援助のあり方の提言。

A5判・168頁・2,100円

LTD話し合い学習法

安永　悟・須藤　文［著］

仲間との教え合い，学び合いを通して課題文を深く読み解くことで主体的な学習者を育成する，LTD（Learning Through Discussion）。その理論と実践と授業づくりをスライドを提示しながら具体的にわかりやすく詳説。

B5判・192頁・2,800円

大学1年生からの
コミュニケーション入門

中野美香［著］

基礎から応用まで網羅した平易なテキストと豊富なグループワーク課題が，充実した議論へと読者を誘う。企業が採用選考時に最も重視している「コミュニケーション能力」を磨く，キャリア教育に最適な高校生，大学生，社会人向けテキスト。

B5判・122頁・1,900円

心の科学［第2版］
理論から現実社会へ

兵藤宗吉・緑川　晶［編］

神経，感覚・知覚，認知心理学などの基礎系から臨床や社会心理学などの応用系までしっかり解説した入門テキスト。各章，基本的な概念の説明に始まり，理論や方法，実験・結果を詳しく紹介。最新の知見を追加して改訂。

A5判・256頁・2,400円

表示の価格は本体価格です。